本书系教育部人文社会科学研究一般项目：
"节能减排背景下政府环境责任实现机制研究"
（编号：11YJA820012）最终研究成果

环境法学专题研究书系

ZHENGFU HUANJING ZEREN YANJIU

政府环境责任研究

邓可祝　著

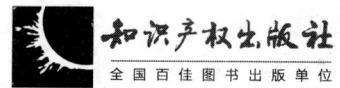
全国百佳图书出版单位

图书在版编目（CIP）数据

政府环境责任研究 / 邓可祝著. —北京：知识产权出版社，2014.5
ISBN 978 – 7 – 5130 – 2042 – 8

Ⅰ.①政… Ⅱ.①邓… Ⅲ.①国家行政机关 – 环境管理 – 法律责任 – 研究 – 中国 Ⅳ.①D922.684

中国版本图书馆 CIP 数据核字（2014）第 089186 号

内容提要

政府责任的确定，对于环境治理无疑是至关重要的。但政府的责任不仅仅只有节能减排制度中规定的行政责任，还包括其他的责任形式，如何确定政府的环境责任，从而更好地实现环境治理，对于我国的环境治理和环境保护具有重要的意义。本书在我国节能减排的背景下，对于我国的政府环境责任问题进行研究，从而为我国的环境法治和环境保护提供有意义的探索。

责任编辑：彭小华	责任校对：董志英
特约编辑：张 萌	责任出版：刘译文

政府环境责任研究

邓可祝 著

出版发行：知识产权出版社 有限责任公司	网　址：http：//www.ipph.cn
社　　址：北京市海淀区马甸南村1号	邮　编：100088
责编电话：010 – 82000860 转 8115	责编邮箱：pengxiaohua@cnipr.com
发行电话：010 – 82000860 转 8101/8102	发行传真：010 – 82000893/82005070/82000270
印　　刷：北京富生印刷厂	经　销：各大网上书店、新华书店及相关专业书店
开　　本：880mm×1230mm 1/32	印　张：13
版　　次：2014 年 6 月第一版	印　次：2014 年 6 月第一次印刷
字　　数：311 千字	定　价：38.00 元
ISBN 978 – 7 – 5130 – 2042 – 8	

出版权专有　侵权必究
如有印装质量问题，本社负责调换。

前　言

一

我国在实现国民经济持续高速发展的同时，也出现了严重的环境问题。目前，我国的环境资源面临着前所未有的压力。主要表现为以下方面。

1. 环境污染压力

在发展经济的同时，我国忽视了环境保护工作，环境受到了严重的破坏。我国的环保部副部长潘岳曾经指出：我国的化学需氧量排放是全世界第一，二氧化硫排放量是全世界第一，碳排放量是全世界第二，十年以后将会是第一。我国的江河 70% 受到污染，40% 严重污染，流经城市的河段普遍受到污染，城市垃圾无害化处理率不足 20%，工业危险废物化学物质处理率不足 30%。三亿多农民喝不到干净的水，四亿多城市人口呼吸不到干净的空气，其中 1/3 的城市空气严重污染，1/3 的国土被酸雨覆盖，"逢水必污、逢河必干、逢雨必酸"。[1] 环境污染对我国人民的生命健康构成了严重的威胁，也对企业的生产经营活动产生了严重的影响。

---

[1] 潘岳："中国环境问题的思考——潘岳副局长在第一次全国环境政策法制工作会议上的讲话"，http://www.mep.gov.cn/gkml/hbb/qt/200910/t20091030_180621.htm.

前　言

2. 自然资源压力

在承受巨大的环境污染压力的同时，我国还面临着自然资源短缺的压力。我国人口众多，自然资源分布极不平衡，人均自然资源的数量相对贫乏。由于长期的过度使用，大量自然资源出现了短缺，只能通过进口弥补国内资源的不足。例如我国2013年进口的石油量已经接近3亿吨，石油对外依存度接近60%，其他资源也大量进口，这给我国的资源安全问题提出了新的挑战。而作为重要的自然资源，土地资源的不足特别是耕地资源的不足也成为一个严重的社会问题。

3. 环境容量压力

经济社会的发展必须要依靠一定的资源，这种资源既包括传统的物，也包括环境容量。在现代社会，环境容量甚至可以说比实物资源更加宝贵。一方面，我国的实物资源已经不能满足高能耗的经济发展需要，另一方面，我国的环境容量也不能满足经济社会发展的需要。如"我国COD每年的环境容量是700万吨，现在排的是1500万吨；二氧化硫每年的环境容量是1200万吨，2005年排了2500万吨，2010年可能是3200万吨，2020年3500万吨以上"。❶ 我国的环境容量远远不能满足经济社会发展的需要，将会造成严重的后果，即2020年我国国土面积50%将被酸雨覆盖，80%的人口将处于严重的空气污染中。环境容量的不足，将成为制约我国经济和社会发展的重要因素。

4. 环境社会压力

由于我国环境污染严重，环境污染的受害人越来越多，而这

---

❶ 潘岳：“中国环境问题的思考——潘岳副局长在第一次全国环境政策法制工作会议上的讲话”，http://www.mep.gov.cn/gkml/hbb/qt/200910/t20091030_180621.htm。

些受害人必然要采取各种方式来维护自身的权利，这样就产生了大量的环境案件，这些案件在一些地方形成了群体事件。2007年，前国务院副总理曾培炎指出，我国因环境污染引发的群体性事件，以每年30%的增幅发生。❶ 环境污染问题往往会造成社会问题，从而对整个社会的稳定和发展形成威胁。

当然，我国面临的环境问题远远不止上面列举的几个方面，还包括生物多样性的问题、土壤污染问题等，为了行文的简洁，在此不再赘述。

二

在这样严峻的环境形势下，我国加强了环境治理工作。在环境治理的过程中，我国采取的方法是多种多样的，其中一个重要的方法就是加强政府环境责任。以节能减排为例，我国特别重视利用节能减排责任制来完成节能减排目标。

《中华人民共和国国民经济和社会发展第十一个五年规划纲要》提出，在"十一五"期间单位国内生产总值能耗降低20%左右，主要污染物排放总量减少10%的约束性指标，这一指标就是我国通称的"节能减排"，即降低单位国内生产总值的能耗与减少污染物的排放（污染物有两种，一是二氧化硫，二是化学需氧量，也称COD）。据"十一五"末统计，我国基本或超额完成"十一五"规划纲要确定的目标。这是一个了不起的成就，因为从我国以往的"国民经济和社会发展五年规划"的完成情况来看，环境指标从来没有完成过，甚至污染物的排放总量和单位能耗都有上升的趋势。而"十一五"期间，我国在实现经济

---

❶ 姚奕："污染引发群体性事件年增30%"，载《法制晚报》，2007年5月11日第26版。

快速增长的同时，也保证了单位能耗和总排污量的下降，这在我国的环境法治中是非常罕见的。

我国节能减排成功的经验就是在各级政府中实行节能减排责任制，明确各级政府的责任，对于各级政府完成节能减排的任务情况进行考核，并实行责任追究。这样自上而下的强制性责任制度，对于节能减排任务的完成，具有关键性的作用，通过"十一五"规划与以前规划效果的对比，这一点更加明显。政府责任的确定，对于环境治理无疑是至关重要的。但政府的责任不仅仅只有节能减排制度中规定的行政责任，还包括其他的责任形式，如何确定政府的环境责任，从而更好地实现环境善治，对于我国的环境治理和环境保护具有重要的意义。

本书将在我国节能减排的背景下，对于我国的政府环境责任问题进行研究，从而为我国的环境法治和环境保护提供有意义的探索。

三

本书包括八章，主要内容如下：

第一章是政府环境责任概述。本章首先对相关概念进行界定，认为政府责任具有不同的含义，在现代社会，政府不仅具有对自己的违法行为承担不利后果的消极责任，而且也具有履行公共职能的积极责任，这种积极责任对于政府在环境保护中发挥有效作用具有重要意义。如果从政府责任的追究主体进行分类，政府环境责任可以分为政府的环境政治责任、政府的环境法律责任和政府的环境行政责任等。完善这些责任形式，保证这些责任的实现，对于政府履行环境保护职责，促进环境保护，是非常重要的。

第二章是政府环境责任的理论基础。政府承担环境责任的理论基础是什么,这一问题关系到政府环境责任的性质,也关系到政府对这一责任的认知和执行。本章认为,我国政府的环境责任理论基础主要有以下几点:一是政府合法性,环境是公共物品,政府有义务向社会公众提供良好的公共物品,面对原有的良好环境,政府应避免对其的破坏,面对被破坏的环境,政府应治理和恢复,如果政府不能做到这些,将失去政治上的合法性,其存在的价值就会受到质疑;二是政府的环境责任也是一种宪法义务,随着环境问题越来越受重视,在许多国家,保护好环境已经成为政府的宪法义务;三是行政法治理论,根据行政法治理论,政府的行为必须守法,否则应承担对其不利的法律后果,我国的环境法律中,存在着大量的对行政机关不履行法定职责的问题,这违反了依法行政的要求;四是环境权理论,享有良好、健康的环境是公民的基本权利,世界上的许多国家都规定了公民的环境权,而公民环境权需要政府积极履行环境责任,以有效地满足公民对环境权益的需求。

  第三章是政府环境责任的内容。这一章解决的是政府应承担什么样的环境责任问题,对于政府环境责任的确定是政府承担环境责任的前提。本章从以下几个方面来进行探讨:一是政府具有对必要的环境质量的保证义务,在符合一定质量的环境下生活,是公民的一种基本权利,政府需要保证其辖区内环境质量,使其符合国家环境质量标准;二是政府具有保证公众环境参与的责任,在现代环境法治中,公众参与是一个永恒的话题,而公众参与也需要政府积极地履行职责,因为没有政府采取相应的行为,公众参与就无法进行,因此政府应采取积极措施保证有效的公众参与;三是政府遵守环境法律和政策,在我国,产生环境问题的一个重要原因是政府不遵守环境法律,因此,强调政府守法是我国环境法治的一个重要内容,政府守法要求政府严格地按环境法律的规定来履行保护环境和修复环境的职责；四是采取积极的调控手段来为可持续发展创造条件，环境治理是一项非常复杂的系统工程，政府需要采取积极的措施，利用各种管制工具来保护环境并促进经济的增长和社会的发展，这也是现代政府面临的艰巨任务和严峻考验。

第四章是环境政治责任问题。环境政治责任是政府向人民代表大会承担的责任形式，我国实行人民代表大会制度，政府由人大产生，对人大负责。在环境法领域，当政府没有履行其环境职责时，就应向人大承担政治责任。通过人大的责任追究，可以增加政府领导人的责任意识，发挥人大的监督作用。在我国，目前人大制度的作用尚没有得到有效地发挥，人大对政府的监督还较少，没有发挥出应有的监督职能。在对政府环境政治责任的追究方面，还必须完善人民代表大会的监督职能，加强对政府环境职责的确定和监督，特别是利用质询、罢免权和财政权，促进政府的环境保护工作，并制裁其环境保护不力的行为。

第五章是环境行政责任问题。在我国的节能减排制度中，比较多地关注了行政责任问题，如前所述，通过对环境责任的明确和环境责任的追究，对各级政府的领导人产生了强大的压力，抓住了中国法治建设中最重要的一个环节。本章探讨了环境治理上的"政府失灵"和原因。认为我国环境治理的"政府失灵"主要体现在政府没有足够的压力和动力机制来保护环境，当然也存在着能力不足的问题。因此，要实现我国环境的良好治理，就必须克服"政府失灵"，例如通过行政首长负责制来加强环境治理，促进各级政府行政领导人的环境保护的行为，同时，也对我国目前实行的环境问责制度进行了分析。

第六章是政府环境法律责任问题。政府的环境法律责任，是通过法院来实施环境法律的制度。在国际上，通过司法来实施环境法律是一个重要的经验。本书侧重于研究政府在履行环境保护职责方面的法律责任。一是研究政府环境质量责任的诉讼问题，政府具有保证本地环境质量的责任，但对这一责任的司法裁判，是一个非常复杂的问题，值得认真探索；二是环境标准诉讼问题，我国目前还不能对环境标准的制定提起诉讼，但这是今后的一个发展方向，本章将对这一问题展开讨论；三是对于政府没有履行环境保护职责造成环境污染的国家赔偿责任问题的研究，在这类国家赔偿中，是国家行政机关与污染者的共同侵权，此时，如何对此进行处理与一般的国家赔偿存在着较大的区别。

第七章是我国实现政府环境责任存在的问题及发展方向。应该说，我国的环境问题已经非常严重，环境问题对我国的经济和社会发展已经产生了严重的威胁，政府未能认真履行环境责任是产生这些问题的重要原因。本章首先研究我国的环境现状与政府环境责任的关系，然后主要从环境执法的角度提出实现政府环境责任的发展问题，包括：增强我国环境执法能力；促进环境监察中行政相对人的协助；重视公众参与，扩展环境法的私人实施。

第八章是对全书的总结。我国虽然在节能减排方面取得了一系列的成就，但我国环境问题积弊已久，需要更全面审视环境问题。本章认为要强化政府的环境责任，需要在一系列方面来加强相关制度的建设，即树立生态文明观念，改变政府政绩评定指标；明确政府的环境责任；保证政府环境责任的实施。

目　录

第一章　政府环境责任概述 …………………………………… (1)
第一节　相关概念的界定 ………………………………… (2)
　　一、政府 ……………………………………………… (2)
　　二、政府责任 ………………………………………… (4)
第二节　政府环境责任的种类 …………………………… (6)
第三节　政府环境责任与环境保护的关系 …………… (15)
　　一、环境法的产生 …………………………………… (15)
　　二、我国存在的环境问题及存在原因 ……………… (20)
　　三、政府环境责任与环境保护的关系 ……………… (25)
第二章　政府环境责任的理论基础 ……………………………… (28)
第一节　政府环境责任理论基础概述 …………………… (28)
　　一、政府环境责任理论基础的现有观点 …………… (28)
　　二、本书的观点 ……………………………………… (29)
第二节　政治合法性 ……………………………………… (31)
　　一、政治合法性概述 ………………………………… (31)
　　二、政府环境责任的合法性 ………………………… (34)
　　三、我国政府在环境保护方面存在合法性问题 …… (37)
　　四、提高政府环境治理的合法性 …………………… (40)
第三节　宪法义务 ………………………………………… (42)
　　一、宪法义务的概念 ………………………………… (42)
　　二、政府环境宪法义务的前提——环境国家的
　　　　形成 ……………………………………………… (44)

三、宪法中的政府环境义务 …………………………… (49)
　　四、宪法中的环境义务对政府责任的影响 …………… (52)
第四节　行政法治理论 ……………………………………… (56)
　　一、依法行政的概念与要求 …………………………… (57)
　　二、行政法治的意义 …………………………………… (58)
　　三、行政法治理论与责任行政的关系 ………………… (61)
　　四、行政法治原则在政府环境责任中的体现和
　　　　要求 ………………………………………………… (62)
第五节　环境权理论 ………………………………………… (69)
　　一、环境权的不同界定 ………………………………… (70)
　　二、公民环境权的构成 ………………………………… (74)
　　三、环境权特征 ………………………………………… (80)
　　四、环境权对于政府履行环境责任的要求 …………… (84)

第三章　政府环境责任的内容 ……………………………… (86)
　第一节　保证必要环境质量 ……………………………… (86)
　　一、保证环境质量的意义 ……………………………… (87)
　　二、保证必要环境质量的背景 ………………………… (88)
　　三、政府保证环境质量的法律依据 …………………… (92)
　　四、政府环境质量责任特性及发展 …………………… (94)
　　五、政府环境质量责任的要求 ………………………… (100)
　　六、政府环境质量责任实现方式 ……………………… (104)
　第二节　促进公众环境参与 ……………………………… (109)
　　一、公众参与环境治理的发展 ………………………… (111)
　　二、环境公众参与的理论基础 ………………………… (113)
　　三、环境公众参与的作用与意义 ……………………… (122)
　　四、我国的环境公众参与存在的问题 ………………… (125)
　　五、政府在促进环境公众参与中的作用 ……………… (129)

第三节　政府遵守环境法律和政策 ………………（132）
　一、政府遵守环境法律的意义 ……………………（133）
　二、政府守法的要求 ………………………………（134）
　三、促进政府遵守环境法律和政策的制度 ………（141）
第四节　政府严格执行环境法律 …………………（143）
　一、政府环境执法原理 ……………………………（144）
　二、环境执法的意义 ………………………………（146）
　三、环境执法职能 …………………………………（149）
　四、环境执法方式 …………………………………（153）
　五、完善我国的环境执法 …………………………（155）

第四章　政府环境政治责任 ………………………（158）
第一节　政治责任概述 ……………………………（158）
　一、政治责任的概念 ………………………………（158）
　二、政治责任的特征 ………………………………（159）
　三、政治责任的意义 ………………………………（163）
　四、政治责任的主体 ………………………………（164）
　五、政治责任的方式 ………………………………（165）
第二节　环境政治责任的优势 ……………………（166）
　一、与行政责任的区别 ……………………………（166）
　二、与法律责任相比的优势 ………………………（168）
第三节　我国环境政治责任的现状及原因 ………（169）
　一、国外环境政治责任的事例 ……………………（170）
　二、我国环境政治责任的体现 ……………………（172）
　三、我国人大政治责任过少的原因 ………………（173）
第四节　完善我国的政府环境政治责任的构想 …（176）

第五章　政府环境行政责任 ………………………（181）
第一节　我国环境治理政府失灵及对策 …………（181）

目录

  一、政府失灵的基本理论 …………………………（182）
  二、政府失灵在我国环境治理中的表现 ……………（183）
  三、环境治理政府失灵的原因 ………………………（186）
  四、环境治理政府失灵的对策 ………………………（192）
 第二节 环境治理中的首长负责制 ………………………（196）
  一、我国节能减排实行首长负责制的做法 …………（197）
  二、我国节能减排实行首长负责制的特点 …………（198）
  三、节能减排首长负责制的成功原因 ………………（200）
  四、在今后的环境治理中完善行政首长负责制 ……（204）
 第三节 环境问责制度研究 ………………………………（208）
  一、行政问责制的概念 ………………………………（208）
  二、行政问责制形式 …………………………………（215）
  三、我国行政问责制的完善问题 ……………………（221）
  四、我国环境问责制相关问题 ………………………（226）

第六章 政府环境法律责任 ………………………………（238）
 第一节 政府环境法律责任概述 …………………………（238）
  一、政府环境法律责任的类型 ………………………（238）
  二、环境法律责任与环境司法的发展趋势 …………（241）
 第二节 环境质量责任诉讼 ………………………………（242）
  一、环境质量责任可诉性原理 ………………………（242）
  二、政府积极环境质量责任可诉性理论的发展 ……（246）
  三、国外的相关案例 …………………………………（246）
  四、我国未来环境质量责任诉讼的要素 ……………（251）
 第三节 环境标准诉讼 ……………………………………（254）
  一、美国环境质量标准制定的要求 …………………（256）
  二、美国环境质量标准诉讼的类型 …………………（259）
  三、美国环境质量标准诉讼的特点 …………………（263）

四、美国环境质量标准诉讼对我国的启示 …………(268)
第四节　环境国家赔偿诉讼 ……………………………(273)
　　一、环境国家赔偿概述 …………………………(273)
　　二、行政不作为的研究现状 ……………………(279)
　　三、环境监管不作为的分类 ……………………(283)
　　四、环境监管不作为的国家赔偿 ………………(288)

第七章　我国现实政府环境责任存在的问题及发展
　　　　方向 ………………………………………………(305)
第一节　我国的环境现状与政府环境责任的关系 ……(305)
　　一、存在的问题 …………………………………(305)
　　二、存在问题的主观方面和客观方面原因 ……(308)
　　三、制度层面存在问题的原因 …………………(311)
第二节　增强我国环境执法能力 ………………………(320)
　　一、我国环境执法的研究现状 …………………(322)
　　二、我国执法存在问题的原因分析 ……………(328)
　　三、完善我国环境执法的路径 …………………(331)
第三节　促进环境监察中相对人的协助 ………………(334)
　　一、相对人协助义务的法理 ……………………(334)
　　二、相对人协助义务的内容 ……………………(337)
　　三、相对人不履行协助义务的现象及原因 ……(340)
　　四、促进相对人履行协助义务的途径 …………(343)
　　五、相对人协助义务的限度 ……………………(347)
第四节　扩展环境法的私人实施 ………………………(349)
　　一、环境法私人实施的理论基础 ………………(350)
　　二、国外环境法的私人实施方式 ………………(354)
　　三、私人实施环境法的优势和弊端 ……………(359)
　　四、加强我国环境法的私人实施 ………………(364)

第八章　强化政府环境责任，促进环境治理——代结论 …………………………………………………（369）
　第一节　严峻的环境形势要求强化政府环境责任 ……（369）
　第二节　强化政府的环境责任的要求 …………………（372）
参考文献 …………………………………………………（377）
后记 ………………………………………………………（396）

第一章　政府环境责任概述

目前，我国环境问题非常严重，一些地方的环境已经达到了不适宜人类居住的程度，特别是在农村地区，环境问题也大量出现。据统计："1991 至 2000 年，我国农村居民的死亡率上升了 11.03%。其中，尤以肺癌和肝癌的上升最为迅速，分别上升了 47.73% 和 17.12%，都远远高于城市上升的比例，以致很多村庄都被冠以癌症村之名。"❶ 因环境问题而引发的群体性事件也在急剧增加。

中国环境问题的大量产生与政府没有尽到环境保护的责任也是分不开的。目前，在我国的经济与社会发展过程中，存在着盲目追求经济发展的倾向，在这一思想的指导下，我国政府整体上并不重视环境保护，在环境保护与经济发展发生冲突的情况下，更是如此。虽然在经历一系列沉痛的环境事件后，中央和一些地方政府已经开始重视环境问题，但由于历史的惯性和现实的考虑，我国环境问题的严峻性还是不容低估的。

在严峻的形势下，要解决环境问题，提高环境质量，保护人民群众的环境权益，就需要加强政府的作用，促进其发挥环境保护的核心作用。而要发挥政府的作用，除了正面的引导、教育机制外，还要强调政府的环境责任，政府环境责任的确立，对于环境问题的解决无疑具有重要意义。

---

❶ 汪劲：《环保法治三十年，我们成功了吗？》，北京大学出版社 2011 年版，第 23 页。

第一章　政府环境责任概述

第一节　相关概念的界定

一、政府

政府一词，有广义和狭义的之分。广义的政府通常是指中央和地方政府全部的立法、行政和司法机关，而狭义的政府通常是指中央和地方的行政机关。本书是从狭义的角度而言的，主要研究的是各级行政机关的环境责任问题。

根据不同的分类标准，行政机关也可分为不同的类型。从环境责任的角度而言，行政机关可以作如下的划分。[1]

一是从管理范围来看，分为中央行政机关和地方行政机关。中央行政机关的管辖范围及于全国，而地方行政机关的管辖范围只及于相应的地方行政区域；

二是从管理权限来看，分为一般行政机关和部门行政机关，一般行政机关的权限是全面的，涉及各个行政领域和各种行政事务，如各级人民政府；部门行政机关的权限是局部性的，仅涉及特定行政领域和特定行政事务，如县级以上人民政府的职能部门。

本书主要研究的是我国各级人民政府的环境责任，其中以地方人民政府环境责任为重点。主要理由如下。

第一，环境治理应以地方政府为主。环境问题主要是地方性的事务，环境责任应主要由地方政府来承担。如果地方政府没有或者不能承担环境责任，中央行政机关，主要是国务院和环境保

---

[1] 张树义：《行政法与行政诉讼法》，高等教育出版社2007年第2版，第48页。

护部应监督地方政府承担环境责任,在一定的条件下可以直接行使地方环境治理的职责。

环境是一个地方性的事务,绝大部分环境的治理直接与地方有关。随着现代科学技术的发展和经济全球化的演进,如气候变化等一些整体性甚至全球性的环境问题开始出现,但即使这些问题也需要从地方政府的环境治理入手,才能实现整体环境治理的目标。在全世界,无论是联邦制国家还是集权制国家,都非常重视地方政府在环境治理上的作用。

就联邦制国家而言,虽然联邦政府在环境治理中的作用非常强大,但地方政府的环境治理也是非常重要的一个环节。美国学者 Jonathan H. Adler 认为:分散化的环境保护比联邦保护更加具有优势,主要体现在,分散化的保护可以强化环境控制的效率和效果,另外,分散化的环境保护也可以实施相对规模较小的环境保护实践。通过分散化的环境决策,可以更好地应对改变了的形势和新的信息。[1]

在集权制国家,如日本,其也规定了大量的地方政府和地方团体的环境治理的任务。

第二,以地方人民政府为主,符合行政首长负责制的特点。我国法律中规定了各级人民政府对于本地方的环境责任,而且我国行政实行的是首长负责制,各级政府的行政首长对于本级政府及所属职能部门的行为负总的责任,因而,政府职能部门的环境责任也可以放在人民政府环境责任的范畴内解决。同理,由于政府实行首长负责制,各级人民政府的行政首长在环境责任中起着

---

[1] Jonathan H. Adler, Judicial Federalism and the Future of Federal Environmental Regulation, Case Research Paper Series in Legal Studies Working Paper 04–6, April 2004.

重要的作用,强化政府行政首长的责任,对于政府环境责任的承担具有特别的意义。正如我国学者汪劲所言:"之所以将环境责任赋予政府而非政府各部门,是因为现代环境行政实际上包含环境污染行政与自然保护行政两个方面,而这两方面的行政权力又受到来自有关经济行政权力的牵制。例如,在工业污染(传统的"三废")排放问题方面,控制措施与产业现有条件、技术现有状况、未来产业发展及对国家或者地方的财税等有着密切的联系,管理职责还涉及经济、规划、工业及公共管理部门。另外,在自然资源问题上也是如此。所以,只有将环境责任明确赋予各级政府,才能真正促使政府及其责任长官在本地区有关环境与发展关系的问题上综合平衡,不至于顾此失彼。"❶

第三,地方政府之间存在着社会经济方面的竞争,很容易忽视环境保护的责任。此时,需要强化中央政府的统一协调作用,类似于美国联邦环境主义中强调的联邦政府在防止州际之间的"逐底竞争"(race to bottom),例如:实行统一的环境标准和法律,防止地方政府的恶性竞争。但即使是这个时候,仍然要强调地方政府在环境保护上的作用,例如地方政府之间合作也是不可或缺的一个环节。

二、政府责任

责任是法律中随处可见的概念,在现代汉语中,责任有三种基本的含义:(1)份内应做的事,即是一种角色义务;(2)特定的人对特定的事项的发生、发展、变化及其成果负有积极助长的义务,例如"担保责任""举证责任";(3)因没有做好份内

---

❶ 汪劲:"从环境基本法的立法特征论我国《环境保护法》的修改定位",载《中外法学》,2004年第4期。

的事而应承担的不利后果或强制性义务。这三种含义其实表达了两个方面的内容：一方面，责任是一种义务，是做自己应做的事或不做自己不应做的事，包括积极义务和消极义务，张文显教授称之为"第一性义务"；另一方面，责任是因为没有履行自己的义务而应承担的不利后果，这是一种对未尽自己义务的否定性的评价和制裁，张文显教授称之为"第二性义务"。❶

　　政府责任概念也是多种的。著名学者张成福认为，政府责任又有多方面层次的含义。从最广义上来看，政府责任是指政府能够积极地对社会民众的需求作出回应，并采取积极的措施，公正、有效率地实现民众的需求和利益。从广义的层面来看，政府责任意味着政府组织及其公职人员履行其在整个社会中的职能和义务，即法律和社会所要求的义务。社会义务不仅仅意味着政府正确地做事，即不做法律禁止做的事情，而且意味着政府做正确的事，即做促使社会变得更美好的事情，而不做有损社会的事。从狭义的层面来看，政府责任意味着政府机关及其工作人员因违反法律规定的义务，违法行使职权时，所承担的否定性法律后果，即法律责任。❷ 前两种界定的共同特点是政府责任是一种积极责任，即政府积极履行职责的行为，而后一种是消极责任，即没有正确履行责任而应承担的不利法律后果。这样的划分是比较科学的，本书在研究政府环境责任时，就采用这样的界定，即认为政府的环境责任主要是政府的一种环境职责，即保护环境和公众的环境权益；与此相关，如果政府没有尽到这一职责，就要承担相应的否定性法律后果。

---

❶ 张文显：《法哲学范畴研究》，中国政法大学出版社2001年版，第118页。
❷ 张成福："责任政府论"，载《中国人民大学学报》2002年第2期。

第二节　政府环境责任的种类

（一）政府环境责任的研究现状

关于政府的环境责任，我国学者的主要观点有以下几点。

我国著名环境法学家蔡守秋教授认为：政府环境责任，是指法律规定的政府在环境保护方面的义务和权力（合称为政府第一性环境责任）及因政府违反上述义务和权力的法律规定而承担的法律后果（简称政府环境法律责任，也称政府第二性环境责任）。❶ 这里明确了政府环境责任是法律责任，并且按照第一性义务与第二性义务来区分政府环境责任的积极义务和消极义务，这种责任的划分是有意义的，而且也从法律规范的角度来分析政府的环境责任，但环境责任并不仅仅是法律责任，还有其他的责任形式，仅仅是法律责任并不能说明和研究政府的环境责任。

钱水苗等学者认为：所谓政府环境责任是指中央和地方各级人民政府以及执行公务的人员，根据环境保护的需要和政府的职能定位所确定的份内应做的事，以及没有做或没有做好份内应做的事时所要承担的不利后果。他们认为积极层面的政府环境责任包括：提供环境公共产品（服务），在各项决策过程中执行环境影响评价，公开环境信息。消极政府环境责任主要是行政问责制，行政问责制可以概括为追究消极政府责任的一系列的制度总和。❷ 他们将政府环境责任作为第一性义务和第二性义务来加以

---

❶ 蔡守秋："论政府环境责任的缺陷与健全"，载《河北法学》2008 年第 3 期。
❷ 钱水苗、沈玮："论强化政府环境责任"，载《环境污染与防治》2008 年第 3 期。

研究，并研究了政府环境责任的具体内容。但其不足之处是：其一，他们的研究缩小了政府环境责任的范围，主要倾向于政府的环境行政责任，因为问责制在我国目前基本上只是行政机关内部的一种责任追究方式，这种政府环境责任的界定，明显地缩小了范围；其二，他们将政府的环境责任的承担主体加以扩大，包括执行公务的人员的责任。这样就使追究政府没有承担第二性义务时出现困难，因为在追究政府责任时，是以政府作为主体来研究的，而公务员的责任是另外一个层面的责任，将两者混合会出现新的问题，不利于政府环境责任的研究。

李挚萍教授将政府的环境责任与政府应对环境质量负责结合起来。认为政府对环境质量负责首先体现为政府的职责，政府对环境质量负责是从总体上、宏观上负责，如从宏观决策上保障环境质量目标的实现、组织城乡环境建设和改善环境整体质量等。此外还应体现在，当所辖区的环境质量无法达标或者出现环境质量严重恶化时，政府及其有关负责人应承担一定的法律责任。[1]这种理论是将政府环境责任界定为一种法律责任。这种理论的缺陷与上面第二种观点是相同的。

徐祥民教授认为政府的环境责任是一种职责，他提出："从相关法律的内容来看，西方政府的环境责任已经远远超出了所谓责任追究、行政处分等行政法意义上的责任的范畴，越来越经常地以与其环境职权相适应的'职责'的面目出现。"同时他认为，现在我国的环境责任追究制度也存在着问题，过于强调行政机关内部的追究，而忽视了其他方面对行政机关的监督，这样容易造成监督和责任追究的不足。"仅有上级政府对下级政府的监

---

[1] 李挚萍："论政府环境法律责任——以政府对环境质量负责为基点"，载《中国地质大学学报》2008年第2期。

督是远远不够的,同级权力机关对政府的外部监督和约束具有不可替代的作用。"❶ 这一研究的意义是将政府环境责任的着眼点放在职责上,这种理论具有重要的意义,因为我国现行环境问题的产生主要就是政府没有履行保护环境的职责;特别有意义的是他认为对政府的责任的追究不仅是行政机关内部的事情,也需要议会或者与议会职能相类似的机构来承担,这样就将环境责任的种类扩展了,可惜的是,作者并没有明确政府的环境责任究竟是哪一种责任,如何加以划分。

也有的学者直接将政府的环境责任加以概括,认为政府环境责任只有一种法律责任,政府的环境政治责任就是宪法责任,而"在宪政国家里,政治责任就是宪法责任……在法治状态下,政治责任应属法律责任,是法律责任中的宪法责任"。❷ 这一论述的优点是看到了政治责任与法律责任的区分的复杂性,因而将两者加以合并,从而突出了宪法责任,这对于强化环境法的宪法指导意义具有一定的价值。但将政治责任与法律责任加以合并,而且也将其他的行政的、刑事的责任纳入法律责任中,从而也就将政府的环境责任只认定为法律责任这一种形式,使法律责任过于庞杂,虽然有利于强化对法律作用的认识,但却不利于对环境责任的深入研究。

(二)本书对政府环境责任的界定

从上文的各种观点可知,我国关于政府环境责任的界定是存在较多分歧的,在责任承担的主体、责任的种类、责任的内容等方面都存在不同的认识。

---

❶ 徐祥民、孟庆垒:"政府环境责任简论",载《学习论坛》2007年第12期。
❷ 吴志红:"行政公产视野下的政府环境法律责任初论",载《河海大学学报》2008年第3期。

本书认为，可以从形式和内容两个方面来对政府的环境责任（也包括责任问题）进行研究，这样可以更简明地认识政府的环境责任。

1. 从形式上来看

所谓形式意义上的责任，指的是从责任的追究主体的角度来对责任所进行的分类。这样可以纠正法律责任概念的模糊性。

法律责任是法学理论和法律实践中最常见的概念，也是一般的社会公众耳熟能详的概念，但对这一责任的具体内容和要求，却没有确定的认识。最常见的说法是，所谓法律责任，即通过法律所规定的责任，这一概念在强调责任的法定化方面有一定的贡献，但这一概念的最大缺陷是将法律责任的外延无限扩大，使几乎所有的责任形式都成为法律责任，可能只有道德责任在法律当中很少规定，不属于以上观点的法律责任的范畴。当然，一些国家还对道德责任加以规定，如美国的《公务员道德责任法》中将道德与法加以整合，依据传统的观点，这一责任无疑是一种法律责任了。当这样将法律责任无限扩大，也会对法律责任的认定和追究造成困难。

因此，关于责任的形式问题，不能从责任规定的渊源来判定，而应该由责任的追究主体来判定，由主体的性质来决定责任的性质，这样责任形式的判断就相对来说容易一些。有的学者所言："如果通过司法来解决的责任，就是法律责任。"❶ 这样的界定就是非常简明的。所以，笔者认为，法律责任是由法院来追究的责任，行政责任是由行政机关所追究的责任，政治责任是通过政治机关或者民众直接追究的责任。这些责任形式都具有法律效力，能产生法律效果。

---

❶ 王成栋：《政府责任论》，中国政法大学出版社1999年版，第80页。

其实政府的责任还有一种重要的形式，也是西方国家非常重视的形式，即社会责任。社会责任是由社会公众和社会舆论来进行追究的责任形式。但本书并没有将之作为一种独立的责任来研究，不是认为其不重要——这是非常重要的一种责任，也是需要不断发展与完善的一种责任——而是认为虽然这种责任有巨大的威力，但仍然需要借助于以上的几种责任形式来产生明确的法律效果，否则不能产生真正的法律效力。因而，笔者主张社会责任不能成为一种独立的形式，当然这不是否认其作用。

与此相似的是道德责任问题。道德责任是指行政机关或者其工作人员因社会公认的道德而应承担的责任。这也是非常重要的，本书也不将其作为一种单独的责任加以研究，因为道德责任形式是从其依据上来分类的，而不是从追究主体而言的。

2. 从内容上而言

所谓从内容上而作的分类，指的是责任的具体要求是什么。这可以从传统上的第一性义务和第二性义务来对责任的内容进行分类。这种分类认为政府的责任包括其应履行的职责和没有履行职责的不利后果。这种分类方法，可以清晰地看出政府应积极地去做什么，以及没有做应做的事而应承担的不利后果。

（三）政府环境责任种类

考虑到环境责任的特点，我们应该主要从政府的环境职责的角度来研究政府的环境责任，即政府的第一性义务是什么，对于环境保护和公民环境权益的保护更加具有重要的意义；而政府的第二性义务只是在没有完成第一性义务后承担的不利后果，没有第一性义务的明确，就不可能有第二性义务的追究。因而，本书主要从第一性义务方面来研究政府的环境职责，而由于对于政府的环境职责的要求不同，又可以将政府的环境职责分为环境政治责任、环境行政责任、环境法律责任。

1. 政府环境政治责任

一般认为，政治责任是指"政治官员（即政务类公务员——引者注）履行制定符合民意的公共政策，推动符合民意的公共政策执行的职责，以及没有履行好这些职责时所应承担的谴责和制裁"。❶ 这里将政治责任承担的主体界定为政治官员，即一种个人责任，由于政治官员在政府政策制定和执行方面具有关键性的作用，由他们承担政治责任会更好地提高政府行为效果。行政机关实行首长负责制，通过追究政务类行政首长和其他政务类公务员的政治责任有利于提高他们的责任心，同时也使行政权力附加了相应的责任，避免了一些政府行为处于无人负责的状态，也可以促进整个政府的行政工作。

政治责任主要体现在两种方式：一是通过直接民主来体现，二是通过间接民主来体现。直接民主，主要是通过公众的选举来进行，公民可以通过选举活动，对政务类公务员进行任免，从而促使他们履行职责，制定人民认可的公共政策；而间接民主，主要是通过人民选举的代表，来行使这一职权，即通过人民选举出的代议制组织，如议会等，对政务类公务员进行任免、质询、财政预算和决算的审查，从而实现对他们的监督。

政府环境政治责任，就是各级政府的政治官员，在环境保护领域，制定环境保护的公共政策，推动符合民意的公共政策执行的职责，以及没有履行好这些职责时所应承担的不利后果。这一界定，将环境责任责任界定为两个方面：一是积极的职责，二是消极的后果。这样的界定，可以全面地看出环境政治责任对政务类官员的要求，特别是在首长负责制下，可以更好地发挥行政机关的内部控制机制的作用。

---

❶ 张贤明：《论政治责任》，吉林大学出版社2000年版，第53页。

2. 政府的环境法律责任

政府的环境法律责任是指政府因法律规定而应承担的环境责任，包括积极责任和消极责任两个方面。

（1）积极责任：我国环境法对政府责任的规定主要有以下几种方式：一是在法律中对政府的环境责任进行具体的规定，如《环境保护法》第16条中规定"地方各级人民政府，应当对本辖区的环境质量负责，采取措施改善环境质量"；二是对行政机关职权的规定，如我国法律中对于限期治理、责令停产停业的职权的规定；三是对相对人权利的规定，由于环境法有关行政机关的职责部分属于行政法的范畴，因而可以运用行政法视野来加以审视，即在行政法中，对行政机关的义务规定不多，但行政机关的义务往往与相对人的权利是相对应的，如果法律中规定了相对人的权利，这也往往就构成了行政机关的职责和义务。如《行政许可法》第47条规定："行政许可直接涉及申请人与他人之间重大利益关系的，行政机关在作出行政许可决定前，应当告知申请人、利害关系人享有要求听证的权利；申请人、利害关系人在被告知听证权利之日起五日内提出听证申请的，行政机关应当在二十日内组织听证。"行政机关在环境影响评价中涉及申请人与他人之间的重大利益的，应进行听证。而相对人享有的听证的权利，也就是政府的义务和职责。

另外，如果法律规定行政相对人对环境污染和破坏行为具有举报的权利，如果举报了，行政机关有义务进行查处。这些都是行政机关的法定职责。

（2）消极责任：是指行政机关没有尽到法定职责而应承担的责任，在我国与积极责任相对应的主要是因不作为而导致的不利后果。当然也包括行政机关违法行使职权导致了环境事故，造成了相对人的人身和财产损失而应承担的责任。

(3) 要求行政机关承担环境法律义务的法律渊源主要有：

①宪法。根据宪法的规定，国家有义务保护环境。如我国《宪法》第 26 条"国家保护和改善生活环境和生态环境，防治污染和其他公害"的规定，但这种责任的性质值得进一步研究，不仅因为在我国没有宪法诉讼，不能在职责和后果方面来追究其责任，而且这种责任的判定是复杂的，是法院不能判定的。因而，宪法的这一规定主要还是政治责任的规定。但宪法的规定对整个政府环境法律责任的承担具有重要意义，如对于公民权利的保护、政府的权力和责任等方面，宪法的规定不仅可以起到指导作用，在法律没有规定或规定不完善的地方也可以直接加以利用。

②法律。我国现在的环境法律数量庞大，但对政府的环境责任的规定较少，有些是通过比较模糊的语言来加以规定，有些是通过相对人的权利来加以规定，如《环境影响评价法》中关于环境影响评价的规定，就是相对人的权利，当然也就是政府的义务；而关于责任的规定相对来说就更少了，当然我们可以通过行政复议、行政诉讼和国家赔偿的方式来追究政府的环境后果责任。

③法规和规章。我国关于环境法方面的法规和规章也很多，这些法律规范中也有大量的关于环境责任的规定，包括义务责任和后果责任，当然主要是义务责任。同样值得忧虑的是，我国法规和规章中也主要是对相对人的义务的要求，而没有多少关于行政机关的义务责任和后果责任的规定。但由于这些法律规范也具有国家法律的特征，如果在其中规定了行政机关的职责，那么没有尽到相应职责的，也要承担不利的法律后果。

④国际条约。我国加入了许多的环境方面的国际条约，这些国际条约既有环境义务责任的规定，也有环境后果责任的规定。当然，在国际条约方面，是以中央政府作为主体来加入的，主要

是作为中华人民共和国这一国家主体来承担相应的国际环境义务,即主要是义务责任,只有一些在作为国际法主体造成他国的环境损害时,才承担后果责任。本书研究的是政府对本国人民应承担的环境责任,不将国际法的责任作为我国政府环境责任范围来加以研究。

⑤另外,还有一种值得重视的责任,即政府的环境承诺。当前,我国许多地方政府也认识到了环境问题的重要性和紧迫性,因而,自己给自己加压力,承诺改善环境、惩处环境违法行为,不以环境为代价来发展经济,甚至一些地方的政府还作出了明确的有约束力的承诺。就国际承诺而言,如我国政府在气候变化会议上作出的减少二氧化碳等温室的承诺;就国内而言,我国一些地方政府也对企业的节能减排行为作出了一定的承诺,如:2010年浙江省人民政府的《政府工作报告》承诺:"绝不以牺牲环境、浪费环境、扩大社会矛盾、增加历史欠账为代价谋求发展。"[1] 在国际上的承诺,属于国际法的范畴。诸如浙江省人民政府这样的承诺是什么性质值得讨论,但既然政府作出了承诺,从政府诚信的角度而言,就应该信守承诺,如果没有完成承诺也要承担相应的后果。

3. 政府的环境行政责任。政府的环境行政责任,指的是由行政机关追究自己的工作人员或者下级行政机关的环境责任。这样的责任追究依据可以是法律,但在我国环境法实践中,很多是依据行政机关制定的规则来明确政府的环境职责和不利后果,如我国政府对节能减排责任的规定,我国中央政府为了履行对于国际社会的节能减排承诺,将节能减排的任务分解到了省级人民

---

[1] 张晶:"浙江政府工作报告首次出现'环境承诺'",载《青年时报》2010年1月27日。

政府，而省级人民政府将任务分解到了市级人民政府。对于完不成任务的人民政府的首长将进行责任追究，这就是一种在我国目前非常有效的实现环境责任的方式。

我国政府环境行政责任主要包括两个方面：一是明确相关的任务职责，下级人民政府必须要完成；二是如果不能完成就要进行责任追究。现在进行责任追究的方式主要有：一是对领导人的领导责任的追究；另一种是对具体的工作人员责任的追究。从制度上来看，我国已经实施了"环境责任追究制度"；从实务上来看，近年来我国也对造成环境后果的一些领导人实行了责任追究，如松花江污染事件中的原国家环保局长解振华引咎辞职等。

第三节 政府环境责任与环境保护的关系

现代行政是积极行政，政府在社会事务方面负有全面责任，履行着"从摇篮到坟墓"的职责，在环境保护方面也是如此。环境是一种公共物品，具有非排他性的特点，社会公众都可以共同使用环境。公共物品的特性导致其容易受到破坏，即人人愿意利用环境而人人不愿意保护环境。因此，需要政府来保护环境，防止环境因公共物品的特点而受到破坏而无人对侵害者加以制止与制裁。但政府自身也存在惰性和腐败，"政府失灵"现象大量出现，需要采取有效的应对方法才能保证政府认真地履行职责。因此，要研究政府的环境职责，就需要从政府在环境保护中的作用谈起，从环境法产生的社会背景谈起。

一、环境法的产生

（一）环境法的历史

我国著名的环境法学家汪劲先生根据环境立法目的的不同将

环境立法分为四个时期，即人类社会早期有关环境规定的立法时期、18世纪中叶至20世纪初叶的自然资源保护立法时期、20世纪初叶至20世纪60年代的生活环境保护（以污染控制为中心）与被害者救济并重的环境立法时期、20世纪70年代至今的全方位环境保护的环境立法时期。❶ 也有的学者认为，环境法是工业革命后，出现了严重的环境问题后产生的。并且认为现代意义上的环境法，更多地是从第二次世界大战后，环境问题大量出现后才产生的，并将此后产生的环境法进行分代。以美国以例，美国的环境法的分代就有许多种见解。我国也有关于环境法分代的理论，例如李启家教授对环境法的分代就具有一定的代表性。

（二）现代环境法的产生

1. 现代环境法产生的经济学原理

一般认为，现代环境法是由于市场在环境保护上的资源配置失灵，市场不能发挥相应调节作用而产生的。根据传统的自由市场观念，市场通过看不见的手来调节资源配置，从而实现资源利用的最大化。这就是著名的亚当·斯密的关于市场经济作用的典型原理，他认为：自由市场表面看似混乱而毫无拘束，实际上却是由一双被称为"看不见的手"（invisible hand）所指引，将会引导市场生产出正确的产品数量和种类。"他（每个人，即商人）通常既不打算促进公共的利益，也不知道他自己是在什么程度上促进哪种利益。由于宁愿投资支持国内产业而不支持国外产业，他只是盘算他自己的安全；由于他管理产业的方式目的在于使其生产物的价值能达到最大程度，他所盘算的也只是他自己的利益。在这个场合，像在其他许多场合一样，他受着一只看不

---

❶ 汪劲：《环境法律的理念与价值追求：环境立法目的论》，法律出版社1999年版，第31页。

见的手的指导，去尽力达到一个并非他本意想要达到的目的。也并不因为事非出于本意，就对社会有害。他追求自己的利益，往往使他能比在真正出于本意的情况下更有效地促进社会的利益。"❶

但随着市场经济的发展，人们发现市场在诸多方面也存在着不能调节或不能涉足的方面，即市场的界限问题。一般认为，市场本身存在如下几个方面的界限：一是市场有政治界限：尽管政治民主可以保护和促进市场经济的发展，但是市场与民主并无直接的关系；二是市场存在分配问题上的界限：市场本身并不能保证公平分配，因为它不能阻止纯租金的出现；三是市场有一定的社会化界限：企业关心的是短期经济变动，它们对长期的经济发展不感兴趣；四是市场有伦理界限：市场经济的发展需要并创造了日益完善的社会保障制度，但这种制度并不是市场机制的产物；五是市场有生态学界限：人类的生产活动必须与土壤、植物区系、动物区系、大气等保持平衡，这种平衡必须受到国家的监督和保护，而不能完全靠市场；六是市场自发的消极和破坏作用。❷ 可见，市场自身并不能自动对环境保护起到调节作用，恰恰相反，不受控制的市场对环境潜在的危害却是非常明显的。

在环境保护方面，很早就有经济学家对市场与环境的关系进行过深入的研究，出现了许多经典的理论。其中有两种理论对于充分认识市场与环境保护的关系起到了重要的作用，一是"庇古理论"、二是哈丁的"公地的悲剧"理论。

---

❶ 亚当·斯密：《国民财富的性质和原因的研究》（下卷），郭大力、王亚南译，商务印书馆1974年版，第27页。
❷ 胡代光：《西方经济学说的演变》，北京大学出版社1998年版，第571~573页。

（1）庇古理论。又称为外部性理论，庇古发现，在商品生产过程中存在着社会成本与私人成本的不一致，两种成本之间的差距就构成了外部性。在这些经济活动中，行为人的经济活动对他人、对环境造成了负面影响而又未将这些影响计入市场交易的成本与价格之中，其结果自然是使他人、社会背负了行为人经济活动带来的环境成本，而行为人自己却独享了因从事该经济活动所带来的全部利益。❶

（2）公地的悲剧理论。美国学者哈丁教授在《公有地的悲剧》一文中描述了公地悲剧的产生过程：想象一个对所有人开放的牧场，可以预期的是每一个牧民都会尽可能地在这块公地上放牧更多的牲畜。一个理性的牧民会得出这样的结论，对他个人来说，最明智的选择就是增加一头牲口，再增加一头，再增加一头……但这只是每个个体得出的结论。由于这块公地是由这些理性的牧民分享的，因此牧场的悲剧就在开放的牧场上发生了：在没有道德约束或法律制约的条件下，每个牧民都被锁进一个强迫自己无限制地增加牲口的陷阱当中——而这世界是有限的。哈丁指出，以一种相反的方式，公地的悲剧正在污染问题上重现。在污染问题上，并不是从公地上拿走什么东西，而是往公地上排放某些东西。理性人发现，他向公地排放污染物承担的成本远远少于他净化这些污染物的成本，既然对每个人来说这都是正确的，那么，只要我们仅仅是作为一个独立的、理性的、自由的人来行动，我们就会被锁进一个弄脏我们自己的家园的陷阱当中。❷

---

❶ 邓海峰：《排污权：一种基于私法语境下的解读》，北京大学出版社2008年版，第41页。

❷ 汪劲：《环境法学》，北京大学出版社2006年版，第139页。

2. 现代环境法产生的法学解释

经济学家通过研究发现，市场的自我调节对于环境往往会产生破坏作用，这样就需要国家来对市场进行干预。而国家为保护环境而对市场进行的干预，就是环境法。

既然是法律，为什么不是通过受害人向法院起诉的方式，体现为私法性质的环境法，而是强调政府的责任，要求政府采取积极的措施来保护环境、避免环境的破坏，体现为公法性质的环境法呢？

这是因为，在现代社会，有两种主要的对市场干预的方式：一是私人来执行法律，通过司法的途径来对市场进行干预；二是由政府来执行法律，通过行政的途径来对市场进行干预。后者主要是现代的政府监管，美国学者卡塔琳娜·皮斯托和许成钢经过研究发现："关于监管的一种流行观点认为，当存在大量的外部性和信息不对称问题时，监管是国家为解决市场失灵所进行的干预。"[1] 因而，他们认为，由于法律存在不完备性，由受害人直接向法院起诉的被动性执法存在着执法不足的现象，需要通过监管机关的主动执法来加强执法的效果。[2] 因而，需要由政府来对环境进行监管，通过监管可以有效地执行环境法律，从而更好地保护环境。

其实环境法学者很早之前就有同样的看法，如日本环境法学家原田尚彦认为："现代社会的积蓄性公害已不是单纯依靠市民法上追究个人责任的原理（刑事责任、侵权行为责任、警察责

---

[1] 卡塔琳娜·皮斯托、许成钢："不完备法律"（上），汪辉敏译，见吴敬琏主编：《比较》（第3辑），中信出版社2002年版，第133页。
[2] 卡塔琳娜·皮斯托、许成钢："不完备法律"（下），汪辉敏译，见吴敬琏主编：《比较》（第4辑），中信出版社2002年版，第127页。

任等）所能对应得了的问题了。要根除公害保护自然环境，要求有与市民法不同的新的法律控制手段。"❶ "真正的公害防止对策，必须指向防止深层次的广泛的潜在的损害。不能只注意防止具体的损害，必须着眼于区域环境本身，防止环境的破坏与污染于未然，彻底促使良好的环境。"❷ 而要达到这样的目的，则由政府来执行环境法律的规定就显得非常必要了。因而，在现代各国，由政府采用一种主动执法的方式来执行环境法，将环境法作为一种以公法为主的法律体系就是非常自然和必要的举措了。

二、我国存在的环境问题及存在原因

（一）我国当前存在的环境问题

应该说，在我国当前存在着严重的环境问题，这些问题已经严重影响到了我国经济发展和社会稳定，更给中华民族可持续发展带来了巨大的隐患，不解决这些环境问题，中华民族的发展是没有前途的，即使现阶段已经取得的成就也是没有意义的。经济合作发展组织（OECD）2007 年对中国环保绩效评估报告也认为：快速的经济发展、工业化和城市化对环境造成了日益严峻的压力，对人体健康造成了极大损害并导致了资源的过度开发。❸ 应该说，OECD 对我国的环境问题的评价是非常客观的，我国政府和学术界对我国的环境问题的认识也与此相似。

（二）我国环境问题的成因

我国当前存在的环境问题的成因是复杂的。作为一个有着悠

---

❶ [日] 原田尚彦：《环境法》，于敏译，法律出版社 1999 年版，第 10 页。
❷ 同上书，第 60 页。
❸ 经济合作发展组织编：《环境绩效评估：中国》，中国环境科学出版社 2007 年版，第 3 页。

久历史和灿烂文化的民族，中华民族在近代受到了西方列强的侵略，这种欺侮给中华民族带来了巨大的耻辱感。在近代中国，无论是政党还是阶层都有着强烈的救亡图存的愿望，希望中国能成为一个强大的国家，"自立于世界民族之林"，避免"被开除球籍"。在新中国成立后，发展经济、建设强大的国家就成为了不二选择。

虽然我国在改革开放的前三十年取得了巨大的成就，但在改革开放、国门大开之时，人们发现一些邻近国家和地区的发展水平远远超过了我们的时候，那种震惊也是可以理解的。因而，改革开放几乎成了发展经济的代名词，所以从中央到地方都将发展经济作为头等大事，甚至作为唯一的工作来对待，一切有碍于经济发展的举措和制度都会成为被改革的对象。从表面上来看，环境保护对经济的发展是有一定影响的，自然也可以放在一旁，另作考虑。我国曾经嘲笑过西方国家走的是"先污染、后治理"道路，结果，我国也义无反顾地走上了这条道路。江苏的苏北地区的一些官员还说过这样的话，即"宁可被毒死，也不被穷死"，可以说与"先污染、后治理"真正是异曲同工。这样思路指导下的经济发展模式是非常狭隘的，但这种思想在我国的官员群体中却存在着巨大的市场。具体而言，我国环境问题存在的背后的原因主要有以下几点。

1. 政府存在着 GDP 至上的观念

GDP 本来是衡量一个国家经济规模的数字，只说明一个国家（或地区）的经济生产规模，并不能完全说明一个国家或地区所有方面的发展状况。但在我国，由于发展经济的强烈愿望，也由于我国各级政府将 GDP 与官员的业绩紧密联系在一起，甚至作为唯一的考核目标，在某一地方的 GDP 的快速增长，也有利于本地各方面工作的开展。因而，各地都将发展经济作为最大的任务,一切为 GDP 让路。而环境问题,无疑是影响经济发展的最大"障碍",许多地方的政府都将环境问题作为未来的问题来处理,希望借助于经济的发展来解决本地存在的环境问题,甚至只是将这样的问题留给后来的领导人来处理。

2. 政府的环境决策存在着失误

我国政府在发展经济的过程中,往往会忽视一些决策对于环境的影响,因而作出的决策影响到了环境,产生了许多环境问题。如最典型的是在1989年3月15日,国务院作出了《关于当前产业政策要点的决定》,在产品发展序列中,生产类的纸浆、纸及纸板;电镀产品;低热值燃料,基本建设类的纸浆、纸及纸板;焦化产品;低热值燃料以及技术类的纸浆、纸及纸板;皮革及皮革制品;电镀工艺作为国家鼓励和重点支持的名录之中。这一政策一出台,国务院各部委纷纷制定了有关贯彻执行《关于当前产业政策要点的决定》的意见和办法促进这一产业政策的实施。在国家的重点支持下,到20世纪90年代初全国的造纸、电镀、皮革、印染、焦化等行业企业如雨后春笋般地涌现出来并得以迅速发展,最终导致全国各地环境污染泛滥成灾。到了后来,又不得不对这些企业无条件地关闭。❶

决策的失误往往是对环境的认识不足,决策缺乏科学性,对于决策行为的环境影响问题没有前瞻性。这样不仅对环境产生了巨大的危害,对经济的发展造成了严重的损害,最终也会激化社会矛盾。同时,这样的做法也是违反行政法原则的,因为,这些被关闭企业很多是经过合法批准的,而且在没有违法的情形下,应该适用信赖保护原则,不得随意地变更其获得的许可,如果要变更的话,应该进行补偿,而不是一概地加以关闭。

---

❶ 转引自汪劲:《环境法学》,北京大学出版社2006年版,第21页。

可见，错误的经济政策对环境的危害也是明显的。

3. 政府存在着严重的有法不依的现象

依法行政是行政机关的基本要求，但我国目前依法行政的水平还不高，有法不依还是普遍现象，特别在我国行政权独大的背景下，行政机关不依法的情况更为严重。在环境保护领域，主要体现在：一是政府机关自身涉及环境的行为就是不合法的，如自身的决策可能会危害到环境，最典型的如上面提到的国务院的决策。二是行政机关对于危害环境行为的放纵，政府对于企业的环境违法行为采取的是睁一眼、闭一眼的态度，能不查处的就不查处，能从轻的就不从重，等等。更有甚者，政府对于环境主管部门查处环境违法的行为给予惩戒，从而导致主管部门不能也不敢严格执法。三是不能履行自身的职责，从而不能起到保护公民环境权益的作用，甚至对于公众维护环境权益的行为进行打击、压制。以上方面都是政府在环境领域有法不依、执法不严、违法不究的表现，体现出政府在处理环境保护与经济发展关系时的价值取向。

4. 缺乏环境问责制

问责制是现代政治的基本要求，所谓问责制，是指公共官员对于自身的行为要承担相应的责任，即作出"回应、解释"的责任，只有进行问责，才能使各级官员有责任心，能正确履行自己的职责，不怠权、不渎职，认真积极地履行公共职能，符合人民组成政府的目的。官员能否承担责任，是关系到公共官员履行职责的重要问题，因而，各国都重视这一问题。我国也可以说有一定的问责制，但这种问责，只局限在经济发展方面，近年来又发展到社会稳定和生产安全等方面，在环境方面虽然近年来也有所重视，如建立了节能减排责任制，但总体来说力度还不够。因而，在我国，政府官员不能履行职责保护环境是没有不利的后果的。也就是说,其后果责任这方面也是存在问题的。因为,我国政府官员考核的指标是经济发展,而不是环境保护和环境质量,因而,在这方面政府的官员没有足够的压力和动力来加强对环境的保护。

5. 国家权力与权利的结构的失衡

当然,以上方面的原因也只是表面的,最根本的原因是在我国目前的"权利—权力"结构方面存在着问题,我国权利(力)结构的不均衡,对于我国的环境执法也有着至关重要的影响。我国的权利(力)结构的不均衡具体表现为:首先是公民权利与国家权力之间的不均衡,我国现在公民权利对于国家权力特别是国家行政权力相对过弱,公民对于国家权力的影响过小,不能有力地形成自己的声音,公民对国家权力的运行不能产生有影响的制约,这样行政机关在行使权力时,受到的公民权利的制约较少,违法行政现象也多有发生,环境法律的实施关键是取决于行政机关的态度和决心;其次是在国家权力之间的不均衡,依据宪法,在我国,行政机关应该受到同级人大的监督和法院的监督,但实践中我国的行政机关权力在国家权力中最强有力,受到同级人大和法院的影响不大。行政机关的权力过大,这样其依法行政的外在压力过小,完全依赖其自觉性,但现实生活中行政机关的环境法律的执法意识是不强的,因而效果就不理想;再次行政权力内部的不均衡,即环保机关的权力过弱,我国环境法律主要是由各级环保部门来实施的,但我国的环保部门是同级人民政府的职能部门,其执法活动要服从同级人民政府的要求。在这样的行政体制下,如果各级人民政府的环境保护意识不强,环保部门的环境执法必然受到影响,而我国又没有美国的中央环保部门代替地方政府行使环境执法权力的规定,这样环境执法的效果就受到了影响。

三、政府环境责任与环境保护的关系

从我国环境问题的成因来看，与政府在环境治理中存在的不足密切相关。首先是政府对于环境问题的漠视；其次是政府对环境法律实施的轻视；最后是政府没有实施环境法律的压力和动力。可见，要想实现环境保护，强调政府的环境责任是一个必然的问题。而要强调政府的环境责任主要是两个方面：一方面是强调政府的环境职责；另一方面是重视政府环境职责的履行，应通过制度性的方式来保证其认真履行环境职责。

环境法作为公法，必然会涉及公权力问题。公法的主要任务是研究对公权力运行和实施的监督和控制，强调政府的责任是公法的一个重要方面。在现代环境问题的解决上，就需要强调政府的责任，只有政府承担起相应的责任，才能很好地保护环境，促进经济和社会的发展，保护人民的环境权益。

环境法在强调政府的环境责任方面，主要从职责和不利后果两个方面来进行的。这两者之间也是有着密切联系的，只有职责明确，才能使政府对自身的环境责任有清晰的了解；也只有职责明确，才能追究其没有履行职责时的不利后果。具体而言：

首先是关于环境职责的履行上。"将各级政府的环境保护责任用义务性规范来表述的占环境基本法立法的多数，而对政府各职能部门的职权和职责则通过授权性规范由政府根据现实自由裁量"。[1]

包括作为的义务和不作为的义务。作为的义务主要有：制定环境标准、治理已经存在的污染、保证实现公民的环境参与、发

---

[1] 汪劲："从环境基本法的立法特征论我国《环境保护法》的修改定位"，载《中外法学》2004年第4期。

现制裁环境违法行为、利用多种方式加强环境保护的效果等；不作为的义务主要有：不作出有害环境的决策、不以经济的发展来取代环境的保护、不纵容危害环境的行为等。如果政府认真履行这些环境职责，那么环境就会得到良好的保护，反之环境就会受到破坏。

其次是关于环境不利后果的承担上。在承认市场失灵的同时，人们也认识到政府失灵的问题。政府失灵在环境保护方面也有大量的体现，主要有：一是政策的失灵，即制定了不利于环境保护的政策，最典型的就是我国在90年代初期实施的大力发展中小企业的政策，对环境造成损害的事例。二是经济发展取代环境保护的经济发展模式。三是执法的失灵，即执法不能制裁违法，甚至是纵容违法行为。主要体现在如缴纳一定费用后就允许污染行为继续存在，一些地方政府对履行环境职责的人加以制裁，来保护环境违法者。四是执法能力和执法方式的失灵。执法能力上，环境执法机关与现代企业相比，并不具有信息上的优势，而且也受到人力、物力、财力方面的局限；在执法方式上，通过命令服从的模式来加强环境执法，即通过行政许可、行政处罚等方式，这些方式对于现代的环境发展来说是不充分的，需要通过其他的方式来加以改进。现在的环境治理的趋势就是采取柔性的环境治理方式，典型的如环境行政指导、自愿环境协议、环境信息公开等。如随着形势的发展，美国行政当局也不断发展新的柔性指导的方式，如制定了环境信息公开制度。环境信息公开是继指令性控制与经济手段之后又一类型的新环境管理手段，被称为人类控制污染制度建设史上的第三次浪潮。它通过环境信息收集、整理和发布，使管理者、被管理对象、公众和市场共享环境信息，从而对环境破坏行为产生压力，对环境保护行为进行表彰，使经济和社会朝着环境可持续方向发展。[1] 这样的方式也是纠正政府失灵的一种新的尝试。

为了防止环境职责上的政府失灵，就需要加强对政府的监督，即"监管监管者"。而对监管者的监管，主要是要通过切实有效的方式来使政府的行为受到制约，其中一个重要的方法，就是政府要承担渎职和滥用职权的法律后果，即后果责任，如果政府承担了相应的后果责任，那么他们的行为就会受到制约，这对于环境问题的解决也会起到促进作用。

---

[1] 王华、陈栋："企业环境信息公开：理念、实践和挑战"，载《世界环境》2008年第5期。

第二章　政府环境责任的理论基础

政府为什么要承担环境责任，这需要从理论上进行分析，特别是环境责任不仅是一种消极的责任，更是一种积极的责任时，更是如此。通过对政府环境责任理论的研究，一是可以为政府环境责任的承担提供理论上的依据，从而促进政府履行环境责任，保护和改善环境；二是能对政府环境责任起到指导性的作用，政府环境责任的来源是复杂的，即使有法律的明确规定，也存在很大的裁量空间，通过政府环境责任理论的研究，可以促进政府在全局上把握自身的环境责任、积极地履行职责，这些不仅有利于环境的改善，也有利于提高政府的行政效率，提高政府的环境执政能力；三是能对政府的环境责任起到解释作用，这种解释，在政治上可以促进人大对于政府环境责任的要求和追究，在司法上可以促进法院对政府环境责任的认定，在行政上可以强化政府的责任意识。

第一节　政府环境责任理论基础概述

一、政府环境责任理论基础的现有观点

我国目前关于政府环境责任的理论基础主要有以下几种观点。

蔡守秋先生认为，政府环境责任的理论基础主要有：环境法治、政府职责本位、社会公共需求、生态化方法、"环境善治"、

环境权和环境民主等理论。❶ 即他认为政府环境责任的理论基础是多元的，而非一元的。

巩固博士认为：政府环境责任的基础是公众环境利益。公众环境利益，是政府环境事务管理权的正当性来源，也是政府对环境承担责任的道义基础。❷ 即他认为政府环境责任的理论基础是一元的，即公众环境利益。但如何利用公众环境利益来进行解释，也需要进行深入的研究。

张建伟教授在《政府环境责任论》中，认为政府环境责任的理论基础主要包括：环境法治理论、政府职责本位理论、公共需求和环境基本权利理论。❸ 但他对于这几种理论之间的关系如何，却没有更多的论述，因此需要对政府环境责任的理论基础进行梳理，以深入认识这几种理论之间的关系。

为了深刻认识政府的环境责任，必须加强政府环境责任理论基础的研究。这对政府环境责任的理论基础本身应有全面的认识，即政府环境责任的理论基础不仅能对政府的环境责任具有指导性和解释性，而且不同理论基础之间应具有内在的逻辑性，共同形成一个具有内在逻辑的一个体系。

二、本书的观点

本书认为，应该在不同的层次上来研究政府环境责任的理论基础，从而形成一个完整的体系，这样可以更清楚地认识政府环境责任的原理，更好地设计和运用政府环境责任。

---

❶ 蔡守秋："论政府环境责任的缺陷与健全"，载《河北法学》2008 年第 3 期。

❷ 巩固："政府环境责任理论基础探析"，载《中国地质大学学报》2008 年第 2 期。

❸ 张建伟：《政府环境责任论》，中国环境科学出版社 2008 年版，第 45 ~ 55 页。

第二章 政府环境责任的理论基础

首先，从政治的角度而言，政府环境责任是一个政治合法性的问题。政府要获得政治合法性，就必须保证公民的环境利益，保证作为公共物品的环境符合经济社会的可持续发展的需要，这样才能获得人民的承认与认同。这也是对政府的一种道德性的要求，作为公权力机关的政府，必须保证人民的基本权益，只有做到这一点，政府才是可以为人们接受的政府，是一个具有正当性的政府。

其次，从宪法的角度而言，政府承担环境责任也是政府的宪法义务。现代世界上大多数国家的宪法明确规定或者通过宪法解释的方式确立了政府在环境保护方面的责任，如我国宪法中就规定了政府在环境保护方面的责任。可见，保护环境、维护公民的环境权益是政府的一种宪法义务。虽然从法理上说，这种义务是一种没有强制力的宣示性的义务，但这种义务也表明了政府的目标和努力方向，同时也是对政府是否遵守宪法的一种判断。

再次，从行政法治的角度而言，政府承担环境责任是政府守法的体现和要求。政府守法是现代法治的基本要求，也是各国法治水平的一种标志。在我国，"依法治国，建设社会主义法治国家"是我国宪法中规定的治国方略，在法治国家指标中，政府是否守法是一个关键性的指标。为了加强依法行政，我国国务院2004年制定的"全面推进依法行政实施纲要"和2008年制定的"国务院关于加强市县政府依法行政的决定"，对行政机关的依法行政提出了明确的要求。而依法行政当然也体现在环境法治中，我国的环境法律有大量的关于政府的环境职责和环境义务的规定，国务院也制定了一系列加强环境保护的文件。这些都是政府在履行环境职责中守法的基本要求。

最后，从权利保障的角度而言，政府承担环境责任是保障公民环境权的要求。环境权是现代公民的一项基本的权利，而保证公民环境权利的实现是政府的基本义务。这一点虽然是就公民权利而言的，但在公法上，公民的权利往往就是行政机关的义务和职责，公民享有环境权，也从另一方面说明政府具有相应的责任来保护环境、防止环境被破坏和改善环境，让公民充分地享有环境权，因而，从这一角度而言，也说明政府必须承担环境责任。

以上研究的是政府环境责任的理论基础，这些基础从政治角度出发，到宪法要求，再到依法行政的要求，最后落实在公民的环境权益的保障上。这些理论基础具有内在的逻辑性，形成了一个有效的体系，可以更好地认识政府的环境责任问题。下面就分别来对这些理论基础进行分析研究。

第二节 政治合法性

一、政治合法性概述

（一）政治合法性，又称政治正当性

从传统的正当性理论而言，"只要权力是根据正当规则获得并行使，并且有证据表明其得到了同意，我们就称之为正当的或是合法的"。❶ 但现代政治的正当性的要求更高，即"正当性是指特定社会现象因其自身具有的特定价值而被公众普遍认同的那种属性或状态。包含两个基本要素：一是价值要素。一种社会现象要获得正当性，本身必然要具有某种特定的价值。二是认同要素。一般认为，一种社会现象具有正当性最直接的表现便是取得

---

❶ [英]大卫·边沁："通住社会科学的合法性概念"，傅建奇译，高鸿钧校，见《清华法治论衡》（第2辑），清华大学出版社2001年版。

公众的普遍认同。"❶

历史上，任何一个政府都要重视其自身的正当性问题，而正当性包括的这两个要素，对政府环境责任也有着重要的意义。因为，根据社会契约论的观点，人们组成政府的目的是维护其自身的人身和财产安全，出于这方面的考虑，政府就具有了价值要素；而政府是否做到这一点，就具有了认同的要素。如果政府满足了这两个方面的要求，就可以说，其获得了合法性，是一个在政治上具有合法性的政府。否则，其合法性必然会受到质疑。

（二）政治合法性的不同层面

现代学者对于政治合法性的研究成果是汗牛充栋，观点各异。如有的学者对价值与认同这两个要素进行了更深入的研究，认为政治合法性可以从心理、经验和规范三层面来进行分析判断。

1. 心理层面的合法性

心理层面的合法性是针对权力对象而言的，意味着如果权力对象认可权力或权力系统的存在，或接受权力的制约或影响，那么可以认为权力具有合法性。换言之，心理层面的合法性乃是权力对象所具有的一种信念，他们在心理上接受了权力与他们之间的社会关系安排，并认为自己从属于这一社会关系，"认同"是心理层面合法性的核心要素。

2. 经验层面的合法性

因此经验层面的合法性可从权力和权力对象两方面来理解。首先是针对权力而言的，权力为满足合法性要求应遵循既定的权力操作规程，而这些规程应该是明文或习惯所规定且能够被执行的，比如法律和惯例。权力应满足法律或惯例所规定的操作程

---

❶ 司久贵："行政权正当性导论"，武汉大学2001年博士学位论文，第1页。

序，超越这些程序便可视作权力在经验层面丧失合法性。

其次是针对权力对象而言的。如果权力在功能上满足了权力对象的利益或价值要求，或者即使未能为权力对象带来利益上的好处或满足其价值偏好，但权力对象畏于权力的强制力或自己利益上的考虑而不敢或不愿表达反抗情绪或进行实际反抗，那么在经验层面，两种情形都意味着权力依然没有受到挑战，权力对象也依然服从于权力和它们共同所处的社会关系。

3. 规范层面的合法性

自由主义合法性的批判理论则强调规范层面，即主张通过价值因素对心理和经验层面的合法性进行验证，通过价值验证来对现存的权力重新合法化，就像哈贝马斯所主张的那样。

这意味着心理层面上或经验层面上取得了合法性的权力，需要在价值层面进行再次合法化评估，而再次合法化的标准不再是操作程序或规程，而是社会公认的价值原则，同时这些原则是用来制定和修改权力操作规程的依据。❶

（三）政治合法性与相关概念区别

政治合法性是政治学、法学、行政管理等学科上的重要概念，就法学这一领域而言，政治合法性也容易与其他概念相混淆，因而，本书对此作一简单的区分。

1. 政治合法性与责任政府

所谓责任政府，指的是政府应该处于负责任的状态，如果没有履行好责任就需要有人承担不利的后果。

两者区别是：政治合法性强调的是以上两个要素与三个层次的问题，即主要是价值与认同的问题，如果政府的行为是有价值的而且也获得了人们的认同，即具有合法性；而责任政府理论强

---

❶ 简军波：“权力与合法性”，复旦大学2006年博士学位论文，第29~30页。

调的是政府责任的承担问题，即一方面，需要履行相应的职责，另一方面，没有履行职责或者履行职责不符合法律要求或社会的要求就要承担相应的法律上的不利后果。

两者的联系是：只有当政府处于负责任的状态，即是责任政府时，才容易获得政治上的合法性。而要获得政治上的合法性，政府必须处于负责任的状态。这两者是相辅相成的，可以互相促进，也可以互相制约。

2. 政治合法性与政府的依法行政

依法行政从表面上看是指行政机关在行使权力时应有法律规范的依据，这里的法律规范的含义是非常丰富的，即依法行政中的"法"是广义的，而不是狭义的。

两者的区别是：政治合法性强调的是价值与认同，既可以强调整体上的状态，也可以强调某一行为，即一个行为，即使在形式上可能是违法的，但如果能获得人们的认同，也可以获得合法性，一个政府虽然在依法行政上存在一定的问题，但如果能得到人民的认同，也具有政治合法性。而依法行政强调的政府行为的遵守法律的状态，主要强调的是某一行为，在某一行为上来进行判断。

两者的联系是：同政治合法性与责任政府之间的联系一样，政治合法性与政府的依法行政之间是相辅相成的，可以互相促进，也可以互相制约。

二、政府环境责任的合法性

（一）政府环境责任的合法性

指政府在承担履行环境责任方面达到的合法性的要求，即政府在环境保护方面的行为，被公众普遍认同的那种属性或状态。

(二）政府环境责任合法性的具体内容

1. 政府应向公众提供良好的环境

公共物品具有公共性，任何社会成员都可以使用，并且一般不需要提供对价，由私人来提供是不经济的，私人也没有提供这种公共物品的积极性。公共物品的种类非常多，如公共安全、社会秩序、公用设施、环境等，其中环境就是一个典型的公共物品。由于环境向任何不特定的公民开放，根据庇古理论和公地悲剧理论，容易受到破坏。而此时，就需要政府利用自身的权力来保护和提供良好的环境。如果政府不能提供良好的环境，保护人民的健康与财产，政府就会存在合法性危机。"如果一个政府导致威胁生活的状况，或者它要求一个市民放弃使用为了存活必须具备的食物、空气、水、药品或者任何东西，那么，用霍布斯的话说：他享有违抗的自由。"如果出现了贝克所言的状况，政府就会存在合法性的问题。[1]

2. 政府应提供价值选择的证明

现代社会经常会面临多重价值并存的局面，政府就存在着价值选择问题。如何进行价值选择，需要政府来进行证明，而且这种证明需要得到人民的认同，否则也会面临合法性问题。在环境问题上，这一特点尤为明显。环境问题涉及多重价值，而这些价值如何取舍选择是需要政府加以证明的。

就我国而言，政府在环境问题面临着环境保护与经济发展这两种重要价值之间的冲突，这就有着不同的选择。一是以经济为至上的目标，环境保护为经济发展让道。由于我国在近代以来在国家发展上受到的挫折，发展经济、富民强国是整个社会的共同

---

[1] ［德］乌尔里希·贝克：《世界风险社会》，吴英姿、孙淑敏译，南京大学出版社2004年版，第49页。

期望与追求,而环境保护很容易与这一追求相冲突;❶ 二是存在着环境法得不到实施的现象,应该说,我国的环境法律体系相对来说已经较为完善,在这样完善的体制下还是产生了严重的环境问题,主要的就是我国实施环境法的过程中有法不依的现象普遍存在。这两种现象都需要政府通过价值判断的方式来加以证明——即现行政府的做法具有更高的价值。

3. 政府在环境行为上获得公众的认同

认同指的是公众对于政府的证明行为是否认可的问题,应该说,在我国一般民众也是赞成快速发展经济,提高人民生活的。同时,公众的环境保护意识也在不断提高,据调查:"相隔近10年(1998~2007年,引者注),公众依然认为本地环境问题产生的主要原因是政府和公众对环境问题的重视不够,企业忽视环保也引起公众的广泛关注,而消费快速增长、人口增长过快、经济发展速度过快等客观因素被认为是次要原因,表明环境与经济的矛盾并不是公众关注的焦点,大多数公众认为可以实现经济发展和环境保护的双赢。过去10年,我国公众环境意识的总体水平呈现上升趋势,公众的环境知识水平、环保参与水平和公众对国家环保政策法规和宣传教育的满意程度有所提高。未来公众环境意识总体水平将呈现加速上升的趋势,2008~2017年进入快速上升阶段,2019年达到较高的稳定水平。"❷ 这些数据说明,在生活水平和环境意识不断提高的条件下,公众对于环境的要求也在不断提高,此时公众对经济发展与环境保护之间的取舍与政府的取舍并不完全相同,特别是受到环境发展直接损害或者对于环

---

❶ 齐晔等:《中国环境监管体制研究》,上海三联书店2008年版,第4页。
❷ 闫国东等:"中国公众环境意识的变化趋势",载《中国人口·资源与环境》2010年第10期。

境较为敏感的民众对于环境保护的偏向是明显的。在这样的公众面前，政府的价值证明要受到合法性的考验，如果得不到人们的认同，政府在环境保护方面就会存在合法性的危机。值得注意的是，由于经验和社会的发展，公众对于环境质量的要求和关注是在不断变化的，可以说，现代公众更加重视环境保护，许多公众宁愿减缓经济的增长也要保持良好的环境。这样对政府在环境保护上的合法性就有了更高的要求。

三、我国政府在环境保护方面存在合法性问题

（一）政府在价值选择上的偏差

从价值取向上看，经济发展也是一个非常重要的价值。但经济的发展与环境保护之间的冲突也必须保持在一定的范围之内，因为即使从功利的角度而言，经济优于环境的观点也需要控制在一定的限度之内，否则经济的发展给人民带来的就不是幸福而是苦难，更为严重的是，不考虑环境保护的经济发展，其发展后劲也会严重不足，会给经济发展带来隐患。例如，由于环境污染，我国有大量的水资源不能使用，导致用水资源的短缺现象更加严重，加剧了原本就十分紧张的水资源使用的冲突和矛盾，同时，这种情形也直接影响了经济的发展。所以，在经济和环境的价值选择上也应有一定的尺度，因为，环境法的根本理念是可持续发展，只有保持一个良好的环境，才可能实现整个社会的可持续发展，如果只是着眼于一时的经济发展，而不考虑这种发展可能带来的严重环境后果，这样的发展是不可持续的，这种价值取向也是错误的。

而在实际的政府的经济发展实践中，政府对于经济与环境的发展采取的措施和力度是明显不同的。在经济上可谓是不遗余力，尽到了最大的努力；反之，在环境保护上却往往采取较少的

措施。更可怕的是,政府经常对于环保部门的执法行为加以阻挠,直接干预环保部门对于违法企业的查处,不仅没有尽到相应的责任,反而是对环境保护起到了负面的作用。例如著名的安徽省蚌埠市的固镇事件中,2010年5月7日固镇县环境保护局副局长许振海经乔振稳局长同意,带领县环境监察大队长赵伟、副大队长董莉、队员王西雷到伊诺华公司检查,得知新扩建的盖胶密炼车间和仓库未经环评,锅炉由4吨改为10吨未经环保验收时,即要求企业抓紧补办环保相关手续。5月20日许振海带领县环境监察副大队长董莉、队员钱波按照排污费征收程序到伊诺华公司送达2010年第一季度污染物核定通知书和排污费核定通知书。结果,几个人却被当地政府给予了处分。❶ 虽然事后在舆论的监督下得到了纠正,但这说明了当地政府这样做的实质就是以经济的发展取代了环境的保护,最终也会给政府的合法性造成损害。

(二)政府守法上的偏差

作为现代的政府,必须遵守法律的规定,我国《宪法》明确规定:"中华人民共和国实行依法治国,建设社会主义法治国家。"可见政府严格守法也是一种宪法要求,因为依法治国首先是依法行政,只有国家权力在法律的框架内运行,才能说实现了依法治国,达到了法治国家的要求。而目前我国在政府环境责任下,政府不守法几乎是普遍的现象,在环境法领域存在着大量的有法不依、违法不究的现象,这与我国的法治国家建设是格格不入的。而一个不守法的政府,无论如何也不会得到人们的认同与服从,这会对政府的合法性提出挑战。

我国政府在环境法领域存在着大量的违法现象,如环境决策

---

❶ "固镇集体停职事件始末",载《中国环境报》2010年6月21日,第1版。

和查处环境违法方面,即使是主要履行职责的环保部门,对于环境违法行为的查处也存在着大量的违法。因而,政府要通过违法来发展经济、弃环境保护于不顾,即使经济得到了发展,也不会得到社会认可,最终导致政府的合法性危机。

我国已经有学者指出:在地方利益和部门利益驱动下,往往会使政府行为异化出两个"维度",进而为政府的自身"失灵"创造条件。一个维度是"不需要政府干预时的干预",另一个维度是"需要政府干预时的不干预"。在环境保护问题上,前者经常表现为任意干涉带来的环境资源市场价格机制的扭曲;后者表现为对环境资源的垄断和滥用行为缺失必要的公共管制。[1] 无论是哪一个维度,都可以看出政府在守法上存在着严重的问题,当这种违法现象呈现出普遍性的时候,政府就会被民众认为是不守法的,对政府的不信任感就会提高,由此自然会导致政府的合法性危机。

(三) 民众认同感的疏离

虽然我国的经济发展在这几十年里取得了举世瞩目的成就,人民的生活水平也有了巨大的改善,但是环境问题也给人民带来了巨大的痛苦,人们对于环境的恶化也有了更大的不满和切肤之痛。例如,在2013年春节前后,全国东部大范围的雾霾引起了人们强烈的不满,并进而对我国经济发展的成就产生不满。这种不满会导致民众对已经取得的经济成就产生疏离之感,甚至对于经济的发展产生排拒之感,这将是政府合法性的巨大挑战。主要体现在以下几个方面。

---

[1] 蒋京议:"国家干预环境问题的战略思考",载《国家行政学院学报》2008年第2期。

1. 环境问题带来了社会的不稳定

由于我国在经济发展的高速期内产生了大量的环境问题，这些问题在一些地方已经造成了严重的后果，并且严重威胁到了社会的稳定，如我国目前已经出现了大量的"癌症村"，这些地方的人们自然对政府产生不满，认为政府没有尽到保护环境的责任，这种不满在一些地方已经威胁到了社会的稳定，最著名的是福建厦门市的 PX 事件。现在，由于环境问题而产生的群体事件也在日益增加，这种群体事件最后都会归结到政府没有尽到环境保护的责任，如对环境的治理、对环境违法的查处、对环境纠纷的解决等。在公众对政府不满迅速增加的时候，政府的合法性一定会受到严峻的挑战。此时，要维持政府的合法性是不可想象的。

2. 公众环境意识的提高对政府的合法性有了更高的要求

随着社会的发展，公众对良好环境的需求不断增加。随着社会经济和文化的发展和环境问题的日趋严峻，我国公众需求良好环境的意识迅速提高。按照风险文化的理论，也就是人们对于环境的风险认识提高了，对于环境质量的要求和对政府环境职能的要求也提高了。在这样的环境意识下，公众对于政府的关于发展经济优于环境的观点和做法，会产生严重的认同危机，会认为经济发展应该以不威胁良好环境为前提条件。在这种认识下，政府发展经济优于环境的理由就得不到认可，其合法性就存在问题了。

而政府只有保证一定的良好环境，才能获得人们的认同，获得在环境问题上的合法性。

四、提高政府环境治理的合法性

政府承担环境责任不仅表现在政府积极地履行环境保护的职责，也表现在当政府履行职责出现违法的情形时，政府应承担不利的法律后果。这两种责任的存在对于政府来说都十分必要，没有前者就不会使政府产生保护环境的紧迫性；没有后者就不会使政府产生压力感。只有两者都具备时，才可以使政府的行为受到约束，保证其合法性。

（一）政府通过履行环境职责而提高其合法性

政府要提高其合法性，就必须履行环境职责并承担环境后果，只有这样，才能证明其行为的正当性，这可以从政府的合法性的三个层面来加以实现。

1. 从政府权力的运行程序来看，政府应按照权力的程序要求来积极地履行职责。政府守法是政府获得合法性的重要前提。大部分环境法律，对于环境法律的实施规定得较为明确。在这种法律较为完善的时候，政府要做到有法必依，应遵循既定的权力操作规程，按照法定程序来履行保护环境、维护公众健康的职责。只有履行了环境职责，才能保持良好的环境，社会公众的环境权益才能得到保障，也才能保证公众的人身和财产方面的安全。此时政府也可以获得相应的合法性了。

2. 在心理层面上要获得公众的认同。公众的认同是合法性的一个非常重要的方面，在政府的环境责任的履行方面，要获得公众的认同，必须要保证最低限度的环境标准，对于公众受到损害的环境权益要加以恢复，惩处违反环境法律、损害环境的行为，同时应积极采取措施不断完善和改进公众的环境利益。只有这样才可以说是尽到了政府的环境责任，从而可以获得公众的认同。

3. 在规范层面上对政府的合法性进行证明。就规范层面而言，政府在环境责任方面的合法性不仅需要严格地依法履行职责，以获得公众的认同，而且也涉及对政府行为进行证明的责任。因为在环境职责履行过程中，需要对不同的价值作出取舍，而不同的取舍就需要加以证明。特别是我国现在对于环境与经济的关系如何证明以获得人们的认同就显得十分必要。我国目前面临着较多的环境问题，而由于经济发展的水平和科学技术的水平的限制，对于这些环境问题又不可能立刻加以解决，如何让公众认同政府的决策，这就需要政府通过各种方式来加以证明。

（二）政府通过承担相应的不利后果来获得合法性

政府在履行环境职责时，会存在没有职责、违法履行职责或不恰当地履行职责等情形，当出现了这些违法情形时，政府就需要承担相应的不利后果。这是法治政府的必然要求，只有承担责任的政府才是受到制约的政府，而不是权力凌驾于法律之上的政府。此时，政府的行为即使违法也会得到公众的谅解，政府的合法性还是可以得到维持的。

当政府做到了这两点时，就会在价值领域和认同领域都获得相应的合法性。在价值领域，政府可以证明自身的行为是为了社会公众的环境权益，是为了整个社会的可持续发展，是在法律的范围内行事的；在认同领域，由于政府做到了这些，公众会认同政府的观点，支持政府的观点，进而认同政府的合法性。即使政府存在着环境后果责任，并因此而承担此种责任，公众也不会对政府的合法性丧失信心。

可见，在环境保护上，政府的合法性是非常重要的。一个政府如果不能经受合法性的考验，就会失去其存在的价值，导致其行为得不到人们的认同，最终会丧失政权。

第三节 宪法义务

一、宪法义务的概念

法学是权利（权力）义务之学，法律特别重视权利（权力）

义务的具体内容，宪法也不例外。宪法义务对于其他法律义务的设定和履行具有前提性和基础性的作用。根据义务履行的主体来分，宪法义务可以分为公民的宪法义务和国家的宪法义务。

国家义务"是国家对公民的义务，它是一个与国家权力相对应的概念"。❶ 强调国家义务的目的是"使民众能够得以安定有序共存，从而使民众过上"优良的生活""自由的生活"。❷ 因此，对于国家义务的研究被认为是公民权利的一个重要方面。

我国学界过去比较重视宪法中公民的权利，而忽视了宪法的国家义务，但近年来这一状况有了改变。❸ 学界开始重视国家义务对于公民权利实现的价值，认为国家的义务是实现公民权利的最基本的保证，只有国家履行了其义务（作为或不作为），才能使公民基本权利得以实现；反之，国家不履行其义务，公民的权利的实现就可能沦为空谈。"从国家与公民关系的历史发展及其在现代民主法治国家的发展趋势来看，国家义务与公民权利的关系已经成为主导国家与公民关系的主轴，国家义务与公民权利相应地应成为现代公法体系的核心内容和现代公法学的基本范畴。"❹

政府在宪法上的环境义务指的是政府应履行的保护环境的宪法义务。国家义务的来源主要是宪法规定，要求的是国家立法机关、行政机关、司法机关在保护公民权利上所应尽的义务。基于本书的目的，本部分主要针对政府的宪法义务来进行相关的探讨。

---

❶❷ 蒋银华："论国家义务的基本内涵"，载《广州大学学报》2010年第5期。
❸ 袁立："公民基本权利视野下国家义务的边界"，载《现代法学》2011年第1期。
❹ 龚向和："国家义务是公民权利的根本保障——国家与公民关系新视角"，载《法律科学》2010年第4期。

二、政府环境宪法义务的前提——环境国家的形成

政府在宪法上的环境义务，是一种新型的义务，是随着现代环境问题的严重而给政府增加的义务。在宪政发展历程中，政府的角色和任务都在不断发生变化，从传统的消极国家向现代积极国家发展，而积极国家任务的本身也在不断演进。其中，环境国家就是现代国家任务演进的一个方面。政府的环境宪法义务产生的背景如下。

（一）环境问题的严重性

由于工业化的发展，人类改造自然的能力越来越强，对自然的影响和破坏越来越明显，加上环境问题的产生具有一定的积累性。从19世纪末、20世纪初开始，环境问题逐渐显露，环境事件逐渐增加。并产生了旧八大公害和新八大公害，这方面的环境问题在前文中已经提出过。此处不再赘述。

（二）环境运动的兴起

随着环境问题的日趋严重，人们对于环境的关注也在增加，对于环境污染和破坏的担忧与日俱增。民众要求生活在一个良好环境下的呼吁越来越多，并首先在西方形成了一场强大的环境运动，其影响一直延续至今。

例如，在美国，最早的环境运动起源于20世纪60年代初期，以1962年卡逊发表《寂静的春天》为标志，此书的发表，引起了人们对于杀虫剂造成的环境损害问题的重视，进而引起了对环境问题的全面重视。

70年代，美国的环境运动达到了高潮。"美国环保运动的大发展在1970年4月的地球日中充分体现出来。那一天，国会专门休会一天，并有1000万青少年在全国各地参加了不同形式的

纪念活动。这无疑表明美国广大民众已经投身于环保运动之中。"❶

由于环境运动形成的巨大力量，导致在美国的总统选举中，当时的美国总统候选人尼克松和竞选对手曾经在环境保护标准上开展了竞争，以拉拢选民。1969～1970年，尼克松在环保问题上采取主动行动的一个重要原因是为了和民主党争夺环保主义者的选票。以支持环保法案著称的民主党参议员爱德玛德·马斯凯曾被尼克松视为1972年大选中的最大对手。他们都在公众面前标榜自己是环保运动的先锋。由于都尽力展现自己更致力于降低风险，当他俩交替递交自己认为更好的环境草案时，所提交的法律案的内容就发生了根本性的变化。"结果是1970年通过的《清洁空气法》比他们原来料想的更为严厉。"❷

在日本，随着环境问题的日趋严重，20世纪60年代，日本成为世界闻名的"公害列岛"。与之相适应的是，日本国内民众也发起了大量的抗议活动，一些民众采取包围工厂、包围各级政府的方法来表达对环境破坏的抗议、对环境保护的重视，并由此产生了大量的环境诉讼，希望通过司法判决来维护环境权益和保护环境。这些行为迫使日本政府正视环境问题，以致70年代出现了大量的环境立法，此时的日本国会被称为"公害国会"。

在欧洲，也掀起了一场场的环境保护运动，甚至形成了绿色政党来加强环境保护。

面对强大的环境运动，西方国家的宪法与法律必然要予以回

---

❶ 金海："20世纪70年代尼克松政府的环保政策"，载《世界历史》2006年第3期。
❷ [美] 凯斯·R. 孙斯坦：《风险与理性——安全、法律及环境》，师帅译，中国政法大学出版社2005年版，第19页。

应。这些国家不仅制定了大量的环境立法，而且也出现了对国家任务重新界定，要求国家履行更多环境义务的趋势。

（三）环境国家原则的建立

在研究环境国家之前，首先要认识福利国家。福利国家是在传统的夜警国家的基础上发展起来的，其本身含义也在不断发展。例如，德国就是在社会法治国的基础上加以发展，形成了一定意义上的环境国家原则。其中的主要原因就是环境问题在国家任务中的地位不断提高而形成的。

我国台湾著名学者李建良就说："面对环境问题备受重视的趋势，近年来有所谓'环境国家'概念的提出，强调环境保护为国家主要的任务，换言之，环境保护系国家制度赖以存在的基础，如果国家不履行环境保护的任务，将丧失其存立的正当性。"❶ 环境国家产生的原则主要有以下方面。

1. 社会法治国原则

社会法治国原则是德国宪法中的一个重要原则，根据台湾地区学者的研究，社会法治国原则赋予国家在宪法规定上的作为义务，尤其要求立法者必须通过立法来形成一个"可接受之利益冲突平衡关系与致力于为所有处于困境之人民创造适当之生存条件，以提升人民之幸福及平衡其生存上之负担，主要包括：（1）提供陷入困境人民必要之社会给付；（2）保障人民机会之平等；（3）立法者有义务平衡及消除社会中之歧异与冲突；（4）社会法治国原则上之优惠对象仅限于自然人"。❷ 德国"社会法治国"原则，包括委托立法者制定法律，消除社会不公，

---

❶ 李建良："永续发展与国家责任"，载《台北大学法学论丛》第46期。

❷ 谢荣堂：《社会法治国基础问题与权利救济》，元照出版有限公司2008年版，第8页。

以及保护社会与经济的弱势群体。因此，国家有义务确保社会公正与社会保障。❶ 就环境法而言，国家有义务保障公民享有良好的环境，这也可以从社会法治国原则中推导出相应的结论。

同样，在其他国家宪法中，也规定了国家有相关的义务来提供良好的福利保障，以保护公民的健康与安全，正如日本宪法中规定的"全体国民都享有健康和文化的最低限度的生活的权利"。就被认为是国家环境义务的一个来源。

2. 环境国家原则

在各国宪法规定国家的福利保障义务的同时，宪法也在随着社会的发展而向着环境保护的目标发展，出现了在宪法中规定国家环境保护义务的内容。"政府宪法义务的内容是随着时代的发展而不断变化的，这种变化主要是由于公民的宪法权利的变化及由此而引起的宪政理念的变化而引起的。"❷ 而政府的环境宪法义务是随着环境问题的日趋严重和公民对环境问题的日益重视而对政府增加的新的义务。就国外而言，随着环境污染的加重和严重的环境公害的产生，整个社会对环境问题的关注明显增强，此时，就需要政府采取相应的行动来保护和改善环境，满足公民对环境问题的需求。政府的环境责任越来越多，需要采取多方面的措施来加强环境保护。从而形成了环境国家的国家政策。环境对于公民的影响越来越大，国家的环境保护责任也越来越重，世界上出现了将环境保护作为基本国策的倾向，特别是将环境保护作为国家的根本任务的倾向。

最典型的是德国的宪法，在德国宪法中，社会法治国的内容也是在不断发展的，根据社会法治国原则，国家义务从一般地向

---

❶ [德] 伯阳：《德国公法导论》，北京大学出版社2008年版，第54页。
❷ 刘广登："论政府的宪法义务"，载《江海学刊》2004年第6期。

公众提供社会福利向提供良好环境演进。例如，在《德国基本法》中对国家的环境保护义务就加以了规定。《德国基本法》第20条和第28条将社会国家的理念明确列为立国的基本原则。社会国家理念要求国家努力解决各种社会问题，积极地为人民谋福利，担负起对其国民的"生存照顾"义务。无疑，环境问题是当今国民生存和发展的一个重大威胁，是许多国家面临的严峻的社会问题。对此，国家的义务不仅是消极地不侵犯人民的权利，而且必须积极地为人民谋取福利，主动地进行环保投资，建设环保基础设施。因此，干预和解决环境问题是社会国家理念赋予当代国家的一项新使命。换言之，为国民营造一个合乎人性尊严的自然和文化环境是社会国家理念在当代的新展开。❶

我国台湾学者黄锦堂就认为："该条（《德国基本法》第28条——引者注）系基于联邦基本法第20条之立国精神（联邦德国为民主国、社会国、法治国、联邦国）之后，而且从修宪的提案过程以观，以及当今德国的通说，系被界定为立国精神，为对国家行为之拘束性之指引，也为立法行动之委托；其并未赋予人民主观公权利（亦即公法上之请求权），但其作为基本价值，对基本权利条款的解释有指引的功能。"❷

虽然其他国家并没有明确环境国家的原则，但也有朝着环境国家发展的趋势。其表现就是各国的环境保护的部门越来越强大，环境保护的开支也越来越多。可以说，从全世界来看，环境保护已经成为各国政府最为紧迫而共同的责任。

---

❶ 吴卫星："环境保护：当代国家的宪法任务"，载《华东政法学院学报》2005年第6期。

❷ 黄锦堂："环境宪法"，见苏永钦主编：《部门宪法》，元照出版有限公司2006年版，第721页。

三、宪法中的政府环境义务

宪法是一个国家的根本法,是政府行为最根本的依据。作为一国的基本法律,宪法内容也具有特殊性。宪法一方面规定国家权力的属性和国家权力之间的关系;另一方面也规定人民的权利,当然也要规定国家权力与公民权利之间的关系。无论哪国宪法,对于政府权力和责任的规定都是必然的内容。随着环境保护思想的发展,宪法越来越重视对环境的保护,这也是政府负担有宪法上规定的环境义务的重要原因。

综上所述,现代宪法关于人权的规定是在不断变化的,其中一个新的趋势就是在宪法中规定了公民的环境权(环境权理论将在本章的下一节进行阐述),而宪法中环境权的规定对于政府而言就是一项新型的义务。

"据统计,目前有 41 个国家或地区的宪法规定了个人享有的清洁、健康的环境的一般性权利,有 62 个国家或地区在宪法中规定把保护和改善环境作为国家的目标或义务。"[1]

宪法中如何界定政府的环境责任,这在世界各国宪法上并没有统一的规定。具体而言有以下的几种类型。

1. 明确规定了政府的环境保护义务。有些国家明确规定了政府的环境义务,最典型的是我国,我国《宪法》第 26 条的规定:"国家保护和改善生活环境和生态环境,防治污染和其他公害。"将环境保护直接规定为国家的义务。

2. 规定公民与环境相关的权利,间接规定国家的环境保护义务,如德国和日本的宪法。《德国基本法》第 20 条之一规定:

---

[1] [美]魏伊丝:《公平地对待未来人类:国际法、共同遗产与世代间衡平》,汪劲等译,法律出版社 2000 年版,第 294~298 页。

"国家为将来之世世代代，负有责任以立法，及根据法律与法之规定经由行政与司法，于合宪秩序范围内保障自然之生活环境。"日本《宪法》第 25 条规定："全体国民都享有健康和文化的最低限度的生活的权利。国家必须在生活的一切方面为提高和增进社会福利、社会保障以及公共卫生而努力。"这两种规定，都需要通过解释来加以明确，也就是说，宪法是对政府的环境责任加以间接的规定。

3. 宪法规定公民权利，从这些权利中可以推导出国家的环境义务。如印度宪法修改前后的变化特别能说明政府环境义务在保护公民环境权利中的作用。

1950 年的《印度宪法》，并没有关于国家环境保护责任和公民环境权方面的规定，法院是通过《印度宪法》第 21 条的解释来将环境权纳入其中，《印度宪法》第 21 条规定："人的生命和自由受到保护。除非依据法定的程序，任何人不得被剥夺生命和自由。"在环境案件的审理过程中，印度法院通过解释"人的生命"的含义来强调公民环境权的重要性，并以此来要求政府履行环境保护义务。❶ 对公民环境权利的确认，使政府承担了相应的环境义务，对于环境保护起到了良好的作用。

在 1972 年的斯德哥尔摩会议之后，印度又对其宪法进行了修改。其中增加了第 48 条 A 款，即"保护和改善环境，保护森林和野生生物——国家应尽力保护和改善环境，保护国家森林和野生生物"。这样，法院就有了直接的宪法依据要求国家承担环境责任，并作出了一系列著名的判决，如 M. C. Mehta v. Union of India: AIR 案（1988）。这一案件的案情是：由于沿岸长时间大

---

❶ Law Commission Of India, One Hundred Eighty Sixth Report On Proposal To Constitute Environment Courts, 2003, p. 32.

量排入污水，印度著名的河流恒河污染严重，既不能饮用也不能游泳，有强烈的环境保护主义倾向的著名律师 M. C. Mehta 向法院提起公益诉讼，要求法院判决有关行政机关，特别是坎普尔邦必须履行法定的义务，来保证恒河的水质变好。法院在判决中认为：保护环境是非常重要的和必要的，《印度宪法》48 - A 认为国家应该尽力保护和改进环境和保护森林和野生动物；《印度宪法》第 51 - A 确定国家对每个公民具有基本的义务，即保护和改进自然环境，包括：森林、湖泊、河流和野生动物和对每一个生命的悲悯之心。❶ 因而，法院在判决中发出了令状，要求有关行政机关特别是坎普尔邦要采取各种措施清理污染源，净化水质，保证恒河的清洁。这一判决，具有典型意义，因为它不仅以令状的形式确定了政府在一定时间内达到相应的环境目标的职责，也是要求政府履行环境职责的一种新型的形式。

4. 还有些国家宪法中则没有规定政府的环境责任，最典型的是美国，这些国家是通过国家的人权保障功能及应遵守的环境法律来对其环境责任加以明确的。美国联邦宪法中并没有国家的环境责任的要求，但通过宪法性的判例来确定公民的相应权利，从而推导出国家的环境义务。而由于宪法中对权利保障的重视和规定，宪法中公民权利的规定则可以对国家的义务产生影响。正如台湾法学家陈慈阳先生所言："依宪法的精神，所有的国家权力必须有义务去尊重并保护人性尊严以及人民的基本权利，对于人民生命权的保障，实质及形式的人身自由，健康权的不可侵犯性，都可以展现出国家对基本权的保护义务。"❷

---

❶ Law Commission Of India, One Hundred Eighty Sixth Report On Proposal To Constitute Environment Courts, 2003, p. 31.

❷ 陈慈阳：《环境法总论》，中国政法大学出版社 2003 年版，第 203 页。

当然，也有的国家（地区）宪法中规定了与环境保护有关的要求，这如何理解也值得重视。例如，我国台湾"宪法"增修条文第10条第2项规定了："环境保护与经济发展兼筹并顾"，但并没有将环境保护直接规定为国家的任务，此时，是否负有保护环境的"宪法"义务就需要通过解释来加以解决。台湾地区学者认为：惟因自然环境乃人民生存的基础，是以，自宪法基本国策篇章所蕴含的"社会法治国原则"，可以导出"国家"负有环境保护的义务。不过，由于社会国原则仅要求国家对于所谓核心领域予以保护，实现社会正义所不可或缺的部分，因此，人民基于社会国原则所得要求者，乃国家必须"生态上最低的生存底线"。其次，基于宪法保障生存权的意旨（"宪法"第15条），国家不仅应保障人民的生命、身体健康不受侵害，而且应确保"基本生存环境"，特别是其本旨在维护"人性尊严"，因此，如何确保"合乎人性尊严的环境"，为国家责无旁贷的义务。❶

通过我国的宪法和其他国家的宪法规定可知，政府的环境责任是一种宪法责任。政府这一责任规定在宪法中，意味着政府的责任具有宪法上的要求，由于宪法在法律体系上的权威性，宪法对政府环境责任的明确，在环境保护上具有重要价值。

四、宪法中的环境义务对政府责任的影响

宪法中政府环境义务的规定，对政府的义务产生了直接的影响，并对环境保护起到了重要的作用，政府的环境义务在环境保护上具有特别的意义。"在环境国家的理念下，国家必须致力于

---

❶ 李建良："论环境保护与人权保障之关系"，载《东吴大学法律学报》第12卷第2期，第28页。

维持人与自然的生存空间，回应社会对环境和生态的需求，并一定程度地介入环境质量的维护和塑造中，换言之，国家不仅仅是消极地去防治环境污染侵害，还要积极地保护人体健康，创造和维护优美舒适的环境。"❶但由于宪法中规定的政府环境义务，其法律性质存在争议，这一义务对政府的拘束力如何就值得重视。

德国学者也认为：原则上应由国家自由决定如何履行《德国基本法》第20a条所规定的保护任务，但是在解释与适用各项普通法律与基本权利时，环境保护的国家目标是具有实践意义的。❷

（一）政府的宪法上的环境义务，具有较高的法律位阶

作为宪法义务，政府的环境义务的性质是什么呢？一般认为，宪法中作为国策而存在的政府义务，只是一种政治性的宣言，对于政府并不具有直接的拘束力，公民也没有权利直接向政府提出要求，这只是公民的反射利益，而不是主观性的权利。但现代这一理论也出现了改变，即政府的宪法上的义务，并非对政府没有任何拘束，而是根据不同的性质而具有不同的效力。

陈新民先生认为，基本国策条文可以区分成四种效力不同的条款：（1）视为方针条款，即宪法的规定，是给予国家公权力（尤其是立法者）一种日后行为的方针指示，而没有规范拘束力。这些方针指示的作用，政治及道德意义大过法律意义。（2）视为宪法委托。即立法者由宪法获得一个宪法的委托，但与上述方针条款不同的是，此宪法委托具有法规范力。（3）视为制度性保障，即一个制度的成立与内容系受到宪法明文规定，

---

❶ 李鸫："环境国家下的规则制定"，山东大学2007年硕士论文，第7页。
❷ ［德］伯阳：《德国公法导论》，北京大学出版社2008年版，第55页。

或是由宪法的理念所可以衍生，而受到宪法的保障。（4）视为人民的公法权利，指人民由公法的法规获得权利，可类似私法权利一样，享受该权利，且在受到侵犯时，得请求国家（法院）之保障。❶ 特别是将宪法义务作为国策来对待的国家，大多数是第一种情况，即将基本国策作为国家行为的方针指示，认为基本国策并没有直接的拘束力。但随着社会的发展，环境问题受到了越来越多的重视，要求国家履行更多环境义务的呼声也在增强。

因此，有学者建议：在对环境权的概念进行清晰界定的前提下，应当努力克服环境权的"纲领性规定说"或"抽象性规定说"，通过修宪或者宪法解释途径确认环境权作为具体性的宪法基本权利，从而有效地拘束立法、行政和司法三种国家权力。❷ 这种建议对于提高环境权对国家权力的拘束作用，要求国家履行其环境保护职责也具有重要的意义。

（二）政府环境义务的不同层次

虽然宪法规定了政府的义务，但政府的义务是与公民的权利相对应的。政府的义务具有不同的层次，也是从公民权利的性质方面来加以划分的。有的从公民的消极权利和积极权利的角度进行划分，认为对待公民的积极权利，政府是积极的义务，而对待公民的消极权利，政府是消极的义务。但这样的划分并不科学，因为许多公民的权利并不能仅仅从积极权利或消极权利这两方面进行划分，权利在不同的层面上具有不同的内容和要求，因而，政府的义务也就有所不同。

荷兰著名的人权法学者艾德教授（Asbjorn Eide）结合国际

---

❶ 陈新民：《宪法学导论》，三民书局1996年版，第448~452页。
❷ 吴卫星："环境保护：当代国家的宪法任务"，载《华东政法学院学报》2005年第6期。

人权公约的权利分类，提出了国家对不同的人权类型有三个层次的一般性国家义务，即"尊重的义务""保护的义务"和"实现的义务"。"尊重的义务"禁止国家违反公认的权利和自由，不得干涉或限制这些权利与自由的行使；"保护的义务"则要求国家采取措施，包括通过立法或提供有效的救济来防止或阻止他人对个人权利与自由的侵害；"实现的义务"则具有计划性特征并且更多地暗示了一种现实上的长期性。这一分类标准也逐渐为国际社会所接受，进一步改进了传统的"积极义务"与"消极义务"的二分法。❶

由于公民的环境权具有不同的层面，为了保护公民的环境权，政府也就有了不同的环境义务，具体而言有：

1. 尊重的义务，主要针对的是公民已经享有的良好环境权的保护。政府应避免对公民已有良好环境的侵犯，从而保障公民能在已有的良好环境中生活的权利。

2. 保护的义务，主要针对国家防止他人侵犯公民良好环境的要求。当公民的良好环境受到国家和第三人侵犯时，国家应加以制止，从而对公民已有的良好环境起到了保护的作用。

3. 实现的义务，是指当公民的环境受到破坏或生活在恶劣环境中时，政府有责任改善已有的恶劣环境，从而实现公民的环境权。

（三）政府未履行宪法规定的环境义务的后果责任形式

由于宪法具有强烈的政治性，宪法中的规定很多是通过政治责任的形式来实施的，在政府环境责任问题上，也主要是政治责任。就政治责任而言，一方面是在政治选举中，通过公民投票来

---

❶ 杜承铭："论基本权利之国家义务：理论基础、结构形式与中国实践"，载《法学评论》2011年第2期。

对政治领导人的环境态度进行表决；二是在日常的议会监督中，对政府领导人的履行环境职责的情况进行监督。通过这两个方面来对政府在环境义务的履行进行政治上的决断。

值得注意的是，在政府环境责任的实现方面，不仅要关注行政机关的责任，而且也要关注立法机关的责任，特别是立法机关的立法责任。只有立法机关及时地制定一系列的环境法律，行政机关才能有法可依，才能更好地履行自身的义务。

第四节　行政法治理论

我国 1999 年《宪法》修正案明确规定了"依法治国，建设社会主义法治国家"，而法治政府是法治国家的重要指标。为加强法治政府的建设，国务院 2004 年制定了《全面推进依法行政实施纲要》，其中首次提出"法治政府"这一概念。随后的中共十七大报告中把"法治政府建设取得新成效"放到"实现全面建设小康社会奋斗目标的新要求"中，并提出了更加明确、具体的要求：一是全面落实依法治国的基本方针；二是加快建设社会主义法治国家。一个"全面"，一个"加快"，为建设法治政府指明了方向，明确了任务。法治政府是建设法治国家最重要的环节，只有法治政府建立起来，建设法治国家的目标才有可能实现。❶ 在前面实践的基础上，国务院于 2008 年 6 月 18 日颁布了"国务院关于加强市县政府依法行政的决定"（国发〔2008〕17 号），对依法行政、建设法治政府作出了进一步的要求。

法治政府的基本要求就是政府要依法行政，依法行政是行政

---

❶ 马怀德："法治政府特征及建设途径"，载《国家行政学院学报》2008 年第 2 期。

法治的另一种说法,其具体的要求是:

一、依法行政的概念与要求

依法行政是法治国家、法治政府的基本要求,即要求政府在法律范围内活动,依法办事;政府和政府工作人员如果违反法律,超越法律活动,就要承担法律责任。依法行政包括三项内容:(1)法律创制。指法律对于行政权的运作、产生有绝对有效的拘束力,行政权不可逾越法律而行为;(2)法律优先。指法律位阶高于行政法规、行政规章和行政命令,一切行政法规、行政规章和行政命令皆不得与法律相抵触;(3)法律保留。指宪法关于人民基本权利限制等专属立法事项,必须由立法机关通过法律规定,行政机关不得代为规定,行政机关实施任何行政行为必须有法律授权,否则,其合法性将受到质疑。❶

依照2004年国务院《全面推进依法行政实施纲要》的内容,依法行政的基本要求是:

合法行政。行政机关实施行政管理,应当依照法律、法规、规章的规定进行;没有法律、法规、规章的规定,行政机关不得作出影响公民、法人和其他组织合法权益或者增加公民、法人和其他组织义务的决定。

合理行政。行政机关实施行政管理,应当遵循公平、公正的原则。要平等对待行政管理相对人,不偏私、不歧视。行使自由裁量权应当符合法律目的,排除不相关因素的干扰;所采取的措施和手段应当必要、适当;行政机关实施行政管理可以采用多种方式实现行政目的的,应当避免采用损害当事人权益的方式。

---

❶ 姜明安主编:《行政法与行政诉讼法》,北京大学出版社2007年版,第64~65页。

程序正当。行政机关实施行政管理，除涉及国家秘密和依法受到保护的商业秘密、个人隐私的外，应当公开，注意听取公民、法人和其他组织的意见；要严格遵循法定程序，依法保障行政管理相对人、利害关系人的知情权、参与权和救济权。行政机关工作人员履行职责，与行政管理相对人存在利害关系时，应当回避。

高效便民。行政机关实施行政管理，应当遵守法定时限，积极履行法定职责，提高办事效率，提供优质服务，方便公民、法人和其他组织。

诚实守信。行政机关公布的信息应当全面、准确、真实。非因法定事由并经法定程序，行政机关不得撤销、变更已经生效的行政决定；因国家利益、公共利益或者其他法定事由需要撤回或者变更行政决定的，应当依照法定权限和程序进行，并对行政管理相对人因此而受到的财产损失依法予以补偿。

权责统一。行政机关依法履行经济、社会和文化事务管理职责，要由法律、法规赋予其相应的执法手段。行政机关违法或者不当行使职权，应当依法承担法律责任，实现权力和责任的统一。依法做到执法有保障、有权必有责、用权受监督、违法受追究、侵权须赔偿。

国务院规定的依法行政的这些要素是非常科学的，如果行政机关在实施行政活动的过程中能够按照这些要求去做，那么我国的行政法治就可以登上一个更高的台阶。当然，目前我国的行政法治水平还是不够的，还需要在这些方面作出更多的努力。

二、行政法治的意义

我国著名行政法学家袁曙宏在总结西方行政法治的历史时曾经指出："西方国家依法行政演变的历史既是行政权作用不断扩

大的历史，又是公民权救济不断加强的历史；既是行政权行使的强权色彩趋于淡化的历史，又是行政权运行的程序法治化的历史；既是国家主权豁免主义趋于消匿的历史，又是公民权救济制度体系逐步完善的历史。依法行政的'依'由消极走向积极，由机械走向机动；依法行政的'法'由单一走向多样，由零散走向统一；依法行政的'行'由被动走向主动，由强制走向平缓；依法行政的'政'由狭窄走向宽泛，由干预走向给付。"[1]行政法治的这种历史发展趋势，其实质就是要求行政权合法有效地行使，从而更好地为社会服务。具体而言，行政法治的意义有以下几个方面。

（一）依法行政可以限制行政权力、保障公民权利

行政权力是国家权力的一个重要组成部分，也是现代国家中最具能动性和对社会生活影响最大的一种权力，行政权力如此强大，更需要对其加以限制。正如著名法学家季卫东先生所言：不同的国家可以在权力的分割和配置的方面采取不同的具体形态，因而根据权力结构的重心所在有"立法国家"（如英国）、"司法国家"（如美国）以及"行政国家"（如法国、德国、日本）等不同类型。在宪法思想的发展史中，基于限制统治权力这一信念，如何使"行政国家"转化为"立法国家"乃至"司法国家"一直被作为基本的目标。但在实际上，20世纪的基本政治趋势却是"行政国家"或多或少的普及。结果，如何有效防止行政权力的扩张和滥用就成为当前思想界和现实政治中的焦点问题。[2]

---

[1] 袁曙宏、赵永伟："西方国家依法行政比较研究——兼论对我国依法行政的启示"，载《中国法学》2000年第5期。
[2] 季卫东：《宪政新论》，北京大学出版社2002年版，第11页。

在行政权力对社会的影响越来越大的时代，如何防止其滥用就非常重要。因为"权力产生腐败，绝对的权力产生绝对的腐败"。为了防止行政权力的腐败，就需要依靠法律来对行政权力加以规范与限制。依法行政就要求政府在法律的范围内行使权力，遵守法律的要求，严格依法办事，不允许政府享有法外的权力。当政府的行为违法了，就要承担对其不利的法律后果。

而规范和控制行政权力的法律，其根本目的是保障公民权利。"依法行政作为行政必须服从法律的基本准则，正是近现代宪法和宪政所确立的民主、法治和人权等原则和理念在行政法领域的具体体现和运用。"❶ 保障公民权利是现代法治的根本目标，要保障公民权利，就需要依法来对政府的行为进行制约，从而更好地进行保障。

（二）依法行政可以保证政府向社会提供服务和福利

现代社会，政府职能的不断扩张，政府需要"从摇篮到坟墓"向公民提供各种各样的福利，同时，政府还肩负着促进经济和社会发展的责任，需要向社会提供各种各样的服务。这是一种典型的积极政府的时代，与传统意义上的消极政府有着明显的区别。在这种情况下，对政府的要求就很高。如果说，在消极政府时期，对政府的要求主要是禁止干涉侵犯公民和社会的自身事务，那么，在积极政府时期，对政府的要求主要是政府必须积极地参与到公民的福利保障和社会服务的提供中来。

此时的依法行政的判断就要复杂得多。如果说，在消极政府时期，对政府是否合法的判断主要是看政府的行政行为是否违法，那么在积极政府时期，不仅要看政府的行为是否违法，还要看政府的不作为是否合法。为了保证政府能积极地去做对公民和

---

❶ 周佑勇："论依法行政的宪政基础"，载《政治与法律》2002年第3期。

社会有益的工作，法律就应规定政府的职责，通过政府的职责的界定，可以明确政府责任，强调公民的权利，从而实现建立政府的目的。当然，在积极行政时期，政府的行为不仅是形式意义上的依法行政，而且也是实质意义上的依法行政，即不仅要看政府是否遵守了成文法的规定，而且要看政府是否遵守了法律的原则、法律的精神，此时对政府的要求就会更高一些。

（三）依法行政可以促进社会公平、保障公众参与

依法行政不仅有以上两方面的意义，在促进社会公平上也有重要的意义。现代社会对国家的要求已经不再局限于以上两个方面，而是有着更高的要求。在现代社会，绝大部分国家实行的是市场经济，通过市场来对资源进行配置，但市场经济极易导致经济上的不平等，导致整个社会的贫富差距加大。而这时，国家就有义务来促进社会公平。而公平正义的界定是一个言人人殊的问题，如何保证这样的公平正义符合社会公众的感受，需要通过社会公众的参与来解决，即通过民主审议，充分听取各方面的意见，尊重各方面的权利，从而增加行政决定的可接受性。而这些方面，在现代行政法治中也是非常重要的。最主要的体现就是各种形式的公众参与，通过公众参与来听取意见，获得支持，保证结果最大限度的合理性。

三、行政法治理论与责任行政的关系

依法行政是行政法的基本原则，而当前研究的另外一个热点问题是责任行政，两者之间的关系容易混淆，在此予以简单地判断。

如前所述，行政法治要求政府在法律范围内活动，依法办事；政府和政府工作人员如果违反法律，超越法律活动，即要承担法律责任。包括：法律创制、法律优先和法律保留这几个方面

的要求。从目的与作用上看，行政法治解决的是行政权力与法律之间的关系问题。

责任行政具有两个层次：一是在法治国家这个意义上使用责任行政概念，这个意义上的责任行政是将行政作为一个与立法、司法并行的建制而确立行政在法治国中的社会责任，通常也称为责任政府。责任政府通常是指"一种需要通过其赖以存在的立法机关而向全体选民解释其作出的决策并证明这些决策是正确的行政机构"。❶

二是指行政法治化中的责任行政原则以及行政责任的具体制度，它是指行政主体必须对自己的行政行为承担法律责任。这一意义的目的是通过行政责任原则和行政责任制度来规制行政行为，使其符合法治目的，满足公民权利保障的要求。因此，从法治国的理念来看，责任行政是行政责任的前提和制度基础，行政责任是责任行政的实现形式和制度化、规范化表现；责任行政是行政责任的普遍化，行政责任是责任行政的具体化。责任行政是行政法治的必然要求，行政责任则是责任行政的必然结果。❷

可见，两者有着紧密的联系，从某种意义上来说，行政法治是责任行政的前提和保障，而责任行政是行政法治中的最终环节。只有在行政法治条件下，才能实现责任行政，而只有实现责任行政，政府的行为都处于负责任的状态，才可以说已经实现了行政法治。

四、行政法治原则在政府环境责任中的体现和要求

由于环境法的实施主要依靠行政机关来进行，因而，行政机

---

❶ 汪习根：《权力的法治规约》，武汉大学出版社2009年版，第205页。
❷ 同上书，第207页。

关对于环境法律的遵守程度也直接关系到依法行政的水平。在环境法领域中的行政法治，要求政府应做到如下方面。

（一）政府应履行环境职责

"行政职责是指行政主体在行使国家赋予的行政职权，实施国家行政管理过程中，所必须承担的义务。"❶ 职责是一种义务，而义务不同于权利，权利可以放弃，义务必须履行，因此，对于法律规定的政府的职责，政府只有加以切实的履行才符合法律的要求。

政府的职责是行政法律不可缺少的一个内容，各种行政法律中都有行政职责的规定，特别是现代政府。由于现代政府是服务型的政府，需要向社会提供大量的公共服务和公共物品，因此，其职责非常繁杂。具体到环境法领域，在环境法律中"重政府责任是政府职责本位的题中之意"。❷ 如我国的《环境保护法》第4条规定："国家制定的环境保护规划必须纳入国民经济和社会发展计划，国家采取有利于环境保护的经济、技术政策和措施，使环境保护工作同经济建设和社会发展相协调。"第16条规定："地方各级人民政府，应当对本辖区的环境质量负责，采取措施改善环境质量。"其他的环境单行法中也有规定，如《水污染防治法》第4条规定："县级以上人民政府应当将水环境保护工作纳入国民经济和社会发展规划。县级以上地方人民政府应当采取防治水污染的对策和措施，对本行政区域的水环境质量负责。"就是对政府环境职责的明确规定。当然，还有大量的关于政府职能部门的职责的规定，也是政府履行环境职责的法律依据。政府只有履行了这些环境职责，才符合依法行政的要求。政

---

❶ 罗豪才：《行政法学》，中国政法大学出版社1998年版，第51页。
❷ 张建伟：《政府环境责任论》，中国环境科学出版社2008年版，第51页。

府履行环境职责的方式和要求主要有以下几点。

1. 严格依法履行职责

在依法行政的原则下,行政机关履行职责时,需要依法进行,在法律规定的职权、程序范围内行使权力。行政合法性的要件有:职权合法,即行政机关应具有一定的法定职权;依据合法,指行政机关在作出行为时,应具有事实依据和法律依据,法律依据是行政机关作出行为的前提,而事实依据是行政机关作出行为时的背景;内容合法,是指行政机关在依据事实和法律适用作出的行为是适当的,并且没有违背社会一定的公序良俗;程序合法,是指行政机关的行为应符合法定程序的要求,遵守法定程序的规定;形式合法,是指行政机关的行为应符合法律规定的形式要件,以法定的形式作出。

政府在履行环境职责时,主要承担的是一种积极责任,这就要求政府在能力范围内,尽一切能力来履行职责,积极地作出有利于环境改善的行为。

环境法律对政府的环境保护职责有着较多的规定,如在《水污染防治法》中,就规定了政府在水污染的质量标准、水污染防治规划、水污染的治理、水污染的惩处等各方面的职责,这些职责大部分是一种积极的责任,要求政府必须采取一定的行为才能符合法律的要求。在现代国家,还出现了一种"促进型立法",❶ 即一般不规定具体的罚则,而只规定了立法的目标,如《循环经济促进法》中对于政府的职责的规定。这种立法更需要政府在此方面积极地作出一定的行为,从而实现法律的目的,完成法律赋予行政机关的职责。还有的法律虽然没有直接规定政府的职责,但也对政府履行其他职权的行为具有直接的影响。如

---

❶ 李艳芳:"促进型立法",载《法学评论》2005年第3期。

《环境影响评价法》规定，行政机关对于未履行环境影响评价的企业的许可申请行为不得予以批准，这也是有利于环境保护的一个重要制度。

这些环境法律对于政府职责的规定，都需要政府积极地履行。当然有的要求是积极地履行，如前面两种法律所作的规定；也有的要求是遵照执行，如《环境影响评价法》中的规定。

2. 惩处环境违法行为

保护环境，惩处环境违法也是政府环境职责的一个重要方面，在我国的许多环境法律中都规定了法律责任，这一部分许多都是对环境违法行为的惩处的规定。而对环境违法的惩处一般由环境主管部门或者由各级人民政府来进行，如2008年修订的《水污染防治法》第75条，就规定了地方人民政府和环境保护主管部门的职权。

对环境违法行为的惩处，对于保护环境、警示其他违法者，都具有重要的作用，因此，政府在这方面应积极地履行职责。与此相对应的是，在我国现实中还存在大量的环境违法行为得不到查处，甚至一些地方对于环境违法采取庇护的态度。这种做法其实就是没有履行自身的职责，是一种违法行为。

3. 保护公民的环境权益

保护公民的权益是政府存在的最根本的缘由，也是政府最重要的一种职责。在环境法中，公民的环境权益很容易受到侵害。此时，政府的重要职责就是对公民的环境权益加以保护。这种保护在环境法中有一定的特殊性，公民的环境权益在法律中没有明确的规定，但只要在法律中规定了政府的环境职责，并且公民认为存在一定的环境损害，此时向政府提出或者政府自身发现了相关的线索，政府就应履行这一保护职责。保护公民的环境权益、实现可持续发展，是环境法的根本的价值取向，而政府在其中承担着重要的责任。

(二) 政府应积极采取各种措施保护环境

环境保护是一项非常复杂的系统工程,既要衡量各种社会利益,也依赖于科学技术的发展水平,还需要整个社会的积极参与,同时,环境保护需要政府有大量的财力、物力的投入。所以,行政机关要根据这些因素,确定环境保护的方式和步骤,利用多种环境治理工具逐步地对环境加以保护。

从环境法的发展历史中可以得出启示。在环境法发展的初期,即第一代环境法时期,主要采用了"命令—控制"模式,即通过事前许可、事中检查、事后惩治来加强环境管制,这在环境法实施的初期取得了良好的效果。但随着环境管制的发展,环境管制的范围越来越广,环境管制所需要的投入也越来越高。这一代环境法主要存在如下问题:(1) 环境管制的成本较高,一些小型污染源没有能力满足相应的管制要求;(2) 环境管制主要是针对大型污染源,缺乏对一些类型污染源的管制手段,例如洗机、洗车场废水或养殖场污水的管制;(3) 环境管制缺乏对企业的激励,导致企业对环境管制的积极性不高。[1]

正是由于这些问题,各国都出现了放松管制的趋势,向第二代环境法发展,第二代环境法强调通过经济手段自愿管制的方式来引导企业遵守环境法,甚至做到比法律的要求更高的水平。

后来,又发展出了第三代环境法,即通过环境信息披露的方式来加强环境管制,通过社会的力量来对企业施加压力,从而改进环境。

经过发展,现代环境法已经形成了命令—控制、经济手段调

---

[1] 参见 Mary A. Gade, Cynthia A. Faur:"美国环境管理体系中联邦与地方政府角色透视",载《环境科学研究》2006年增刊。

节、自愿性控制等多种方法的趋势，因而，政府应根据不同的需要，采取不同的形式来加强环境治理。

另外，也要发挥整个社会公众的作用，社会公众作为环境影响的一方，其对于环境的关心是非常真切的，也是具有极大积极性的一方，因而，各国通过公众参与，一是吸收公众的智慧，促进环境改进；二是可以借助公众的舆论，增加行政主体的力量；三是可以借助公众的参与，加强对企业的监督，弥补行政机关力量的不足；四是可以借助公众的力量，强化对行政机关的监督。通过公众的力量，强化了环境行政的力量，也体现了现代治理的多中心治理的理念。

通过这样的多种环境管制方式，政府可以花最少的钱办最多的事，从而有利于整个环境的改善；也可以使环境治理的成本降低，从而促进整个社会福利的提高。

（三）政府应承担未能履行法定职责的不利后果

当政府没有依法行使职权，而给社会及具体的相对人造成损失时，根据依法行政的原理，当政府的行为违法时，要承担与此相应的法律责任。这种责任是一种消极的责任，也是政府依法行政水平的一种标志。政府也会违法，但如果政府违法后能勇于承担责任，那么这样的政府也是符合法治要求的。

现代政府需要承担自身的责任，而这种责任又是多样的，有的是消极意义上的责任，有的是积极意义上的责任。而当政府没有满足公众的环境需求，特别是其行为对公众的环境权益造成了损害时，按照依法行政的理论，其需要承担不利的法律后果。因而，承担法律后果也是一个现代意义上法治政府的应有之义。"无救济即无权利；无有效救济即无真实权利。西方依法行政道路给我们的启示是：依法行政的发展与完善必然伴随着救济制度

的发展与完善,加强对权利的救济是依法行政的根本保障。"❶

这样的后果主要有以下几种:一是政府不履行职责。政府应该及时地履行保护环境、改善环境的职责,当政府没有及时地履行职责时,它应该承担由此造成的损害,即使没有造成损害也要承担相应的责任。如当公民要求政府制裁环境违法行为时,政府应该积极地依法履行职责,但现实生活中还存在大量的政府怠于履行职责,因此,此时政府应承担相应的责任;二是政府没有正确地履行职责。政府履行职责也是存在着要求的,当政府在履行保护环境的责任时,需要依法进行,并且要根据客观条件的需要而采取适宜的措施,从而实现合法行政与合理行政。虽然这里存在着较大的自由裁量的空间,但如果政府的行为存在着明显的不适当性,也要因此而承担不利的法律责任;三是政府行为造成了公民的人身和财产损失。政府依法可以作出大量的环境行为,例如环境许可行为、环境处罚行为,这就要求政府依法行使职权,如果政府的行为侵犯了公民的人身权和财产权,则要承担不利法律后果。

只有要求政府承担不利的法律后果,才能保证责任政府的实现。同时促使政府严格地依法行政,既不能懈怠,也不能滥用职权。只有政府严格地守法,才能实现依法行政,保证环境法律的正确实施,避免环境法律的虚置,从而保证法律的实效,维护法律的权威。

---

❶ 袁曙宏、赵永伟:"西方国家依法行政比较研究——兼论对我国依法行政的启示",载《中国法学》2000年第5期。

第五节 环境权理论

环境权，在英文中有三种不同的表达法，即人利用环境的权利（right to environment），环境自身的权利（right of environment）和关于环境的权利（environmental right）。所谓"人利用环境的权利"是一种人权，即生活在一个最低环境标准中的环境权利，在这种环境中人能享有具有尊严和福利的生活。此时，在"环境"一词的前面往往加上一些修饰语，例如健康的、安全的、满意的、适当的、干净的、纯洁的等。所谓"环境自身的权利"或"关于环境的权利"是指从环境本身的内在价值派生出来的，不同于人类对环境之利用的"环境的权利"。这是以人类学为核心的环境保护主义者们所主张的概念，他们主张直接赋予环境本身以权利，认为这是最好的保护环境的方法。所谓"关于环境的权利"是指那些与实施实质的环境权相关的程序上的权利，例如获得环境信息、参与环境政策的决策过程和利用环境损害法律救济的权利以及一般意义上的正当程序权利。❶

本书中的环境权指的是"人利用环境的权利"，而没有采用"环境自身的权利"这一概念，因为这一概念具有环境中心主义的倾向，在现实中具有不可操作性，也容易引起对于这一权利内容的争议。至于环境权的第三种含义——关于环境的权利，也是与人利用环境权利相关的一种权利，本书也将之在环境权部分加以考虑。

---

❶ 李步云：《人权法学》，高等教育出版社2005年版，第337页。

第二章 政府环境责任的理论基础

一、环境权的不同界定

应该说，环境权是一种新型的基本权利，是在环境问题日益严峻的形势下出现的一种权利形式，也是为了适应权利范围日益扩大的时代趋势而形成的权利形式。"从公共权力与个人权利的关系来看，宪法在组织配置公共权力的同时，对人权保护日益重视，且范围进一步扩大。首先表现为宪法对经济和文化权利的规定；其次是宪法对社会权利的规定范围也不尽相同，但核心内容是家庭、婚姻、社会保障；第三，表现为对环境权的规定，环境权已成为一项新的公民基本权利；第四，宪法强调权利的保障。"❶

环境问题是整个人类都面临的严峻问题，关系到人类整体和每个个体的生存与发展。由于不同国家的人民面临环境问题的时间不同，对环境问题的理解与应对也是不同的。一般而言，发达国家在20世纪40年代后经济发展迅速，环境问题逐渐显露，最终在60年代后爆发，给这些国家的人们以巨大的警醒。发达国家开始正视环境问题，并采取法律的方式来加以应对。此时，广大发展中国家经济发展水平较低，环境问题并不严重，它们关于环境问题的紧迫感和危机感也没有发达国家明显，环境法律也较少。

与此相关的是，由于发达国家和发展中国家环境问题出现的时间不同，其国内民众对于环境问题的敏感性也是不同的，民众在环境上对各国政府的压力也不尽相同：发达国家的民众对于环境问题更加担忧，给政府造成的压力也要大得多；而发展中国家的民众除了担忧国内初步出现的一些环境问题，更担忧的是国内

---

❶ 蒋银华："论国家义务概念之确立与发展"，载《河北法学》2012年第6期。

经济的发展问题。而进入70年代后，由于发达国家的引导，国际上掀起了环境保护的浪潮。此时，发展中国家与发达国家之间考虑的重点仍然是不同的。发达国家比较重视个体的环境权利，而发展中国家更重视集体环境权利。

1. 公民环境权

1960年，原西德的一位医生向欧洲人权委员会提出控告，认为向北海倾倒放射性废物的行为违反了《欧洲人权条约》中关于保障清洁卫生的环境的规定，从而引发了是否要将公民环境权追加进欧洲人权清单的大讨论。20世纪70年代初，国际法学者雷诺·卡辛向海牙研究院提交了一份报告，提出要将现有的人权原则加以扩展，以包括健康和优雅的公民环境权在内，人类有免受污染和在清洁的空气和水中生存的相应权利。卡辛认为，公民环境权具体应包括保证有足够的饮水、纯净的空气等，最终保证人类得以在这个星球上继续生存。

1970年3月，国际社会科学评议会在东京召开了"公害问题国际座谈会"，会后发表的《东京宣言》明确提出："我们请求：把每个人享有其健康和福利等要素不受侵害的环境的权利和当代传给后代的遗产应是一种富有自然美的自然资源的权利，作为一种基本人权，在法律体系中确定下来。"从而明确地提出了公民环境权的要求。

1970年9月，在新泻市召开的日本律师联合会第13次拥护人权大会上，大阪律师协会的藤仁一、池尾隆良两位律师作了题为"公害对策基本法的争议点"的报告。在这个报告中，他们明确提出了"公民环境权"的问题。报告人认为，支配环境的权能应属于居民共同拥有，谁都可以自由且平等地加以利用，公民环境权是以宪法第25条中生存权的规定为根据的基本人权之

一，应把它作为人格权的一种而加以把握。❶

自此之后，对环境权的承认形成了一种趋势，许多国家在宪法中也将环境权作为人权的内容而加入宪法中。从环境权入宪的时间维度考察，20世纪90年代以前在宪法中确认环境权的国家非常少，包括西班牙（1978）、智利（1980）、葡萄牙（1976）、土耳其（1982）、尼加拉瓜（1986）、韩国（1987）、匈牙利（1989）、巴西（1988）、厄瓜多尔（1983）。但90年代以后，通过制定新宪法或者修改宪法的方式确认环境权已经成为一种潮流。❷ 根据吴卫星博士对各国宪法的统计，截至2008年，已经有53个国家在宪法中确认了环境权。

从中可以看出，在开始的环境权的呼吁与立法中，都是以公民个体为主体的，因而是一种公民环境权。

2. 集体环境权

在强调个体环境权的同时，国际社会也开始重视集体环境权的问题。毕竟环境问题关系到整个人类社会的生存与发展。无论是国际法学界还是我国法学界，都有观点认为环境权是一种集体意义上的权利，而不是个体意义上的权利。

徐祥民教授从人权发展的历史分期的角度来论证环境权只能是一种集体性甚至人类性的权利，而不是一种个体的权利。他认为：人权发展的历史进入升华期的标志是1972年的人类环境会议。《人类环境宣言》第3条："……在现代，人类改造其环境的能力，如果明智地加以使用的话，就可以给各国人民带来开发的利益和提高生活质量的机会。如果使用不当，或轻率地使用，这种能力就会给人类和人类环境造成无法估量的损害。"尽管

---

❶ 吕忠梅：《环境法原理》，复旦大学出版社2006年版，第50~51页。
❷ 吴卫星："环境权入宪之实证研究"，载《法学评论》2008年第2期。

《人类环境宣言》对"基本人权"的权利主体的表达是模糊的，但全面分析整个宣言仍能够看出，它所关心的环境利益的享有者是人类，而不是个人。❶ 可见，这种环境权是一种集体的环境权。

因此，徐祥民教授认为，环境权是一种人类权利，是一种整体性的权利，而不是作为一般个人而享有的权利。"环境权是一种自得权，它产生于环境危机时代，是以自负义务的履行为实现手段的保有和维护适宜人类生存繁衍的自然环境的人类权利。"❷ 可见，在徐祥民教授的观点中，环境权中的集体概念包含不同的主体，既可以是国家，也可以是整个人类。

3. 公民环境权与集体环境权的区别

公民环境权与集体环境权区分的意义在于：集体环境权的主体是人类社会和各个主权国家，这里的"集体"虽然也是个体的结合，但这种结合与一般个体的结合并不相同，主要体现在，个体对环境的感受，可以是一种自然人的感受；而作为集体的环境感受，需要通过一定的组织来表达，而一定的组织只具有代表性，与每个个体的感受不完全相同。因而，集体环境权属于国际环境法的研究内容，需要通过集体行动来加以实现。

4. 对公民环境权与集体环境权的评价

我国学者在对环境权的权利属性进行讨论时，往往着眼于某一个方面而忽视了其他方面。其实，环境权本身具有不同的属性，这种属性与人权的分代具有直接的联系。一般认为，从

---

❶❷ 徐祥民："环境权论——人权发展历史分期的视角"，载《中国社会科学》2004年第4期。

代数来看，人权分为三代，即消极人权、积极人权和集体人权。❶ 环境权兼具三代人权的性质，其中集体环境权属于第三代人权，而公民环境权属于第一代人权和第二代人权。❷ 从这些理论可以看出，环境权有着多种属性，不应以一种属性来否定其他的属性。从公民的环境权益的保护来看，环境权是一种个体的权利，对其保护有利于环境保护的根本目的和调动公民环境保护的积极性。

本书是从国内法的角度来研究的，因而，从政府环境责任的角度看，环境权理论无疑是政府环境责任的重要理论基础，因为在现代国家，保护并为公民提供良好的环境是政府的重要职责。公民环境权是针对国家而言的，本书研究的是政府的环境责任。将环境权的主体界定为公民，即从个体的角度来研究环境权。

二、公民环境权的构成

（一）主体

如前所述，环境权分个体环境权和集体环境权。本书是从个体的环境权来进行研究的，因而指的是自然人。

1. 权利主体

环境权的主体是个人，这样就可以简化环境权的主体问题。

2. 义务主体

与权利相对应的是义务，权利主体是个人，那么，环境权的义务主体是谁，就值得重视。无论是环境法理论，还是在各国宪

---

❶ 张文显主编：《马克思主义法理学》，高等教育出版社2003年版，第316页。

❷ [英] 帕特莎·波尼、埃伦·波义夫：《国际法与环境》，那力等译，高等教育出版社2007年版，第246页。

法及其他法律规定,一般都认为环境权是公民的基本权利,属于人权。因此,环境权的义务承担者是国家。而国家包括立法机关、司法机关和行政机关,不同的机关承担的环境义务是不同的,作为政府的行政机关所承担的环境义务,是指政府在环境保护中所应承担的义务,具体的是尊重的义务、保护的义务和实现的义务,由于这些义务具有不同的特点,因此,政府环境权义务的要求层次是不同的。具体的要求需要在特定的环境法律关系中加以阐述。

(二) 客体

环境权的客体是符合一定标准的环境。人总是生活在一定环境中的,环境是一个客观实在,但不同的环境对个体有着不同的影响。只有具备一定条件的环境,才能保证人的生存和发展,满足公民环境权的需要。而环境应具备什么样的条件就是值得研究的,环境权的客体可以从以下两个方面来加以分析。

1. 环境权客体的范围

环境权的客体是一定的环境,但这样的环境包括的范围是不易确定的。按照叶罗费耶夫的观点,良好环境是指符合安全、卫生的标准;而布林丘克和高家伟博士的观点则超越了安全、卫生的标准,还包括符合审美等的需要。❶ 周训芳则认为:"一组具体的环境共享权权利清单应当包括:清洁空气权,清洁水权,清洁产品权,环境审美权,环境教育权,环境文化权,户外休闲权等等。设定这些权利的目的,是为了满足人的健康、精神振奋和愉悦以及对生活的幸福感受等需要。"❷ 可见,要界定环境权客

---

❶ 吴卫星:"环境权内容之辨析",载《法学评论》2005年第2期。
❷ 周训芳:"欧洲发达国家公民环境权的发展趋势",载《比较法研究》2004年第5期。

体的范围也是不容易的。

我们可以换一个思路来对环境权的内容来加以界定,1994年《联合国人权与环境原则宣言(草案)》第13条指出:"任何人皆享有基于文化、生态、教育、健康、生活、娱乐、精神或其他之目的,而公平享受因自然资源之保护及永续利用所生利益之权利。其包括生态上平等接近自然之权利。"根据这一思路,环境权客体的范围较广,包括文化、生态、教育、健康、生活、娱乐、精神等方面的权利都可以纳入环境权的客体范围之内。

2. 良好环境的标准

如果说以上指的是范围,那么在这些范围内如何判断环境是否符合要求,就需要对环境的标准进行讨论,即要求环境具备一定的标准,也就是说,公民生活的环境必须具备一定的质量,具体是指符合一定国家或者国际上的环境标准。这种标准既可以是定性的,如上文中提到的清洁、舒适、审美等,也可以是定量的,即通过定量性的指标来进行判断。当然,也可以从反面来进行判断,即不能是产生明显多的疾病或者存在明显多的疾病风险地区的环境。

环境权是公民享有的以健康、清洁、美丽环境及其构成要素为客体的各种权利,包括环境基本权利和一般的环境权,如清洁空气权、环境信息权等。[1] 其中,基本环境权利是指公民按照宪法规定享有的得到和享受清洁、健康和美丽的环境的权利。基本环境权利的客体是清洁、健康和美丽的环境。清洁是指符合公共卫生标准,没有污染和环境破坏,健康是指环境本身是一个良性循环的生态系统,具有足够的消化能力和承受能力,能够保持环

---

[1] 高家伟:《欧洲环境法》,工商出版社2000年版,第116页。

境构成要素的生态平衡；美丽是指环境的外观和结构符合美学标准，具有赏心悦目的作用。当然，这三者是密切联系在一起的标准，不可割裂。❶

可见，在环境权的客体研究过程中，需要对良好环境的标准加以界定，从而保证公民所享有的环境权能够得以实现。

（三）环境权的内容

环境权的内容是指环境权具体包括哪些权利以及权利的内容。在我国环境法学界，关于环境权的内容存在着许多不同的看法，陈泉生教授认为：环境权的内容包括生态性权利和经济性权利，前者体现为环境法律关系的主体对一定质量水平环境的享有并于其中生活、生存繁衍，其具体化为生命权、健康权、日照权、通风权、安宁权、清洁空气权、清洁水权、观赏权等。后者表现为环境法律关系的主体对环境资源的开发和利用，其具体化为环境资源权、环境使用权、环境处理权等。并且基于环境权的权利和义务的不可分割性，环境权的内容还包括环境保护的义务。❷

吕忠梅教授认为：公民环境权包括环境使用权、知情权、参与权和请求权。其中，环境使用权包括日照权、清洁空气权、清洁水权等，参与权包括参与国家环境管理的预测和决策过程、参与开发利用的环境管理过程以及环境保护制度实施过程、参与环境纠纷的调解等，请求权包括对行政行为的司法审查、行政复议和国家赔偿的请求权，对他人侵犯公民环境权的损害赔偿请求

---

❶ 高家伟：《欧洲环境法》，工商出版社2000年版，第116~117页。
❷ 陈泉生、张梓太：《宪法与行政法的生态化》，法律出版社2001年版，第117页。

权等。❶

从上面几位学者的观点来看，我国的许多学者将环境权概念的范围无限扩大，将环境权概念无论是主体还是内容都作了最大化的处理，这使环境权具有了最大的包容性，但同时也容易使环境权的功能受到限制、甚至是弱化，因为如果环境权什么都能包括，将导致这一权利无法研究，甚至环境权的内在的含义间也会发生冲突，如有的学者将企业的生产经营权也作为环境权的内容，这样就可能会使环境享受权与生产经营权在同样的权利体系中产生冲突。因此，在研究环境权时，应着眼于环境权是一种个体的权利，同时也应看到环境权的目的是保护公民个体享有的在一定质量的环境中生活的权利。具体而言应注意以下的问题。

1. 实体权利还是程序权利

在环境权是实体性权利还是程序性权利方面，一些学者之间也存在不同的观点。高家伟博士认为，环境权不仅包括实体环境权，而且包括程序环境权。程序环境权是指公民、法人或其他组织依法享有的参与环境决策过程、诉诸司法救济的权利，如环境信息权；实体环境权是指公民享有的与环境质量有关的权利，如防止环境危害发生的请求权、环境赔偿请求权等。而吴卫星博士认为，环境权只能是一种实体性的权利，而不是程序性的权利，因为，程序性权利只是实体性权利的一种保障。❷

本书认为，程序性权利也应该包括在环境权之内，因为，在现代社会中，没有程序性的权利，实体性的权利就没有办法体现，也没有办法来维护。而且在代议民主的背景下，只有通过程序，才能保证环境权的内容是客观的和现实的，才能保证环境权获得公众的认可。因此，从这一角度而言，程序性权利是环境权

---

❶❷ 吴卫星："环境权内容之辨析"，载《法学评论》2005年第2期。

的一个部分，而且是重要的一个部分。

因此，本书所言的环境权指的是公民所享有的利用良好环境的权利，包括实体性权利和程序性权利。有学者认为由于实体性环境权的判断非常困难，因而，环境权只能包括程序性环境权。例如叶俊荣先生就认为，环境权应该是一种以公众参与为本位的程序性权利，而不是一种实体性权利。❶ 但本书认为，实体性内容是环境权的一个重要方面，虽然判断实体性环境权非常困难，但如果没有实体上的内容，不仅会使环境权的判断变得混乱，而且也会影响到人们保护环境的积极性。因为，如果仅仅通过参与来维护环境权，往往会造成"公说公有理，婆说婆有理"的状况，是不利于环境保护的。环境权的实体性内容可以通过一定的环境质量标准来判断，特别是可以通过司法实践中的案例来加以解决。

2. 生活权还是生产权

一些学者认为环境权还包括企业利用资源和环境容量的权利，这样又将环境权的范围进行了扩展。这一观点实际上混淆了环境权与经济发展权，因为，企业要从事生产经营活动，必然会利用环境容量和环境资源。但这样的权利，是一种传统生产经营的权利。在人类历史上，对于环境容量的利用是一种天然的权利，不需要获得国家的许可，只要没有对他人造成损害就是可以进行的；即使造成了损害，只要适用侵权责任的方式进行赔偿就可以了。在现代社会中，企业从事生产活动，必须获得环境许可，不能对环境造成损害，否则，不仅要受到法律的制裁，甚至会丧失继续从事生产经营的资格。表面上看，这涉及企业是否具有环境权的问题，但实际上，企业从事生产经营活动，仍是传统

---

❶ 叶俊荣：《环境政策与法律》，中国政法大学出版社2003年版，第31页。

上的生产经营权利，至于其应获得环境许可，则是现代国家为了保护环境而对传统生产经营权利的一种限制。所以，环境权不包括生产性的权利，企业生产经营活动对环境容量的利用权不是环境权，而是一种生产经营权。

一般意义上的环境权，强调的是公民个体在一定环境下生活、享用舒适的环境的权利。由于现代环境的变化，环境对于人类健康的影响越来越大，只有具备一定的环境质量，才能保证身心的健康、满足人们的需要。另外，由于现代人对生活品质的要求不断提高，他们不仅需要一般的舒适环境，还需要优美的环境，以放松身心、获得愉悦，得到全面发展，只有这样才能满足现代人更高的精神需求。这样，就需要保证人们享受环境权，保证良好的环境。

3. 积极权利还是消极权利

作为一种宪法位阶的权利，环境权的权利主体是公民，义务主体是政府，而环境权的客体是良好环境——这种良好的环境需要政府保护或者提供。因此，从权利的性质来看，环境权主要是一种积极的权利，因为它的实现需要政府采取积极的行动。而政府的行为又是需要一定的客观条件，要根据各国和地区的经济和社会发展水平来决定，没有一个确切的判断标准。由于这类的权利包括多重内容，对政府义务的要求也就是不同的。要求政府履行的义务包括：尊重的义务、保护的义务和实现的义务。具体内容将在下文再加以阐述。

三、环境权特征

1. 对政府行为的判断依据是环境能否达到国家环境质量标准。一般认为，政府对于环境标准的认定和实现具有自由裁量权，主要的依据就是一定国家的环境标准，当然国家的环境标准也需要不断更新以适应社会发展和公民环境意识的提高。如果国家不能达到本国规定的环境标准又会如何呢？这里的判断可以根据联合国经济、社会、文化权利委员会的看法为依据，其在第3号一般性意见中坚持认为，根据《经济、社会和文化权利国际公约》，缔约国承担"最低限度的核心义务"，确保每项经济、社会、文化权利的享受达到基本的水平。经济、社会、文化权利实现的前特别报告员达尼洛·蒂尔克认为："缔约国无论经济发展水平如何，都有义务确保所有人最起码的生存权得到尊重。"人权委员会敦促缔约国"考虑确定一些具体的水准基点，据以实施最低限度的核心义务，确保每一项经济、社会、文化权利的实现达到最低限度的基本水平"。❶

可见，这里面存在着两个方面的要求，一是大部分人的起码的环境权应受到重视，即在一定地区的大部分人的环境权益应受到国家的保护和尊重，并切实采取了措施来进行保护和尊重；二是应在一国的能力范围内采取最大化的措施来解决本地区公众的环境权益。其实这一观点包括两个方面的内容：一方面是政府采取的行为是否达到了预期的效果，即达到了满足人们基本需要的标准；另一方面，是看政府在实际履行能力方面是否具有相应的履行能力。通过这两个方面，可以判断政府是否履行了其作为环境权义务主体的基本要求。

2. 环境权主要是一种程序性的权利，也是一种实体性的权利。环境权既包括实体性权利也包括程序性权利，因而，公民对国家的要求在这两个方面都有所体现。程序性权利，主要是通过公众参与、保证公众的参与权，当然不仅仅是一种程序上的参

---

❶ 联合国人权事务高级专员办事处：《国家人权机构手册：经济、社会、文化权利》，专业培训丛刊第十二辑，2004年，第30页。

与，还包括公众参与的实质性要求，即交涉性和互动性，需要对公众的关切进行解答，对于不同意见要给出合理的解释，特别是当公众要求不能得到行政机关的满足时，应说明理由。通过说明理由制度对行政机关课以义务，是现代行政程序法的一个重要内容。

而实体性权利，这一点在前面已经有过论述。根据《经济、社会和文化权利国际公约》的规定，一个国家应保持最低限度的核心要求，如果国家没有满足这一基本要求，就是没有尽到相应的实体性的环境权保障义务。

3. 环境权主要是一种宣示性的权利，但具有重要的法律意义。所谓宣示性权利，主要是指一种权利虽然在法律甚至宪法中加以了规定，但由于没有实施机制，也没有规定法律责任，其是否得到实施以及如何实施，对政府来说没有强制性的这一类权利。

就环境权而言，主要关系到环境权的可诉性问题，可诉性，基本含义是"某一事项或者规范可以被司法机关进行裁判的属性。它通常既可以是某些纠纷的可诉性，也可以指规范的可诉性"。❶ 由于环境权主要是宣示性的权利，一般来说，不具备可诉性，因为这涉及政治性的判断，是需要民主机关来加以决定的事项。但随着司法的发展，特别是对环境权重要性的认识，世界范围内出现通过司法对环境权进行裁判的实例。如印度、南非等发展中国家的司法已经走到了前列，而发达国家也出现了通过司法实现环境权的案例，如美国的宾夕法尼亚州也出现了这一实例。

---

❶ 黄金荣：《司法保障人权的限度》，社会科学文献出版社2009年版，第16页。

如在美国,"在 Payne 诉 Kassab 案中,当地居民诉求法院颁发禁令禁止宾州政府重新规划和拓宽一条街道,该街道将穿过附近的公园,并制造噪音,增加污染,减少休闲的机会。在本案中,尽管最终否认了原告对于这些价值提出的诉求,最高法院却首次承认了宾州居民享有一项由政府保障的、可提起诉讼的宪法性环境权。环境权正缓慢但坚定地向前发展着,在有些州已经从单纯的政策性宣示到可强制执行的'硬法'的过渡"。❶

而在日本也存在相同的案例,1994年1月31日宣布的东北电力原子能发电所一案的仙台地方法院的判决,虽然驳回了对原子反应堆的运转、建设的中止请求,但却首次正面面对公民环境权的主张,作出了应视为合法这一划时代的判断。判决说:"尽管正如被告指出的那样,原告主张的公民环境权在实体法中没有明文规定作为根据,但从权利主体中权利者的范围,权利对象中环境的范围,权利的内容等均为具体的、个别的事实来看,尚不能草率地作出它不明确这一判断。至于本案中以公民环境权为基础提出的请求,作为在民事诉讼法上的请求,不能说它不具备民事裁判中审查对象的法定资格这一性质,所以本案中的起诉,应该说是合法的。"❷

可见,虽然环境权的可诉性不强,但在司法实践中也开始加以适用。更值得注意的是,作为一种宣示性的权利,环境权还可以作为政府是否履行环境责任,保证其政治合法性的一个重要判断标准。从这个意义上说,如果一个政府没有充分保护公民的环境权,其合法性就会受到质疑。

---

❶ 张一粟:"美国法上的宪法环境权评介",载《财经政法资讯》2006年第4期。

❷ 吕忠梅主编:《环境法原理》,复旦大学出版社2006年版,第53页。

四、环境权对于政府履行环境责任的要求

环境权的义务主体主要是国家。根据联合国人权公约的精神，对于环境权这样的积极人权，国家具有尊重、保护和实现的义务。虽然公民环境权的内容和实现方式是复杂的，但针对国家而言，其在不同的权利内容上具有不同的义务。具体而言，国家的义务如下。

1. 政府应保证公众享有环境权

根据现代法律的观点，政府是基于人民的同意而产生的。人民之所以同意让渡自己的部分权利给政府，而使自身的权利受到一定的限制，就是因为政府能保护自己的权利，而不需要通过自力救济来保护自己的权利。因此，政府存在的最根本原因是保护公民权利的需要。环境问题大量存在，而公民自身无法解决或者解决成本过高，因而，政府需要对环境问题进行治理。另外，环境是一个公共物品，需要政府予以提供和保护。政府在环境治理上的责任就是保证公众享有良好的环境，即保证良好环境权是政府存在的一个重要理由。因而，政府必须保证公众的环境权，至少要根据《经济、社会和文化权利国际公约》的规定，保证最低限度的核心义务，即为公民提供或者维护具有基本质量的环境，满足公民的环境权。

2. 政府应采取一定的行为来实现公民的环境权

环境权是通过政府的行为而得以维护的，但政府的任务又是多重的，不仅限于环境权的维护，例如，政府在保护环境权的同时，还面临着发展经济的任务，而这是与保护环境权相冲突的。有人认为发展经济不是政府的任务，这一观点是值得商榷的，也许单纯地发展经济确实不是政府的任务，但通过发展经济来解决就业和提高社会福利无疑是现代政府一个非常重要的任务。如何

在这两种,当然也包括其他任务之间进行衡量,无疑也是现代政府的艰难选择。虽然政府也面临着其他的任务,但在现代国家,环境无疑是一个至关重要的问题。因为,环境直接关系到人们的身心健康、审美需求,甚至关系到整个人类的生存与发展。例如,当今的世界性的环境问题,如果不能有效而及时地应对,将会导致整个人类社会的危机。因此,现代政府必须重视甚至是优先考虑环境保护,重视公民环境权的实现与保护。

3. 政府承担没有保证和提供良好环境权的不利后果

许多国家将基本人权置于国家权力之上,如德国基本法规定:"基本权利拘束立法、行政及司法而为直接有效之权利。"环境权是一种人权,就要求国家要尊重和保障这种权利的实现。如果国家没有尊重和保障这种人权,则要承担与之相适应的不利法律后果。至于后果形式,由于国家责任形式是多样的,主要是政治责任、法律责任与行政责任。

第三章 政府环境责任的内容

要实现政府的环境责任,需要认清政府环境责任的界限,只有明确其责任的界限,才能判断其是否已经尽到了相应的责任。

如前所述,政府的环境责任包括积极的责任和消极的责任两种责任形式。本书的研究重点是积极的责任,即政府应该通过履行职责,来保证公民享有具备一定标准的环境。之所以强调政府的积极环境责任,是因为我国的环境质量整体上已经受到了严重的破坏,需要积极地加以治理,同时,只有政府积极地履行环境责任,严格环境执法,防止环境的破坏,才能保证环境向着良好的方向发展,保证公众环境权的实现。

由于环境问题的解决受多种因素的制约,对政府的环境责任也会有不同的要求。本章主要研究政府环境责任的具体要求,从而对政府环境责任的具体内容有所认识,以便于促进政府承担相应的环境责任,同时也有利于追究其没有履行环境责任的责任。

第一节 保证必要环境质量

环境质量是"环境系统客观存在的一种本质属性,并能用定性和定量的方法加以描述的环境系统所处的状态"。[1] 人类总是生活在一定的环境中的,环境质量直接关系到人们的身心健

---

[1] 周亚萍、安树青:"生态质量与生态系统服务功能",载《生态科学》2001年第01期。

康，也关系到人们的生活质量。一定的环境质量，是公民的基本生活需求和公民的基本生存条件；而保证一定的环境质量，是现代政府的一个重要任务。在环境问题日趋严重的今天，保证必要的环境质量对于公民和政府来说都是具有重要意义的。

一、保证环境质量的意义

我国《环境保护法》第 2 条规定："本法所称环境，是指影响人类生存和发展的各种天然的和经过人工改造的自然因素的总体，包括大气、水、海洋、土地、矿藏、森林、草原、野生生物、自然遗迹、人文遗迹、自然保护区、风景名胜区、城市和乡村等。"环境是人类生存和发展的基础，一定的环境质量对于人类的生命健康乃至经济发展都具有举足轻重的作用。具体而言，环境质量的意义如下。

（1）环境质量是人们生存的基本条件。人类总是生存在一定的环境之中的，而这种环境的质量直接关系到人的身体健康和生活的品质。

首先是环境质量关系到人的身体健康。人的身体系统总是不断地与环境交流物质，不断吐故纳新，这种需求并不因为环境质量的好坏而改变。如果环境质量是良好的，这种环境对于人体的生命健康是有利的；反之，则可能会损害人类的身体健康。二十世纪后期发生的旧八大公害，就是由于环境质量恶劣而导致人体身体健康受到伤害的事例。

我国目前大量存在的环境污染，也是造成公众身体健康受到伤害的重要原因。据统计，我国近年来癌症的患病病例急剧增加，并且在发病方面呈现了明显的特点，一是在农村地区患胃癌的数量急剧增加，而在城市患肺癌的数量急剧增加，据研究，这与农村水污染和城市的大气污染存在着明显的相关性，说明我国公众健康受到环境破坏的伤害已经是非常严重了。

其次是环境质量是影响人的生活品质的关键因素。在环境权利中,有一个重要的权利,即环境审美权。当人们生活在优美的环境中时,会受到美的陶冶,获得身心的愉悦。在良好环境中生活,对于人的生活质量和生活品质都具有重要的作用。反之,如果在一个恶劣的环境中生活,无论其物质条件如何,生活质量与品质都会受到不利的影响。

(2) 环境质量是经济发展的一个重要要素。环境不仅直接关系到公民个人的身心健康与审美情趣,而且对于经济发展也是一个不可缺少的要素。人类的生产经营活动也是有环境质量要求的,如农产品的品质与其生长的环境就是密不可分的;即使是工业产品也对环境质量具有一定的要求,如水质的要求。当代,我国许多地方的江河水质急剧下降,使这些水只能在加工处理后才能供工业使用,这就增加了工业成本,也会影响到产品质量。

(3) 环境质量也是可持续发展的要求。可持续发展是指在不影响后代生存与发展前提下的发展模式。这是一种人类认识到环境危机后的一种全新的观念,这种发展模式要求的是人类的行为不超出环境的承载能力,不影响环境自身的更新能力,即向环境排放的污染物必须是在环境容量范围之内。而要达到这样的要求,必须要保证环境保持在一定的质量范围内,反之亦然,即当环境质量符合一定标准时,才可以说是环境处于可持续发展的阶段。

二、保证必要环境质量的背景

保证必要的环境质量,是在环境法发展和政府任务不断改变的背景下而产生的。环境法律的发展明确了政府保证和维持环境质量的责任,而现代政府也需要不断地适应社会的需求,为社会的发展提供支持,保证整个社会处于可持续发展的状态。

首先,保证质量是环境法发展的必然要求。在环境法发展的初期,政府的主要责任还是对议会制定的环境法律来加以实施,政府是作为议会的执行机关来完成各种任务。当时,由于西方国家出现了比较严重的环境污染,环境法的主要任务是应对污染并减少污染,所以环境法更多地是针对污染排放,可以说是一种污染防治法。但随着人们的环境意识的增强,对环境的认识的不断深入,还有现代环境恶化的特点,使得环境法也在不断完善。环境法的任务已经不再局限于污染防治这样消极的使命,而是着眼于整个生态的保全和可持续发展,着眼于生物多样性和气候变化这样具有全球性的环境问题,即"现在的实定法早已不是只为防止公害受害,而是设定环境标准,为直截了当地实现该标准实施总量控制等,制定了许多为谋求防止区域性环境污染及其保全的实施政策。"❶ 环境法要求政府采取更加积极的方式来改善环境,使环境更适宜人类生存和发展。这样,政府的任务也就增加了,不仅仅是污染防治,而是要求政府采取一系列的措施来保证环境质量,促进可持续发展。

其次,保证环境质量也是现代政府任务发展变化的结果。在现代政治生活中,政府的责任也是在不断变化的,从传统的消极行政转向积极行政。在传统的消极行政时期,"一个守法的公民,除了邮局和警察局外感觉不到政府的存在",那时政府的管理职能还是较少的,主要是为了维持一定的社会秩序,保证社会的安全,至于其他的事情都是交由市场来处理,政府不予干涉。但随着积极行政时期的到来,政府的职责也在不断扩展,出现了"从摇篮到坟墓"的趋势,正如美国的一位学者所言:政府的任

---

❶ [日]原田尚彦:《环境法》,于敏译,法律出版社1999年版,第65页。

第三章　政府环境责任的内容

务不断增加，而且我们还在每天都增加其任务。❶ 在这样的背景下，政府必须向社会提供各种各样的福利，为公民提供各种公共物品。环境是一种典型的公共物品，具有市场所不能解决的特性，必须通过政府的监管行为才能加以保证。此时政府自然也将其管理权限延伸到环境质量上来，因为政府也有责任向公民提供合格的环境。

例如：荷兰在第四次全国自然科学规划会议上，颁布了本国2010年环境保护规划。规定为满足将来下一代人们生产和生活对环境质量的需要，必须与动态的环境管理相联系。环境管理的主要目的是为了持续发展而保持环境的容量。到2010年，区域范围内的环境质量必须达到：——对人体健康和福利的影响是可以接受的；——农业的持续生产形式不被妨碍和在采取简单措施的情况下便能生产出高质量的农产品等。❷ 这些规定，都是荷兰政府的目标。可见，政府在环境保护、环境质量方面是存在着许多的要求的。

再次，保证环境质量也是提高人们生活质量的必然要求。随着社会的发展，人们在物质文化生活丰富后，也更多地追求生活质量。而在追求生活质量时，已不满足于一般的生活需要，而是追求更好的生活品质，良好环境也是公民生活质量的重要方面。在这样的背景下，人们更多地将注意力集中在环境质量上，追求传统的蓝天白云、青山绿水、田园风光成为人们生活中的美好憧憬，这样就要求政府将环境监管的范围从一般的环境污染的防治

---

❶ 关保英：《行政法的私法文化》，山东人民出版社2003年版，"引言"第1页。

❷ 曹凤中：《新观念、大趋势——全球环境保护的发展与启迪》，中国环境科学出版社1994年版，第33页。

转向整体环境质量的改善。例如，美国制定了《清洁空气法》《清洁水法》等与传统的污染防治具有不同要求的法律，这些法律对于空气、水质量的规定就非常明确。环境标准是判断环境质量的依据，而环境标准规定的不同决定表面的环境质量。所以环境质量是否如何，依据不同的标准往往会有不同的结论。例如，发达国家的环境标准较高，如美国和欧盟国家的空气质量标准比我国修改前的"环境空气质量标准"（2011年12月修改）要严格得多，所以在我国合格的空气质量在美国和欧盟国家可能就是不合格的。正如在奥运会期间，BBC的记者批评说北京的空气质量很差，而我国的官员的回答是：我国北京的空气质量达标天数是很多的，空气质量是优良的。这反映了两者所依据的标准存在差异，得出的结论自然就不相同。由于当时我国的环境空气质量标准要求较低，即使依据这一标准是合格的空气，依据欧盟与美国的空气质量标准，可能仍然是不合格的。

最后，保证环境质量也是公民环境权对政府的要求。公民要享有环境权，相对应的就是政府应负的环境权的保证义务，这一权利要求政府采取措施，保证基本的环境质量。保证必要的环境质量，也就是保证公民的基本生存条件。而作为一种公共物品，政府无疑对环境质量具有相应的责任，这在环境问题日趋严重之时显得尤为重要。

《欧洲环境与健康宪章》指出：每一个政府和公共机构有责任在其管辖范围内保护环境和促进公众的健康，并确保在其管辖范围内的行动没有对其他国家公众健康造成损害。而且，每一个国家都有共同的责任来防护全球环境。这一宪章是对政府在环境保护各方面责任的最好表达。

三、政府保证环境质量的法律依据

随着环境问题日趋严重，必须加强政府在环境治理中的责任，这需要在法律中对政府环境质量责任加以规定。由于各国环境立法传统不同，关于政府环境质量责任的立法模式是不同的。有的国家是在宪法中规定，有的国家在环境法中规定，当然也有的国家在宪法和环境法中都加以规定。在宪法或环境法中对政府环境质量责任规定的方式也有所不同，主要有直接规定和间接规定两种方式。

1. 我国的规定

我国在宪法中和环境法中都规定了政府的环境质量责任。在《中华人民共和国宪法》第26条第1款规定："国家保护和改善生活环境和生态环境，防治污染和其他公害。"如果说宪法中关于政府环境质量责任的规定是一种间接规定的话，那么，在环境法中对政府的环境质量责任的规定就是一种直接规定，如我国的《环境保护法》第16条规定："地方各级人民政府，应当对本辖区的环境质量负责，采取措施改善环境质量。"《水污染防治法》第4条第2款规定："县级以上地方人民政府应当采取防治水污染的对策和措施，对本行政区域的水环境质量负责。"《大气污染防治法》等单行环境法律对政府的环境质量责任也有类似的规定。

2. 国外的规定

《日本宪法》第25条规定："国家必须在生活的一切方面努力于提高和增进社会福利、社会保障以及公共卫生事业。"这里虽然没有明确规定政府的环境质量责任，但根据日本学者的见解，在环境权的请求权方面，亦即在为维持或改善良好的自然环境，而要求国家积极采取措施的请求权方面，则是以宪法第25

条为根据。❶ 可知在日本，政府也负有环境质量责任。至于在《环境基本法》中，对政府的环境责任责任作了较为明确的规定，如其第6条："国家有责任根据前三条规定的有关环境保全的基本理念制定关于环境保全的基本的和综合的对策并负责实施。"第11条："政府必须为实施环境保全对策而采取必要的法制上或者财政上的措施以及其他措施。"

美国在《国家环境政策法》规定："为了执行本法规定之政策，联邦政府负有责任，采取所有一切可行，且与国家政策之其他基本考虑相一致之措施，改进并协调联邦之计划、职能、方案与资源，以达到如次之目的。即国家应：1. 履行每一世代均应为其后代子孙之环境尽保管人之责任。2. 保证为我国全体国人创造安全、健康、富生命力，并合乎美学及文化上优美之环境……"等等，在这部法律中，将政府的环境质量责任规定得非常明确，而且对政府的环境质量的要求也规定得较为明确。

欧盟在其法律中要求其成员国必须采取措施达到环境标准。对有关空气质量、水质、饮用水、废物、垃圾掩埋和土壤（建议）等的"框架指令"进行定义并确定了环境质量的目标，并在"子指令"中作了补充。欧盟有关环境的指令规定了监控条款，并要求委员会对指令进行强制性审查。❷

3. 我国台湾的政府环境质量责任的规定

我国台湾非常重视环境保护，在环境立法中也重视政府环境质量责任，其"环境基本法"第25条规定："中央政府应视社

---

❶ [日] 阿部照哉等：《宪法（下）》，周宗宪译，中国政法大学出版社2006年版，第236页。
❷ 国合会专题政策报告："中国环境与健康管理体系与政策框架"，2008（3），第8页。

会需要及科技水平，订定阶段性环境质量及管制标准。地方政府为达成前项环境质量标准，得视其辖区内自然及社会条件，订定较严之管制标准，经中央政府备查后，适用于该辖区。各级政府应采必要措施，以达成前二项之标准。"从中可见，台湾在法律中对于政府的环境责任规定比较明确，不仅规定了一般性的责任，而且也要求各级政府应积极地采取措施，以保障一定的环境质量。

从上面的介绍可知，世界主要国家和地区都将政府的环境质量责任规定在法律甚至宪法中，以保证其实施，体现了制度的刚性。

四、政府环境质量责任特性及发展

政府环境质量责任具有特殊性质，这直接影响到政府对环境质量责任的履行要求。由于政府环境质量责任主要是需要政府作出一定行为的积极责任，政府的行为也会受到政府能力的限制。因而，政府环境质量与政府的以不作为的方式来履行的消极责任是存在区别的。

（一）政府环境质量责任有不同层次的要求，但主要是一种积极责任。本书研究的政府环境质量责任，是一国或一地的政府对于其所在地的公民所应负的责任，对应的是个体环境权，属于《经济、社会及文化权利国际公约》规定的第二代人权；这与集体环境权是不同的，根据徐祥民教授的研究，集体环境权的主体是人类，而不是个人，属于第三代人权。❶ 对于第二代人权，国家义务存在三个层次要求：（1）尊重的义务。此义务被视为国

---

❶ 徐祥民："环境权论——人权发展历史分期的视角"，载《中国社会科学》2004年第4期。

家的否定性义务,它要求国家不去妨碍个人权利行使或不为侵犯特定权利的行为;(2)保护的义务。此义务是指保护个人的权利不受其他私人的侵害;(3)实现的义务。这种积极的义务由两部分组成,一是国家有义务促进特定权利的实现,通过积极的行为增强人们获得资源和享有这种权利的能力;二是国家有义务提供这种东西。❶ 可见,政府的环境质量责任对于政府有不同的要求,尊重的义务是一种消极义务,而保护的义务和实现的义务就是积极的义务,本文主要从实现的义务来研究政府的环境质量责任。

从责任的履行方式来分,政府责任可以分为积极责任和消极责任。张成福教授认为,政府责任有多层次的含义。从最广义上来看,政府责任是指政府能够积极地对社会民众的需求作出回应,并采取积极的措施,公正、有效率地实现民众的需求和利益。从广义的层面来看,政府责任意味着政府组织及其公职人员履行其在整个社会中的职能和义务,即法律和社会所要求的义务。从狭义的角度来看,政府责任意味着政府机关及其工作人员因违反法律规定的义务,违法行使职权时,所承担的否定性法律后果,即法律责任。❷ 前两种界定的共同特点是政府责任是一种积极责任,即政府积极履行职责的行为,而后一种是消极责任,即没有正确履行责任而应承担的不利法律后果。

在现代社会中,由于政府承担了相当多的社会事务,不仅要求其履行不得侵犯公民权利这样的尊重的义务,而且更需要其积极地履行职责,为实现公民的利益行使职权。如徐祥民教授认为政府的环境责任是一种职责:"从相关法律的内容来看,西方政

---

❶ 吴卫星:《环境权研究》,法律出版社2007年版,第164页。
❷ 张成福:"责任政府论",载《中国人民大学学报》2002年第2期。

府的环境责任已经远远超出了所谓责任追究、行政处分等行政法意义上的责任的范畴，越来越经常地以与其环境职权相适应的'职责'的面目出现。"❶ 他将政府环境责任的着眼点放在职责上，对于认识政府的环境责任具有重要的意义。而在政府环境质量责任中，政府应该采取一定的行为来保证环境质量，从而促进公民环境权益实现。由于经济活动不断地对环境产生影响，而且现有的环境已经存在严重污染，政府只有不断地采取行动才能保证环境的改善。因而，政府的环境质量责任主要是一种需要政府采取积极行动的责任，是积极责任。正如日本学者所言："公害控制不是受警察作用条理上的界限束缚的消极性作用，而是面向实现环境标准的积极的作用。"❷

（二）政府环境质量责任主要是一种政策目标，也要求政府履行一定的给付义务。一般认为，政府的积极责任主要是一种政策目标，个人不能因此而获得对政府履行环境质量责任的直接请求权。如《德国基本法》在1994年通过的第20a条规定："国家有义务在宪法制定的范围内通过法律和符合法律的司法权和执行权保护后代生命的自然基础"，这从宪法基本权利的角度来加以界定，从而体现了公民环境权利的基本属性和价值。根据德国基本法的规定，公民的基本权利可以直接拘束国家的权力。那么在此条下公民是否可以直接要求政府履行相应的职责呢？德国的宪法实务界和学术界都认为："该条规定的是国家政策目标，而不是个人请求权，个人不能仅仅以该条规定为根据起诉。"❸

之所以将政府的环境责任作为政府的环境政策目标，而不是

---

❶ 徐祥民、孟庆垒："政府环境责任简论"，载《学习论坛》2007年第12期。
❷ 原田尚彦：《环境法》，于敏译，法律出版社1999年版，第61页。
❸ 高家伟：《欧洲环境法》，工商出版社2000年版，第122~123页。

公民的直接请求权,是因为:首先,这一条的法律性质需要政府具备相应的条件。"政府环境责任是政府为满足社会公众的环境公共需求而承担的环境义务,其履行需要有相应的政府能力作支撑。但从总体上来讲,政府能力在特定的时空条件下是有一定限度的,与此相对,社会公众的环境公共需求则是无限的。"❶ 要保证一定的环境质量,需要政府有经济上的投入和技术能力,而这种投入和能力往往受制于经济发展和科学技术水平,是很难通过一定的努力就可以实现的;其次,由于环境质量具有一定的个体性,每个个体对于环境质量的感受程度不同,如何进行具体的判断也是存在争议的;最后,是环境质量与经济发展存在一定的矛盾,如何处理这些矛盾,需要行政机关作出一定的权衡,这是其他机关很难判断的。从这些角度而言,环境质量责任如何履行往往依赖于政府自身的判断,而不是依赖于公民或其他国家权力的判断。

当然,随着社会的发展,这一理论也有了新的发展。在德国,学者认为:"国家在促进公民的社会保障和文化诉求方面的努力越强,那么,在原始的防御国家自由保障之外,分享国家给付作为一种基本权保障的辅助性要求也就越频繁地出现。自由如若缺少了事实上的前提条件,那么其要求也就变得毫无价值,因此,联邦宪政法院便认可了将基本法自由作为一种分享请求权来理解的原则上的可能性,但是却有一项保留条件,即个人只能以一种理性的方式向社会提出其请求。"❷ 政府的环境质量责任,

---

❶ 张建伟:"关于政府环境责任科学设定的若干思考",载《中国人口·资源与环境》2008 年第 1 期。

❷ [德]黑塞:《联邦德国宪法纲要》,李辉译,商务印书馆 2007 年版,第 236 页。

是对应于公民的环境权权利的,获得基本的环境权是公民生存的需要,而与此相对应的则是政府应作出的给付行为,以实现一定的环境质量。而日本著名法学家大须贺明则认为:"国民对于国家可以请求其保护良好环境的权利,则是社会权性质侧面的环境权,属于社会权性质侧面的生存权的范畴。不管公私之性质,国家和地方公共团体对于企业等造成的环境破坏施行的公法性规制,或者为改善已经恶化的环境而所采取的积极性措施,都是基于国家的环境保护义务的,即为了对应作为社会权性质的环境权而施行的。"❶ 从德国和日本的学者观点可知,国家负有保障公民基本权利的义务,而公民可以基于这一基本权利而要求国家采取一定的行动来满足自己基本权利的要求。从这一角度说,国家需要作出一定的给付义务才能保障公民的权利。

(三)政府环境质量责任的可诉性弱,但也存在可诉性的发展空间。可诉性,又称"可裁判性","指的是宪法和法律规定的法律条款是否可以以及是否适合由法院予以适用或强制实施。"❷ 可诉性关系到一项权利的实现程度,"学者们每每认为如果一种权利不能获得司法执行,就不能被认为是一种权利。"❸ 就本文而言,政府环境质量责任的可诉性指的是对政府履行环境质量责任问题,公民可否向法院起诉并由法院对政府的履行职责行为加以裁判的问题。

按照一般的法律理论,一种权利能否作为权利来对待主要是看其是否可以获得有效的法律救济,"无救济无权利"、"救济走

---

❶ [日]大须贺明:《生存权论》,林浩译,法律出版社2001年版,第199页。

❷ 黄金荣:《司法保障人权的限度》,社会科学文献出版社2009年版,第16页。

❸ 胡敏洁:《福利权研究》,法律出版社2008年版,第91页。

在权利的前面"，是英国古老的法谚，也是基本的法理。如果公民不能就政府的环境质量责任问题向法院起诉，要求法院追究政府的责任，那么政府环境质量责任就不具有可诉性。由于环境质量责任是一种积极责任，政府何时应履行责任、如何履行责任、履行的效果如何等等，这些问题非常复杂，往往需要议会或政府自身来进行判断。政府是否已经履行了环境质量责任，其判断依据主要是是否达到了各种环境质量标准。如何确定一定的环境质量标准，涉及许多方面因素，政府有着较大自由裁量的空间。"环境标准的决定，可以说依据科学的专门性判断的成分是很大的，但同时，政策性选择的余地也是很大的。"❶ 政府可以根据现实的条件来决定采取何种环境质量标准。如我国法律规定，政府应该根据科学技术的发展和保障公众健康的需要及时修改环境质量标准，从而更好地保护公民的环境权利，也更有利于社会的可持续发展。但对标准的修改也存在着政府的自由裁量的空间，因为某一标准是否采纳、何时采纳，并不仅仅是科学因素，而同样地需要行政机关来作出一定的判断。

因此，政府采取什么样的环境标准，采取什么样的措施来达到这一标准，在多长时间内达到这样的标准等，都存在着自由裁量的空间，政府具有很大的判断和选择权，而法院没有能力对此作出裁判，可见，政府的环境质量责任的可诉性是很低的。

但随着社会的发展，人们对政府积极责任的层次的认识也更加清楚，而且权利的可诉性也越来越受到重视。由于政府经济和社会权利义务包括：尊重的义务、保护的义务和实现的义务，对尊重的义务和保护的义务是可以裁判的。后来，政府对环境质量责任中的实现义务进行裁判，也成为世界上的一种新的尝试。在

---

❶ ［日］原田尚彦：《环境法》，于敏译，法律出版社1999年版，第73页。

发展中国家,将环境质量义务在法院加以实施也逐渐出现,如下文中印度的案例。可见,政府的环境质量责任的可诉性也在增加。

五、政府环境质量责任的要求

政府是否承担了环境质量责任,承担的环境质量责任的实现情况如何,这在判断上,具有一定的裁量性,但也可以通过政府的行为来进行判断。对政府是否履行环境质量责任的判断方式有:

(一)保证最低限度的环境质量

由于政府的环境责任责任的履行要受到多种因素的制约,因而明确地对政府环境质量责任加以认定具有一定的困难。但由于人类是生活在一定的环境里的,政府必须保持最低限度的环境质量,否则公众的身心健康就会受到一定的影响。也就是要承担最低限度的责任,如联合国经济、社会、文化权利委员会在第3号一般性意见中坚持认为,根据《经济、社会及文化权利国际公约》,缔约国承担"最低限度的核心义务",确保每项经济、社会、文化权利的享受达到基本的水平。"联合国经济、社会、文化权利问题的前特别报告员,达尼洛·蒂尔克认为"缔约国无论经济发展水平如何,都有义务确保所有人最起码的生存权得到尊重"。人权委员会敦促缔约国"考虑确定一些具体的水准基点,据以实施最低限度的核心义务,确保每一项经济、社会、文化权利的实现达到最低限度的基本水平"。[1]

那么,如何判断最低限度的环境质量呢,最基本的方法就是

---

[1] 联合国人权事务高级专员办事处:《国家人权机构手册:经济、社会、文化权利》,专业培训丛刊第十二辑,2004年,第30页。

看一定环境是否已经产生了明显的影响或者对身心健康产生严重的潜在影响。这可以利用疫学因果关系来进行判断，如果一定的地方存在大量明显超出其他地方的疾病，并且这种疾病不是由于自然原因，而是由于环境受到了污染而引起的话，那么可以说这里的环境受到了破坏，没有达到最低限度的环境要求。此时政府即有责任立刻采取措施来对环境加以恢复或者对当地的居民进行救助，保证他们的身心健康。最典型的是我国的一些癌症村，他们比其他地区的癌症患病比例明显提高，这主要是由于环境受到污染引起的，所以政府就有责任对其环境加以改善，立刻解决环境污染问题，并采取措施来救助这些民众。这是一种最低限度的环境质量责任，除非政府能够证明其没有财政力量来做到这一点，否则就可以判断政府没有尽到环境质量责任。

(二) 及时修正环境标准

如前所述，环境标准是判断环境质量的一个重要依据，也是政府治理环境的重要方法。如在芬兰，"政府控制空气污染的最重要的手段是国务院颁布的一般指导纲领或者条例。它们规定空气中某种物质的最高含量，废气中某种物质的浓度或者总体排放量，或者规定某种材料或者产品的成分。条例具有直接的法律约束力，经营者必须遵守。"❶ 可见，环境标准在环境治理中具有非同寻常的意义，因而，需要政府不断地根据环境科学的发展和现实的需要而修订环境标准。如日本《环境基本法》第 16 条规定："政府对于有关大气污染、水质污染、土壤污染以及噪声，在环境条件方面，分别制定保护人体健康和维持生活环境保全上所期望的标准。对于第 1 款的标准应经常给予适当的科学判断，并进行必要的修订。"如果政府不能及时对环境标准加以修订，

---

❶ 高家伟：《欧洲环境法》，工商出版社 2000 年版，第 232 页。

仍然维持旧有的标准，那么政府也就没有尽到应有的责任。

（三）积极采取行动

政府环境质量责任是一种积极责任，需要政府积极履行环境职责，而这需要政府采取一定的行为来保障环境。

具体要求是：1. 采取一定的措施治理环境。由于现代环境特别是我国的环境已经处于比较恶劣的状况，许多地方的环境已经威胁到了人民的身体健康和生产活动，因而，必须采取一定的措施来对受到污染的环境加以治理，以达到改善环境质量的目的。2. 是采取一定的预防措施来防止环境的恶化。由于环境具有脆弱性，一旦受到破坏，恢复起来非常困难，预防为主、防止环境恶化是一种更合理对策。因而，政府应采取各种措施来预防环境的恶化。3. 是采取严格执法的方式来制止环境违法行为。在我国，还存在着企业环境意识不强，保护环境的动力不足的现象。政府加强环境执法，对于发现和预防环境违法，保护环境，避免环境的恶化和维持一定的良好环境就显得尤为必要。在这方面，政府必须认识到环境执法的重要性，保证执法部门必须的物质条件，并支持其执法活动，这也是为保证环境质量而采取的积极行为。4. 政府自身也要严格遵守环境法律的要求。遵守环境法律的要求不仅是依法行政的要求，也是保持一定环境质量的要求，因为环境法律对于人类影响环境的行为、包括政府的行政行为都进行了规范，如果政府按照环境法律的要求去做，是可以最大限度地保护环境，维持一定环境质量。但在现实中存在着大量的政府不遵守环境法律的现象，如政府作出行政行为时，没有考虑到环境因素，从而给环境造成了破坏。所以，政府应遵守环境法律的要求，如环境影响评价的要求等，特别是在最近制定的"规划环境影响评价条例"中，要求政府的规划行为也要进行环境影响评价，如果政府严格遵守法律的规定，就可以将政府行为对环境的影响到减少到最低。

如何要求政府在一定的期限内作出行为并达到一定的成果，日本和美国的经验值得借鉴。例如在美国，州政府的权力受到宪法保障，但当州政府未能依法行政时，联邦政府在一定情形下，依据一定的程序，可以代替州政府执行。例如：先要求州政府限期办理，若州政府仍不处理，联邦政府即可径自代为执行。而联邦政府此一决定，相当于对州政府的行政处分，州政府可就之提起诉讼。❶

在日本，对未能达到国家空气质量标准的地区，采取由都道府县制定一个"总量削减计划"和"总量控制标准的措施"，以此来削减特定空气污染物的排放量。该计划包括对特定排放源企业所规定的特定空气污染物的年度排放总量限制指标，以及实施措施和时间表。❷ 通过这样明确的要求和期限，对于政府和社会都有具体的目标，也可以加强政府在此方面的行动力度。

（四）满足公众的环境知情权和参与权

《里约环境与发展宣言》认为："环境问题最好在所有有关公民在有关一级的参加下加以处理。在国家一级，每个人应有适当的途径获得有关公共机构掌握的环境问题的信息，其中包括关于他们的社区内有害物质和活动的信息，而且每个人应有机会参加决策过程。各国应广泛地提供信息，从而促进和鼓励公众的了解和参与。应提供采用司法和行政程序的有效途径，其中包括赔偿和补救措施。"这里面包括了公众的环境知情权和环境参与权。公众的环境知情权，是宪法上的知情权在环境法上的体现，

---

❶ 宫文祥："中国环境法制战略突破口的另向思考——一个学术对话的尝试"，载《上海交通大学学报》2010年第3期。

❷ 肖剑鸣：《比较环境法》，中国检察出版社2002年版，第408页。

通过环境知情权，可以保证公众的主体权利，而且可以提高公众环境参与的有效性，因为没有对环境的知情，就不可能有效地参与环境事务。而公众的环境参与权，也在环境治理中发挥着重要的作用，"公众参与、民主决策是实现公平、公正、公开的重要条件。公众参与可以从根本制度上限制政府的自由裁量权，保障民主决策和科学决策。"❶ 通过公众参与，可以保证环境决策的科学性、民主性，是政府实现环境质量责任的重要方面。

六、政府环境质量责任实现方式

在宪法和法律中规定政府应承担环境质量责任是有重要意义的，因为"其一，保护环境，防治污染是政府的职责，政府是为了克服环境污染这样的市场失灵而存在的。清洁的、有益于健康的环境是政府应当提供的基本的公共产品和公共服务；其二，政府是社会管理者，管理企业和其他社会主体的对环境有害的行为如排放污染物和废物的行为。现时的污染泛滥，在很大程度上是政府管理不力造成的；其三，政府的行政行为往往也是造成环境问题的原因，例如，政府土地利用规划、国家资源开发规划和审批、建设项目的资助、审批等，往往带来严重的环境问题。"❷ 但如何将政府的环境质量责任加以实现，更是问题的关键。因为在环境法治中，还存在着大量的政府不履行环境责任现象。如孙佑海教授认为，一些地方政府不履行环境责任或者履行环境责任不到位，已成为制约我国环境质量改善的主要原因之一。❸ 因

---

❶ 那力："论环境事务中的公众权利"，载《法制与社会发展》2002年第2期。

❷ 王曦："论美国《国家环境政策法》对完善我国环境法制的启示"，载《现代法学》2009年第4期。

❸ 郄建荣："地方政府为何要吞下恶果"，载《法制日报》2009年10月22日，第10版。

此，环境法应主要从政府失灵角度考察，并结合市场失灵问题。❶ 只有使政府能履行职责，才能保证一定的环境质量。而要政府承担环境质量责任，就需要找到促使其履行这一责任的机制，一般来说，可以通过三种权力来促使政府履行环境质量责任：一是通过法院要求政府承担环境质量责任，二是通过人大要求政府承担环境质量责任，三是通过上级政府要求政府承担环境质量责任。这三种责任分别属于法律责任、政府责任和行政责任。虽然社会的力量对于政府履行环境质量责任也有重要作用，但毕竟不能产生直接的责任形式，所以本文只研究正式制度下的环境质量责任的实现。

（一）政府环境质量法律责任

这种责任是指由法院要求政府承担的保证一定环境质量的责任。一般而言，法院要求政府履行环境质量责任存在一定困难，因为环境质量是一种政策目标，实现这一目标受到诸多因素的限制。但实践是发展的，环境权属于人权，对于人权的保障是法院的一个重要的职能。法院在促进政府履行环境质量责任方面也作出了一些新尝试，即要求政府达到前文所述的"最低核心义务"标准，"它只是要求缔约国应该优先保障最低层次的生存权利。这种保障主要针对那些生存有可能受到威胁的特殊人群。"❷ 从这一角度看，法院也可对政府的环境质量责任进行裁判。

这从印度的"勒德兰市政局案"可以体现出来。在该案中，治安法官对勒德兰市政局作出了消除污物、恶劣公共卫生状况、

---

❶ 李启家："中国第二代环境法的发展"，载《上海法治报》2009年3月11日，B05版。
❷ 黄金荣：《司法保障人权的限度》，社会科学文献出版社2009年版，第222页。

酒精厂排放的恶臭液体和蚊、蛇滋生的命令，勒德兰市政局向法院提出了申诉，认为这是一种积极的义务，治安法院没有权力要求市政局作出这样的积极行为，最高法院的克瑞施纳·阿耶法官在维持治安法院的判决中指出：一个以保障公共健康和提供更好设施为目的而组建的负责任的地方政府，不能以财政困难而推脱这种基本职责：体面和尊严是人权不容商量的一面，是地方自治组织的首要任务。❶从印度最高法院的判决可知：虽然保证环境质量是政府的一种积极责任，政府在这方面有一定的裁量权，但政府必须达到基本的标准，即保证公民的"体面和尊严"，即使政府存在一定的财政困难，也不能拒绝履行这一责任。这一判决明确了政府的环境质量责任，是司法在环境保护中作用的一种体现。

在日本的东京大气污染诉讼案中，东京地方法院认为日本政府对于大气污染，只要改进技术或者有条件地限制汽车流量，制定切实可行的汽车废气排放标准，控制汽车废气的排出不仅是可能的，而且是可行的。而日本政府没有采取相应的行动，因而应当承担赔偿责任。❷这也是由法院来对行政机关的环境质量责任进行监督的一种方式。随着司法作用的增强，政府环境质量法律责任也会在环境保护中起到越来越大的作用。

（二）政府的环境质量政治责任

政府环境质量政治责任，是指由代议机关要求政府承担环境质量责任。在代议制国家，政府要对议会负责，实施议会制定的

---

❶ [印度] 穆罕默德·泽伐·马赫弗兹·诺曼尼著："印度环境人权——审视法律规则和司法理念"，王曦、谷德近译，王曦主编：《国际环境法与比较环境法评论》，第1卷，法律出版社2002年版，第488页。

❷ 冷罗生：《日本公害诉讼理论与案例评析》，商务印书馆2005年版，第256页。

法律或者完成议会作出的决定。因而，当议会要求政府承担环境质量改善的责任时，政府必须履行这一责任。如在日本七十年代的公害议会，议会在环境治理上发挥了重要的作用。我国实行人民代表大会制度，各级政府对人大负责，向人大汇报工作，并承担相应的不利后果。因而，当人大要求政府改善环境质量，或者要求政府达到一定的环境质量标准时，政府必须完成。当然，由于环境质量的判断和改善具有很强的行政性和技术性，人大不能对政府作出定量要求，而只能作出一定的定性要求。

政府的环境质量政治责任主要方式有：

1. 要求政府向议会报告有关的工作。如日本《环境基本法》第12条规定："政府应当每年向国会提交一份有关环境状况和政府采取的有关环境保护政策和措施的报告。政府每年应当在考虑前款报告中有关环境状况的基础上，作出明确将要采取的政策和措施的文件，并将其提交国会。"英国《气候变化法案》要求英国政府提前至少15年制定"二氧化碳减排预算"，英国政府每年必须向议会提交一份控制二氧化碳排放的报告。❶ 通过政府向议会报告工作，可以判断政府是否履行了环境质量责任、履行责任的效果如何等。美国《国家环境政策法》也规定："总统应自1970年7月1日起，每年度向国会提出环境质量报告。"

2. 要求政府完成议会决议事项事务。当议会对于政府的环境质量责任作出了一些明确的要求时，政府也需要完成，另外议会还可以对政府用于环境治理的财政预算和决算进行表决，通过对政府财政支出的监督来促进政府改进环境质量。

3. 对政府领导人进行质询和罢免。如果议会对政府的环境

---

❶ 李军鹏："低碳政府理论研究的六大热点问题"，载《学习时报》2010年5月24日，第6版。

质量责任有疑问或者不满时,如果不能完成的,可以对政府有关人员进行质询或罢免,议会通过人事决定权可以在政府环境质量责任的履行上起到重要的作用。

(三) 政府的环境质量行政责任

这是由上级政府要求下级政府承担的环境质量责任。我国是中央集权制的国家,上级对下级人民政府有指挥命令权,而下级人民政府必须服从上级人民政府的命令,因而,上级政府可以要求下级人民政府承担环境质量责任。如我国在"十一五"期间的节能减排工作就是一个典型的例子。我国将"十一五"期间的节能减排工作界定为有约束力的指标,各级地方人民政府必须完成,并且将其作为各级人民政府领导人的工作考核内容,实行行政问责制。这样可以促使各级人民政府完成节能减排的任务,实现各地环境的改善,从而实现经济发展和环境改善的良性互动。

在今后的环境质量责任的承担上,我国还可以借鉴这次节能减排的经验,实现环境质量的改善和提高。如将更多的环境指标纳入各级政府的环境质量责任,由于我国在这次的节能减排中只将单位能耗、COD和二氧化硫的排放作为考核的范围和目标,这对于环境质量的改善是远远不够的。今后可以在此基础上,将绿化率、重大污染事件、环境守法情况等作为环境质量的指标,实行环境质量责任制,从而促进环境质量的改善。

从我国的实际情况来看,目前主要还是要通过环境质量行政责任的形式来实现,这是因为在我国,行政机关具有强大的力量,上级政府对于下级政府具有较强的约束力;而且由于环境质量责任履行的认定比较复杂,司法机关与立法机关在此方面都需要尊重行政机关的自由裁量权,因此,上级行政机关的决定对于下级人民政府无疑是具有重要意义的。

当然，也应重视其他机关的作用。"现代责任政府制度是一个制度体系，其核心在于通过上级政府对下级政府、政府同级权力机关对政府的常规性、持续性监督和约束来向政府施加压力，使政府自觉承担起环境责任。"❶ 我国也要考虑如何完善和改进司法责任和政治责任的问题。一方面完善人大的监督制度，如人大要定期对"政府对环境质量负责"进行视察（而不只是对环保局工作进行检查），开展年度政府环境质量报告专项评议工作，将环境质量状况作为政府和政府领导政绩考核的核心内容；❷ 另一方面，也要发挥司法的作用，利用司法机关来对政府环境质量责任的履行进行法律判决，从而促进政府的环境质量责任的履行。

第二节 促进公众环境参与

公众参与有不同的界定，有学者认为："公众参与就是指具有共同利益、兴趣的社会群体对政府的涉及公共利益事务的决策的介入，或者提出意见与建议的活动。"❸ 也有学者认为："作为一种制度化的公众参与民主制度，应当是指公共权力在进行立法、制定公共政策、决定公共事务或进行公共治理时，由公共权力机构通过开放的途径从公众和利害相关的个人或组织获取信息，听取意见，并通过反馈互动对公共决策和治理行为产生影响

---

❶ 徐祥民、孟庆垒："政府环境责任简论"，载《学习论坛》2007年第12期。

❷ 蓝文艺："环境行政责任缺失纵深分析——为建立环境行政执法责任制所进行的环境行政责任缺失调研报告"，载《环境科学与管理》2007年4期。

❸ 李艳芳：《公众参与环境影响评价制度研究》，中国人民大学出版社2004年版，第16页。

的各种行为。"[1] 后者强调的是公众参与的互动性，强调的是一种制度化的公众参与，认为："只有单方的行动而没有互动过程的行为不能称为公众参与。"从而排除了选举、街头行为、个人、组织的维权行动（如信访、维权和集体申诉）。[2] 这样就可以将公众参与与其他的民主形式区别开来。

本书认为，虽然制度化的公众参与是非常重要的，但是如果仅仅局限于此，也会使公众环境参与形成障碍，因为在环境法实践中，非制度化的公众参与在我国也大量存在，如果学术界对此不予以回应，就会造成理论研究与实践的过度脱节。因而，本书以制度化的公众参与为主进行讨论，但是也兼顾非制度化的公众参与形式。

在解决了"公众参与"概念的界定后，还要解决的问题是：谁是公众？对此《奥胡斯公约》进行了明确的规定，即："公众指一个或多个自然人或法人以及按照国家立法或实践兼指这种自然人或法人的协会组织或团体；所涉公众指正在受或可能受环境决策影响或在环境决策中有自己利益的公众；为本定义的目的倡导环境保护并符合本国法律之下任何相关要求的非政府组织应视为有自己的利益。"

根据这一公约，本书认为：公众的主体既包括个人，也包括企业，以及非政府组织；公众分为一般公众和所涉公众，一般公众是指与政府的环境行为没有直接关系的公众，而所涉公众指的是与环境决策有一定利害关系的公众，法律一般应保证所涉公众的作用，而不会顾及所有的公众的参与，但为了发挥非政府组织

---

[1] 蔡定剑：《公众参与：风险社会的制度建设》，法律出版社2009年版，第5页。

[2] 同上书，第6~7页。

的作用，有必要将具有环境保护目的的非政府组织也作为所涉公众来对待，给予他们与一般的所涉公众相同的权利，当然这样的权利应在环境法律中加以规定。

一、公众参与环境治理的发展

由于现代环境法治涉及一系列复杂的问题，特别是涉及不同的利益之间的相互竞争与博弈，因此，必须发挥公众的作用。而且随着民主思潮的发展，各国都重视在环境治理过程中强调公众参与，注意发挥公众在环境治理中的作用。国际上，公众参与的立法和实践都非常丰富。本节主要介绍一些国家和地区的环境治理过程中的公众参与的有关进展。

1. 国际环境法公众参与要求

随着国际社会在环境问题上的认识不断深入，公众参与越来越受到国际环境法的重视。公众参与在国际环境法中占有不可或缺的地位。

1982 年的《世界自然宪章》第 24 条明确规定：人人有义务按照本（宪章）的规定行事；人人都应个别地或集体地采取行动，或通过参与政治生活，尽力保证达到本（宪章）的目标和要求。

1992 年联合国环境与发展大会通过的《里约环境与发展宣言》原则十就规定："环境问题最好在所有有关公民在有关一级的参加下加以处理。在国家一级，每个人应有适当的途径获得有关公共机构掌握的环境问题的信息，其中包括关于他们的社区内有害物质和活动的信息，而且每个人应有机会参加决策过程。各国应广泛地提供信息，从而促进和鼓励公众的了解和参与。应提供采用司法和行政程序的有效途径，其中包括赔偿和补救措施。"

即使是在纯粹由国家作为主体的《东京议定书》中也强调了国家应保证公众参与的条款,即第十条(e):"在国际一级进行合作,酌情利用现有机构,促进拟订和实施教育及培训方案,包括加强国家机构,特别是加强人才和机构能力,交流或调派人员培训这一领域的专家,尤其是培训发展中国家的专家,并在国家一级促进公众意识和公众获得关于气候变化的信息。"

在 2002 年在南非召开联合国可持续发展世界首脑峰会上通过的《可持续发展问题世界首脑会议执行计划》也强调了这一点,其"导言"第 3 条提出:"我们认识到执行首脑会议的决定有利于所有人,特别是妇女、青少年、儿童和弱势群体。此外,执行中还应通过伙伴合作,尤其是北方和南方政府之间、各政府和主要集团之间的伙伴合作,吸收所有相关行动者来参与,实现普遍同意的可持续发展目标……"

而欧洲经济委员会制定的《在环境问题上获得信息、公众参与决策和诉诸法律的公约》(即《奥胡斯公约》),更是一个专门规定公众参与为目的的国际公约。如该公约明确其制定目的是:"确认在环境方面改善获得信息的途径和公众对决策的参与,有助于提高决策的质量和执行、提高公众对环境问题的认识、使公众有机会表明自己的关切,并使公共当局能够对这些关切给予应有的考虑。"整个公约的内容围绕着信息公开、公众参与、权利救济等展开,都与公众参与有着密切的关系。

2. 我国环境法律中的公众参与

我国对于公众参与的认识是一个发展的过程,在我国过去的立法中,一般并没有公众参与这样的表达,只有公民的监督检举和控告这样的规定。例如,《环境保护法》(1989 年实施)第 6 条规定:"一切单位和个人都有保护环境的义务,并有权对污染和破坏环境的单位和个人进行检举和控告。"但随着认识的发展,我国也开始重视公众参与问题,如在《环境影响评价法》(2003年实施)第21条规定:"除国家规定需要保密的情形外,对环境可能造成重大影响、应当编制环境影响报告书的建设项目,建设单位应当在报批建设项目环境影响报告书前,举行论证会、听证会,或者采取其他形式,征求有关单位、专家和公众的意见。"在《规划环境影响评价条例》(2009年实施)第13条规定:"规划编制机关对可能造成不良环境影响并直接涉及公众环境权益的专项规划,应当在规划草案报送审批前,采取调查问卷、座谈会、论证会、听证会等形式,公开征求有关单位、专家和公众对环境影响报告书的意见。但是,依法需要保密的除外。有关单位、专家和公众的意见与环境影响评价结论有重大分歧的,规划编制机关应当采取论证会、听证会等形式进一步论证。规划编制机关应当在报送审查的环境影响报告书中附具对公众意见采纳与不采纳情况及其理由的说明。"

从这三部法律法规的规定来看,我国对于环境法中的公众参与规定是越来越全面。从开始环境保护法中"检举与控告"这样的一般性的规定,到《环境影响评价法》中规定的征求有关单位、专家和公众的意见,到《规划环境影响评价条例》中的对公众意见采纳与不采纳情况及理由的说明,这些都表明,我国环境法律中的公众参与制度越来越完善了。

二、环境公众参与的理论基础

公众参与在现代社会中广泛存在,许多法律中都明确规定了公众参与的要求,公众参与对于环境法治具有巨大的作用。这一制度具有深厚的理论基础,研究其理论基础,对于充分认识这一制度是十分必要的。公众参与的理论基础主要有:

第三章　政府环境责任的内容

（一）现代民主理论，特别是审议民主理论的发展

民主的概念众多，例如根据科恩的定义："民主是一种社会管理体制，在该体制中社会成员大体上能直接或间接地参与或可以参与影响全体成员的决策。"❶ 这种民主强调的是公众对社会决策的参与权，是一种政治上的民主。这种民主的历史非常悠久，例如在古希腊，就建立起了非常完善的民主制度。在司法中，也有着悠久的历史，如英国司法中的自然正义思想——"任何人在受到不利处理之前有权利陈述自己的意见"和美国的正当法律程序中的相关规定，特别是听证的规定，也是一种民主的体现。

行政民主也在历史的长河中不断地发展。随着行政国家的发展，政府对社会的影响越来越大。在政府权力的范围越来越广的情况下，政府的自由裁量权越来越多，政府的权力被滥用的可能性也越来越大。在这一前提下，通过实体性的规范来控制权力被认为力不从心，因而发展出来了一种全新的控权模式，即通过行政程序来控制权力的滥用。"随着20世纪下半叶在世界范围内出现的民主化潮流及其对各领域的影响，现代行政管理和行政法制实践中越来越多地增加了民主因素，公民参与行政成为新的制度价值追求和民主判断标准，逐渐显现出行政法制民主化发展的趋向。"❷ 其中非常值得重视的就是审议民主理论的出现。

审议民主指的是："所有受到决策所影响的公民或其代表，都应该能够参与集体决定，而这集体决定，是抱持理性与无私态

---

❶ [美]科恩：《论民主》，聂崇信、朱秀贤译，商务印书馆1988年版，第10页。

❷ 莫于川："从行政集权走向行政民主——我国行政法的民主化趋势分析"，载《重庆邮电大学学报》2005年第6期。

度的参与者，经由论理的方式来形成。"❶ 博曼认为，面对现代社会的特殊性：文化多元的社会事实、社会不平等、高度的复杂性和广泛存在的各种偏见、意识形态，审议民主可以成为一种可欲的实践理想。❷ 社会中各种利益的冲突越来越多，如何协调处理这种冲突，需要对民主参与的模式进行变革。在这一背景下，传统的民主模式发生了变化，由传统的"票决民主"模式向"审议民主"模式发展。❸

审议民主强调两个方面：一是民主方面，即审议民主需要公众的参与，没有参与形成不了共识，或者只有被强制的共识；二是审议方面，即存在不同利益，不同需求的方面，对各个的理由和主张进行说明，并加以证明，从而相互间形成共识。

在传统模式下，民主强调的是选举，由人民通过直接或间接民主的方式来选举代议机关和政府，通过这种选举来选择政府、并对政府进行监督。这是人类历史的伟大进步，但这种民主也存在着较多的弊端，公众只是隔几年行使一下选举权，对于政治的参与是静止的、片面的。这种民主模式不能满足社会的需要，也不能满足人们参政的需要。

一是传统控权模式下，对于政府的监督是不全面的。首先是行政自由裁量权的大量存在，政府享有大量公共事务的决定权，极易损害社会利益。通过传统的控权方式已经不能对行政权力进行有效的控制：首先是规则的失效，现代行政中，已经不可能对所有的行政职权与行为制定详尽的规则；其次是议会对政府监督

---

❶ 陈峰、杨俊："审议民主：一种'审议'传统宪政理念的民主观"，载《甘肃政法学院学报》2009年第1期。
❷ 谈火生：《民主审议与政治合法性》，法律出版社2007年版，第17页。
❸ 李艳芳：《公众参与环境影响评价制度研究》，中国人民大学出版社2004年版，第22页。

的失效，特别是当政府由议会中的多数来组成时，议会与政府出现了同构化，这样议会对政府的监督作用就受到极大的削弱；再次是法院监督的失效，法院对于政府的一般决策没有能力和机会来进行审查。此时，就需要通过审议民主来加强对政府的监督，要求行政机关在公共决策时允许公民参与进来，并对公民的意见建议给予积极的回应，通过审议民主来动态地加强对行政机关的监督。

二是公民主体地位的提升和觉醒。随着社会的发展，人们的主体意识急骤提升，认识到自己在公共事务中的地位不仅仅是被动的参与者，而是具有主动积极地参与公共事务的权利。此时，他们就需要在公共事务中积极地发挥作用，从而发挥其主体地位，保证对公共事务的参与和决定的权利。

三是公共行政的合法性问题。而在现代社会，通过公众的参与，获得公众的理解与认同，是获得公共政策合法性的一个重要方面。因而，为了保证公共决策获得公众的支持，就必然要通过审议民主来加强公众参与，从而获得合法性的认同，避免合法性危机。

在这一背景下，环境法也自然需要大量的公众参与来保证环境行为的合法性。正如英国学者所言："法律旨在并且应当被用于促进公共参与，以反对以下两种不同的进路：一种是传统的通过公共行政实现公共利益的进路，另一种是强调私有财产权的绝对重要性的普通法进路。"❶ 这一理论强调了公众参与两个方面的作用，即一是可以克服过于强调公共利益的倾向，二是过于强调私人利益的倾向，从而通过参与实现这两者的平衡。可以说，

---

❶ [英]马丁·洛克林：《公法与政治理论》，郑戈译，商务印书馆2002年版，第287页。

深刻地表现出了其中的哲理。

而审议民主更强调有质量的参与。就环境法而言，当在环境决策时，一方面行政机关要对自己的行为承担说明理由这样的说服义务，具体而言，必须说明作出环境决策时的依据，回答公众对于决策的疑惑与担忧，从而对自己的行为进行证明，特别是当环境行为侵犯了公众的利益时，如何对公益与私益进行权衡的过程，也是行政机关应加以说明的内容，通过这样的说明理由制度，可以促进行政机关多方面考虑环境决策的事实和依据，也更好地做好说服动员工作，从而保证了公共决策的正当性；另一方面所涉公众也有权利对自己的主张进行阐述，以与行政机关的理由形成对峙，从而形成了一种相互说服的状态，同时通过对于行政机关没有考虑到问题的证明，促使行政机关对所作决策有个全面的考虑，从而也可以推动决策的科学性。当然，所涉公众的利益也可以与决策行为的利益发生冲突，此时，公众也需要对其利益的重要性加以证明，从而保证自身合法权益的维护。

（二）风险社会理论的促进

风险社会理论是贝克等学者对现代社会的一种总结，他们认为：现代社会已经是风险社会。而贝克所说的风险，指称的是完全逃离人类感知能力的放射性、空气、水和食物中的毒素和污染物，以及相伴随的短期的和长期的对植物、动物和人的影响。它们引致系统的、常常是不可逆的伤害，而且这些伤害一般是不可见的。吉登斯和贝克将这种风险带来的不确定性称作"人为制造出来的不确定性"。❶

在 20 世纪 80 年代之前，一般认为由于环境法具有高度技术

---

❶ 王小钢：《追寻中国环境法律发展之新理论——以反身法、审议民主和风险社会为理论视角》，吉林大学 2008 年博士学位论文，第 61 页。

性，技术专家应该发挥更多的作用，因为"科学知识的累积会降低科学的不确定性，因此能因应产生更恰当的管理策略。这种直线模型，等于将风险决策相关的科学知识，视为探索自然的真理。"❶ 因此只有本专业的专家在本专业领域中才能有发言权，其他领域的人即使是专家也不能对此决策发表意见，更不用说是普通的民众了。因而，当时的许多环境决策是由专家在科学理性名义下决定的，普通的公众没有能力参与其中，即使是官员也没有办法来改变专家的决策。

正如学者所言：早期风险沟通研究存在于这样的传统线性关系模式中，即风险评估（专家）—风险管理（政策制定者）—风险沟通（面向公众）。风险沟通是"由精英向普通公众传递科学和技术信息的过程"，它强调专家向非专家的单向信息输送。风险沟通的功能是告知、说服和教育公众，使他们按照专家提供的方式理解风险问题或接受某种风险。这里更多地遵循一种DAD模式，即决定、宣布、辩护。也将其称为"技术统治论取向"。在决策过程中，所考虑的是风险的技术层面，而非目标公众的价值、关注、恐惧和意见，公众是被排除在决策过程之外的。❷

但随着风险社会理论的发展，人们的认识也发生了相应的变化。

在美国，进入80年代以来，公众不再像从前一样甘愿把保护人类健康、环境和安全的希望寄托在政府和科学专家的手中，人们要求获得知情权和参与公共政策的权利，各种抗议和社会运

---

❶ 吴嘉苓："SARS的风险治理"，载《台湾社会学》第11期。
❷ 张洁、张涛甫："美国风险沟通研究：学术沿革、核心命题及其关键因素"，载《国际新闻界》2009年第9期。

动此起彼伏。❶ 在风险社会时，需要公众参与到风险决策中去，对风险决策产生影响。主要原因有：

首先，风险社会理论认为，在当代社会存在着大量的风险，这种风险是常人无法预见的，但一旦发生就会产生巨大的危害。因而，对于风险应该持谨慎的态度。

其次，专家知识也存在着不确定性。由于现代知识的不确定性，也容易造成专家知识的缺陷。传统上人们认为科学知识是确定的，有明确的结果和可预测的，但"在20世纪，新的量子逻辑形式的产生、著名数学家克莱因的《数学：确定性的丧失》的出版，以及海森堡的测不准原理的提出表明揭示科学知识框架的逻辑规则和数学规律以及语言本身具有不确定性，所以科学知识本身具有不确定性的。"❷ 可见，专家的知识也不能完全对未来的可能性进行预测，本身也是存在缺陷的，依赖其知识来行为也会存在风险。

最后，专家也存在着利益冲突，不是完全中立的。人们认识到知识的不确定性，专家也不是全能的，其自身也也存在着知识方面的缺陷；更重要的是，专家也不是完全中立的，仅仅依靠自身所掌握的知识作出的客观的认定，他们也存在着利益冲突。此时，避免专家的负面作用就成了现代社会一个非常重要的理论课题。

在这些背景下，就需要通过公众参与来对专家的知识进行修正；甚至是监督，从而保证在风险社会中的决策的科学性与正当性。其主要做法是：

---

❶ 吴嘉苓："SARS 的风险治理"，载《台湾社会学》第11期。
❷ 李瑞昌：《风险知识与公共决策——西方社会风险规制决策研究》，复旦大学2005年博士学位论文，第100页。

第三章 政府环境责任的内容

一是打破专家对科学决策的垄断。由于现代决策对公众的影响越来越明显，也由于现代决策涉及了普通公众的切身利益。公众不满专家的独裁，向专家的治理提出了挑战。"如果说感到受挫、愤怒和焦虑是这些团体（指环保团体——引者注）的最为一般的特征，那么他们最为鲜明的特征是向工业风险和变化的最终仲裁者——专家和技术治国论者——提出了挑战"。❶ 人们慢慢地发现，在现代风险社会里，知识不能成为判断风险的唯一理由和依据，人们对风险的认识和感知是不同的，人们对于涉及其自身利益的事项也具有决定权。因此，公共决策并不是专家和行政人员的专利，公众也应该参与其中，甚至有学者认为："在风险的界定中，科学对理性的垄断被打破了。总是存在各种现代性主体和受影响群体的竞争和冲突的要求、利益和观点，它们共同被推动，以原因和结果、策动者和受害者的方式去界定风险。关于风险，不存在什么专家。"❷

二是强化公众的风险选择权。在风险社会视域内，知识存在着不确定性，并没有绝对准确的判断。即使专家没有受到不利因素的影响，是客观公正的，此时专家的见解也并不必须是应该接受的，也存在对专家的见解进行选择的问题。这种选择不仅是需要行政机关作出政治性的决断，也需要公众的参与来进行决断，因为"专家仅仅能够或多或少地提供关于可能性的一些不确定的事实信息。但是，永远不能回答这个问题：哪种风险是可以接

---

❶ ［美］弗兰克·费希尔：《公共政策评估》，吴爱明等译，中国人民大学出版社2003年版，第191页。

❷ ［德］乌尔里希·贝克：《风险社会》，何博闻译，译林出版社2003年版，第28页。

受的,哪种是不能接受的。"❶ 在这种情况下,公众对于环境法等一系列的科技方面的决策也要参与进来,对之进行决策,从而形成了一种新的社会观念:"风险和不安全感的总和,它们的相互助长或者中和——共同构成了工业社会的社会和政治动力。"❷

总之,在风险社会里,是否承受风险以及承受多大的风险,必须由公众来进行决定。由公众决定承受多大风险和风险处理方式。在这一背景下,就产生了公众参与风险、决定风险和选择风险的理论。

(三)公共治理理论的发展

20世纪90年代以来,社会管理的模式也在发生变化,即由原来的社会管理转向了公共治理。在这种模式下,政府管理和决策行为被认为是一个上下互动的过程,它主要通过合作、协商、伙伴关系、确立认同和共同的目标等方式实施对公共事务的管理,"其权力向度是多元的,相互的,而不是单一的和自上而下的。"在公共治理模式下,意味着政府与公众之间的相互信任、支持与尊重,意味着现代公共管理的模式正在由政府为主导向政府与公民合作共同治理的模式转变。❸

这种治理模式有如下的几个特点,即:(1)去中心化;(2)多元主义;(3)通过谈判的协调;(4)多种协调机制的共存。❹

---

❶ [德]乌尔里希·贝克:"风险社会政治学",刘宁宁等编译,载《马克思主义与现实》2005年第3期。

❷ [德]乌尔里希·贝克:《风险社会》,何博闻译,译林出版社2003年版,第105页。

❸ 李红利:《中国地方政府环境规制的难题及对策机制分析》,华东师范大学2008年博士论文,第174页。

❹ 王小钢:《追寻中国环境法律发展之新理论——以反身法、审议民主和风险社会为理论视角》,吉林大学2008年博士学位论文,第119页。

这几个特点都体现了民主参与的思想,从而要求公众参与,以适应社会治理的需要。

"在这样的一个时代里,如果没有公众的积极参与,政府很难使其行动合法化。"❶ 政府通过有效的制度安排,实现公民参与到政府公共决策和公共管理过程中去。首先,建立多中心治理体制。政府虽然还是专门的公共管理主体,但不是唯一的主体,在政府之外,还有一些自治性的或半自治性的机构来充当公共管理的主体。原先由政府承担的公共管理职能中的很大部分可以由这些自治和半自治性的社会组织来承担。其次,建立分权体制,授予公共部门的广大员工更多的参与决策的权力,以激发员工工作的积极性和创造性,增强政府的灵活性。第三,通过公民投票、民主式对话、协同式对话等形式实现民主治理和参与。❷

三、环境公众参与的作用与意义

环境公众参与是指在环境治理过程中,公众有权了解环境信息,并对环境决策以及其他影响自己权益的环境行为提出自己的主张和要求,从而维护自己环境权益的制度。

1. 是体现了公众的主体价值

这是就程序内在价值而言的,公众参与是行政程序中的一个重要制度,而行政程序有内在价值与外在价值之分。而行政程序的内在价值,是"指法律程序作为一个过程所具有的、不依赖于其结果而存在、并可以作为评价该法律程序作为一个过程是否

---

❶ [美]盖伊·彼得斯:《政府未来的治理模式》,中国人民大学出版社2001年版,第71页。

❷ 潘秀珍、褚添有:"公共服务型政府:源起、特征及意义",载《贺州学院学报》2007年第2期。

"好"的那些价值标准或者规范性要求。而行政参与则体现了这一内在价值，不论其是否对结果有利，对于法律程序来说，参与可以因为参与的过程本身而被认为是一项价值：它体现了个人在一定程度上的自治和自主。"❶ 公众参与体现了公众的主体地位，满足其参与要求，从而保证环境决策和环境行为的合法性，即公众对于环境决策可接受性。

2. 可以保证环境决策的科学性

这主要是就外在价值而言的，行政程序的外在价值是"强调程序具有工具理性，因而有助于实现结果的有效性和公正。工具性理论认为，程序的正当化的功能来自实现实体结果公正的有效性。"❷ 通过公众参与，可以听取不同的意见，保证环境决策的科学性，减少环境决策对环境的危害并减少相应的损失。特别是应保证公众对于环境决策的否决权利，从而实现真正公众参与，发挥公众环境参与的效率，提高其环境参与的积极性，也是减少环境纠纷的一个有效措施。因为，一个对公众影响较大的环境行为，无论是政府的环境行为，还是企业的环境行为，一旦引起了公众的反对，可能会导致这一行为最后无法实现，或即使实现了，其代价也是巨大的。也就是说，无论这一环境行为的结果如何，都会带来巨大的社会成本。

以浙江省东阳市画水镇事件为例（以下简称"东阳事件"）介绍农村环境自力救济的形成过程与原因：浙江省东阳市画水镇有5.3万人口，素有东阳"歌山画水"的美誉。从2001年起，原画水镇政府以租赁土地的形式建设工业园区，园区占地约千

---

❶ 王锡锌：《行政程序法理念与制度研究》，中国民主法制出版社2007年版，第76页。

❷ 同上书，第81、84页。

亩，共有13家化工、印染和塑料企业，化工厂、农药厂常常排出大量的废气、废水，给当地造成了严重的污染。当地村民反映多次到东阳市、金华市、浙江省的环保部门上访，但问题并没有得到有效解决。2005年3月20日起，村民开始在化工园区邻近各村的出路口搭建了十多个毛竹棚，堵塞路口，强烈要求化工厂、农药厂搬迁。4月10日，地方政府派出执法人员前去清理毛竹棚时，发生了冲突事件。

3. 可以保证环境决策的正当性

在环境决策中，行政机关需要满足公众的知情权，也需要满足公众对对环境决策的参与愿望。同时，公众参与在环境决策中还有一个重要的作用，即通过公众参与，也可以发挥公众对相关问题的关注，让政府的环境决策更加科学合理，并提高其决策的可接受性，即正当性。环境决策的正当性是一个比合法性更高的问题，所谓的正当性，是政治意义上的，指的是社会公众对行政决策的认同和服从，即："政治合法性主要是指政治权威得到人民的广泛认同、信仰、忠诚和服从。"❶ 行政行为不仅需要满足法律意义上的合法性（合法律性），而且也必须满足政治意义上的合法性，即行政行为要得到人们真正认同和服从，才能保证其有效性。

而环境决策的正当性，对于行政机关而言，可以通过公众的参与来强化其环境管理意识，也可以为其提供舆论上的支持，特别是我国的企业面临着地方保护时，公众参与可以为环境主管机关提供支持；另外，对于企业而言，公众参与可以对企业的环境行为产生有效的监督，弥补行政机关力量的不足，并且可以给企

---

❶ 胡伟："合法性问题研究：政治学研究的新视角"，载《政治学研究》1996年第1期。

业造成巨大的压力,促进其改进技术、重视环境,从而为整个环境的保护与完善起到良好的作用。如在1995年,壳牌石油公司准备将废弃的钻井平台沉入到大海里,但绿色和平组织认为这样对海洋环境的破坏是非常严重的,要求壳牌公司改在陆地处理废弃的石油钻井平台,但该公司对绿色和平组织的提议置之不理,于是绿色和平组织向社会公众不断对此事件加以揭露,号召公众抵制壳牌石油公司的产品,公众的抵制最后迫使壳牌石油公司妥协,从而保护了海洋环境。❶ 这是公众参与对公司行为产生有效影响的一个典型例子。在其他方面,公众对于公司环境行为的影响还有许多,这些公众参与是政府环境管理行为的一个有效补充。

四、我国的环境公众参与存在的问题

(一)环境公众参与的形式

从公众参与的制度化程度来看,可以有制度化的参与和非制度化的参与。制度化的公众参与,是指存在一定的参与形式,并且会产生法律效果的公众参与,如环境影响评价制度中的听证制度,由于这是一种法定的参与形式,行政机关必须满足法律规定的要求并作出具体的决定,从而决定了其制度性;另一个就是法律救济中的复议和诉讼制度,这两种形式的制度化程度是非常高的。而非制度化的公众参与,指的是虽然可以进行公众参与,但具体参与方式没有法定的要求,而且没有法定效果的规定。我国目前公众参与方面存在的问题主要有:

---

❶ [德]乌尔里希·贝克:《风险社会》,何博闻译,译林出版社2003年版,第50页。

1. 制度化的公众参与存在形式化的缺陷，参与效果较差

在我国，制度化的公众参与已经大量出现。但由于我国公众参与的历史较短，也没有形成真正的公民社会；同时，公众参与一般需要以代议制民主为基础，但我国也没有形成真正的代议制。这两个方面严重制约了公众参与的效果：

一是公众参与形式主义严重、参与效果差。由于我国存在着重实体轻程序的传统，也存在着国家权力居于绝对权威的传统。政府认为自己天然就代表了公共利益，不需要公众参与来体现公共利益。即使因为法律的明确规定而必须让公众参与行政过程，也仅仅作为一种形式，并不是真心地希望通过公众参与来更好地进行行政决策。我国最早在《行政处罚法》中确立了听证制度，这一制度当初被认为具有里程碑式的意义。后来，在《价格法》中也规定了公用事业的涨价也需要进行听证，但近年来，在公用事业的涨价过程中公众参与的效果并不佳，人们普遍对于听证制度的作用产生了怀疑，这一现象在环境听证中也同样存在。我国环境法中也大量规定了听证制度，最典型的是在《环境影响评价法》中的听证制度，但其效果也是值得怀疑的。主要存在的问题是：听证参加人的代表性的问题，即如何申请参与、如何确定参与人、如何保证其代表性，如何对于听证参与人的意见进行采纳和答复，以及如何保证听证的客观性等，这些都是影响听证效果的重要方面，而我国在这方面存在着大量的问题并没有解决，❶ 从而造成了听证流于形式的弊端，并引起了人们对于听证的作用的怀疑。

---

❶ 汪劲：《中外环境影响评价制度比较研究》，北京大学出版社2006年版，第172~186页；另，竺效："论环境行政许可听证利害关系人代表的选择机制"，载《法商研究》2005年第5期。

二是存在参与的障碍。主要是在正式参与的复议和诉讼制度中，由于我国对于环境诉讼中的原告资格规定比较严格，强调的是直接的利害关系人才有资格提起诉讼，对于公益诉讼一直持有不支持的态度，因而，公众希望通过行政救济的方式来监督环境违法行为也存在着大量的制度障碍。

另外，法院对于环境诉讼的审查能力上也存在着问题：一是存在行政干预的问题；二是存在没有能力进行审查的问题，因为环境问题不仅涉及技术问题，而且涉及政策问题，对于法官的审查能力要求很高，法院审查能力上也存在着不足。

值得重视的是，在公众参与中，公众的环境知情权是参与的重要前提，但在我国环境信息公开做得还不够，在没有足够的信息的情况下，要保证参与的质量和效果是不可能的。❶

三是参与能力差。由于环境问题是需要相应的信息和科学知识的，而在这方面我国普通的公民普遍存在着不足，即使是环保组织，也存在着同样的问题。我国的环保组织建立时间较短，而且规模较小，财力较弱，许多环保组织是政府建立的，而非纯粹意义上的NGO，即使是纯粹上的NGO，也存在在财力上依赖政府投入的境地，这样他们在信息、财力、物力和人力方面都存在着参与不足的问题。参与能力较弱，也就意味着他们的参与效果较差，从而妨碍他们参与的积极性，从而无法实现公众参与的目的。

2. 非制度化公众参与大量出现，但参与的效果并不确定。由于制度化公众参与的效果不够理想，一些地方政府对于制度化的公众参与也持消极态度，我国的制度化公众参与整体上存在着

---

❶ 汪劲：《中外环境影响评价制度比较研究》，北京大学出版社2006年版，第189页。

不完善的地方。但环境问题涉及许多人的切身利益，这样自然就形成了大量的非制度化的公众参与。非制度化的公众参与形式各异，效果也各不相同。多国近年来大量出现环境群体事件，就是一种非制度化的公众参与形式。当然，非制度化的公众参与形式非常多，主要表现在以下几个方面。

（1）是私力救济行为。面对影响自身利益的环境问题时，一些公众往往会采取私力救济的方式来对污染企业进行抗议，以制止企业的污染行为或者促使政府采取行动来制裁或治理污染。但由于私力救济存在着一定的违法的可能，地方政府往往会偏袒企业并对参与者进行打压，形成与私力救济者最初愿望相悖的结果。而且，私力救济也容易引起暴力事件，对于社会安定和相关公众的权益都会产生严重的影响。

（2）通过信访请愿的形式来表达公众的环境意愿。由于私力救济的成本很高，风险很大，一般公众在进行私力救济的同时，或者在私力救济之前也会采取信访的形式来向政府机关表达意愿，从而形成一定的社会压力。虽然信访是我国的一项重要制度，但其法律意义和法律效果都是值得怀疑的，因而，信访的参与方式也是没有明确结果的一种方式。但信访制度也会产生一定的效果，特别是信访制度对于地方政府的压力也是存在的。

（3）采取集体行动来表达意愿，形成一定的参与格局，造成对政府的压力。这主要是通过集体行动的方式来表达对政府环境决策行为的不足，从而反映公众的意愿，要求政府采取或者不采取一定的行为的方式。最典型的是厦门的 PX 事件，在这一事件中，厦门市的市民通过在市政府门前的广场上"散步"的形式，表达了自己对 PX 项目的担心，体现了公众参与的精神。而厦门市政府也响应了市民的要求，从开始时坚决主张兴建这一项目，到后来提出以市民的意愿为依归，最后顺从民意，停止在厦门市兴建 PX 项目，这一事件体现了公众参与环境决策的力量。同时，也可以看出，政府如果在决策前不进行有效的公众参与，对政府的决策会产生不利的影响，甚至会引起政府决策的被动。

（4）其他方式的参与。其他方式的公众参与有许多，如新闻媒体的报道或者评价，环境 NGO 对于环境决策行为的参与等。由于没有法定的要求和程序，这种参与形式的效果也存在不确定性。当然，这些参与形式如果和其他的参与形式相结合，也会产生一定的效果，甚至会产生巨大的效果。

五、政府在促进环境公众参与中的作用

虽然我国在公众参与上还存在着诸多不足，但公众参与在环境法治中的作用是毋庸置疑的，发挥公众在环境治理中的作用无疑具有重要的意义。政府在完善环境治理中的公众参与制度中，可以从以下几个方面着手。

（一）认识公众参与的重要性

充分认识公众参与的作用，对于政府实施公众参与的法律具有重要的意义。观念是一种巨大的力量，观念的改变可以促进政府重视环境治理中的公众参与，并做好公众参与的立法完善工作。

政府应认识到，公众参与可以实现多中心的治理，减少行政机关直接管理的成本；可以通过公众参与来发现错误，减少错误成本，并提高政府决策的合法性；可以通过公众参与形成保护环境的舆论，提高行政机关的执法能力；更可以通过公众参与来获知下级机关及其工作人员的违法行为，减少信息失真与弄虚作假。

如果政府能认识到公众参与的这些积极的力量，就会对公众参与采取不同的态度，并积极地利用公众参与来加强对环境的保护。当然，政府的这些观念，必须是在政府希望加强环境保护的前提下，如果政府不希望或者在与经济冲突的情况下放弃对环境的保护，政府仍然是不愿意通过公众参与来加强环境保护的。此时，就需要通过其他的方式来强迫政府加强环境保护，而不仅仅是完善公众参与的问题了。

（二）扩大公众参与途径

政府在环境公众参与中无疑具有重要的作用，因为政府不仅可以实施法律中的环境公众参与规定，而且也可以主动实施公众参与；如果没有政府的积极行为，公众参与就会受到严重的削弱。

从我国目前的公众参与现状来看，公众参与途径是较少的。有些地方对于公众采取隐瞒相关环境信息的方式，不让公众知情，更不用说是公众参与了。因此，在今后的公众参与中，不仅要保证公众参与，而且也要改善公众参与的方式。主要应作如下方面的完善：首先，保证公众的环境知情权，公众要参与环境事务，是以对于环境事务的知情为前提的，没有环境事务的知情权，就不可能有效地参与环境事务。因此，在进行环境决策前，行政机关应保证公众的环境知情权，以公开为原则、不公开为例外，只有在涉及国家机密、商业秘密和个人隐私时，才可以不予公开。其次，保证多种参与形式，并保证公众有足够的参与时间，公众的参与形式主要有：发表意见、提出证据，最主要的是环境听证权。再次，保证和鼓励环境公益组织的成立和活动，过去，我国对环境公益组织有较多的限制，对其活动也持保留态度。现在，我国在环境公益组织的设立和活动上已经采取了鼓励的态度和做法，这是一种巨大的进步。

（三）科学设计环境参与的方案，保证参与人的代表性

在环境公众参与制度中，需要考虑两个基本的问题。一是直

接关系人的参与问题，此时应保证他们完全的参与；二是一般社会公众的参与问题，此时应保护他们的参与的代表性问题。最典型的是环境听证制度，需要注意的是：

第一，在环境听证过程中，如何选择听证代表的问题。听证代表应达到如下标准：一是观点上的代表性，即其不能是某一个团体的代表，更不能是仅仅与行政机关意见相同的代表；二是地域上的代表性；三是数量上的代表性，必须具备一定的数量，而且不同观点的代表应规定最低的数量标准。

有学者建议：如果听证会的场地和时间允许，应当尽量满足利害关系人出席环境行政许可听证会的要求，而不应不区分实际情况就死板地规定听证会最多有几人出席，超过几人申请时就应该推举代表。必须在尽量满足利害关系人的出席请求、更充分地听取多方意见的听证宗旨的指导下，因地制宜、灵活机动地确定听证会座席数量。如果确实无法满足全体提出申请的利害关系人的请求，在座席数量已经最大可能地增加并确定时，应采取"听证组织机关合理划分利益群体、利害关系人推举或抽签决定出席代表"的选择制度。❶这一主张最大限度地考虑到了听证的广泛性问题，当然，在一般情况下，代表人数还是较多的，合理地选择代表还是非常必要的。

第二，要处理好专家和普遍的公众参与的关系。一般来说，专家是可以作为一般的公众来参加的，但如果都是专家来参与的话，可能会影响到一般公众的参与权，也不利于一般公众的参与，因而，应确定普通公众的最低比例，保证普通公众的参与权。但是由于普通公众在科技知识上存在一定的薄弱之处，这

---

❶ 竺效："论环境行政许可听证利害关系人代表的选择机制"，载《法商研究》2005 年第 5 期。

样，可以通过由一般公众来聘请专家的办法来解决。如北京百旺家苑的业主不满北京市规划委员会核发的（2003）规建市政字0721号《建设工程规划许可证》（依据该许可证兴建"西沙屯—上庄—六朗庄220KV/110KV输电线路"）的听证案件就是如此，在该听证中，听证申请人之一的百旺家苑的业主聘请的专家有赵玉峰和高攸刚等人，其中赵玉峰系中国室内装饰协会室内环境监测工作委员会副主任，而高攸刚系北京邮电大学教授，电磁兼容学会中国分会主席，联合国国际信息科学院院士。两人对于本听证中的专业问题有很深的造诣，由他们来代表听证申请人提出和质疑相关专业问题，无疑具有重要意义。

（四）重视参与中的说明理由制度

在公众参与过程中，还需要一个重要的程序，即由行政机关对采纳或者不采纳公众意见特别是不采纳公众意见的原因进行说明，这就是说明理由制度。说明理由制度特别重要，因为说明理由不仅可以要求行政机关需要认真考虑对于公众意见的合理成份，而且也有利于对公众进行说服，达到行政程序的根本目的。另外，由于说明理由制度，需要行政机关对于公众的意见进行全面的考虑并行使自由裁量权来进行处理，这可以使有权监督的主体，如上级行政机关、法院和立法机关对行政机关采纳的理由进行审查，从而有利于其他机关对作出决定机关的行为进行监督，也是行政程序中一个非常重要的要求。

第三节 政府遵守环境法律和政策

政府守法，是一个法治社会的基本命题，但在我国，这是一个沉重的话题。因为，改革开放以来，我国的环境法律数量在不断增加，环境法制在不断完善，但我国的环境质量却呈现出退化甚至恶化的态势。正如我国著名的环境法学家汪劲教授所言："如果让我来作一个评估的话，我认为30年的中国环境法治是以失败而告终的。"❶ 汪劲教授的观点的确反映了我国环境法治的尴尬状况。

环境法治的失败，很大程度上是中国政府自身没有守法而造成的。由于政府在环境治理过程中没有严格守法，在全社会也形成了环境违法严重、环境法律形同虚设的状态，从而导致了环境法治的失败。

要实现环境法治，履行政府的环境责任，政府遵守环境法律是基本的要求。这里强调的是政府在涉及环境行为过程中的遵守法律，如环境决策、环境许可行为等，不包括环境执法行为，因为环境执法是政府实施环境法律的行为，将在后面详细讨论。当然，由于环境法是一种政策性非常强的部门法律，政府不仅要守法，也需要遵守环境政策，及时根据法律和政策对政府影响环境的行为进行调整，从而更好地适应环境保护的需要，实现环境善治。因此，此时的政府守法也包括遵守国家的环境政策在内。

一、政府遵守环境法律的意义

遵守环境法律和政策，是政府守法在环境法中的体现。政府守法是法治国家的最基本和最根本的要求。我国宪法确立了"依法治国，建设社会主义法治国家"内容，表明了我国建设法治国家目标和决心。而要建设法治国家，首先必须重视的就是行政机关的守法问题。

强调政府遵守环境法律，有利于政府审视自身的环境行为，在环境行为中严格地按法律的要求去做，保证其行为得到社会的

---

❶ 汪劲："环境法治30年，为何难治污染"，载《绿叶》第2期。

认可，获得社会的支持，从而获得足够的合法性。

政府遵守环境法律，可以在源头上预防环境污染和破坏，从而真正起到保护环境的作用。

政府遵守环境法律，可以对企业等主体的守法起到示范作用和警示作用，避免其违法，在生产经营过程中，遵守环境法律，积极采取行动避免环境污染和环境破坏。从而实现环境法律的根本目的。

二、政府守法的要求

现代政府应该是法治政府，而法治政府的基本要求就是政府本身应该是守法的，如果政府本身不守法，那么整个社会的法治水平就会受到极大的限制，甚至可以说整个社会的法治水平就无从谈起。政府守法的要求有许多，就环境法治而言，有以下的基本要求：

（一）政府严格按照法律的规定来履行环境职责

政府的环境职责就是政府在环境保护上所具有的职能与职责，政府履行环境职责，是环境保护的一个关键性因素，虽然环境保护也需要其他主体的参与，但政府无疑是其中的关键性因素。政府依法履行环境职责，也是环境法治的重要内容。政府履行环境保护职责，在许多法律中都有规定，如《环境保护法》第4条规定："国家制定的环境保护规划必须纳入国民经济和社会发展计划，国家采取有利于环境保护的经济、技术政策和措施，使环境保护工作同经济建设和社会发展相协调。"第12条又规定："县级以上人民政府环境保护行政主管部门，应当会同有关部门对管辖范围内的环境状况进行调查和评价，拟订环境保护计划，经计划部门综合平衡后，报同级人民政府批准实施。"

《环境保护法》是我国的环境基本法，以上几条是关于政府环境规划方面的职责，主要包括：

（1）制定和实施环境保护的规划。各级人民政府在制定环境保护的规划时，应对环境保护的目标进行明确的规定，并且应对环境保护规划的实施方式、步骤、未能完成的责任加以明确，以确定职责，保证环境保护规划的实施；

（2）在制定城市规划时，应当确定保护和改善环境的目标和任务；

（3）进行区域规划时，应强化环境意识，认识到一定规划对于环境的影响，从而对其行为加以规范。目前，政府的任务是保证《规划环境影响评价条例》的实施。该"条例"侧重于规划行为的环境影响评价。由于规划对环境的影响是本源性的和根本性的，必须重视规划的环境影响问题。

从《环境保护法》规定的政府的环境职责可知，政府在环境规划上具有许多职责，但这只是其中的一个方面，政府的环境保护的职责有许多。

值得注意的是，政府不仅要遵守国家的环境法律，还要遵守国家的环境政策。环境政策是"公共组织为保护和改善环境，防治环境污染和生态破坏，而决定并实施的行动、计划、规则措施和其他各种对策的总称。环境政策在环境保护中具有重要的作用，其特点有：调整对象的特殊性，即是调整人与人之间的关系以及人与环境之间的关系；综合性，即要运用多种手段；科学技术性，即不仅要反映社会经济规律和自然生态规律，还反映人与自然相互作用的规律；公益性，即是为了公共利益或人类利益。"❶

环境政策在一个国家的环境治理过程中，具有重要的作用，

---

❶ 蔡守秋：《环境政策学》，科学出版社2009年版，第33~38页。

第三章 政府环境责任的内容

在许多时候,环境政策与环境法律紧密相联,无法区分。随着社会的发展,各种环境政策工具也不断地被创造出来,政府对各种政策工具的综合运用,对于环境治理起到了良性作用。如我国的退耕还林政策、生态补偿政策、排污权交易政策、环境补贴政策等,这些政策在我国的环境治理过程中发挥了越来越大的作用,当然还有对我国目前环境治理影响巨大的节能减排政策。

例如,在我国的低碳经济发展过程中,环境补贴政策就显得尤为重要。由于我国的经济发展和科学技术的水平都不高,要发展低碳经济的技术就存在一定的资金和技术的障碍,因此,国家对低碳技术的发展提供了大量的资金支持。这些主要是依据政策来进行的,而且也起到了良好的效果。因为根据 WTO 规则的要求,一国的补贴是受到严格的限制的,但也有例外。即环境例外、农业例外、落后地区例外,只要这些补贴是公平地给予国内企业的,那么就不属于 WTO 规则反补贴中的禁止性的补贴。而属于绿色补贴,是可以的。因此,我国就运用这样的补贴政策来发展我国的低碳技术,这是一种环境政策的良好运用。

具体而言,政府在遵守环境法律中应履行的职责有:

1. 是政府的环境行为要遵守环境法律和政策的要求。客观地说,由于我国政府在遵守环境法律方面做得不够,这就造成了对环境的损害。例如政府在发展经济过程中,只关注经济建设的速度而忽略了环境保护。如在经济开发区建设和招商引资的过程中,对于环境问题没有重视,使大量的污染产业和污染企业从国外或国内经济发达的地区转移到了国内或国内经济落后的地区;甚至环保部门都成为污染企业的保护伞。这是我国环境问题得不到解决的一个重要原因。

因此,政府在履行环境保护职责时,就应在采取对环境有影响的行为时,遵守法律和政策的要求,不危害环境利益。

(1) 在作出行政决策时遵守环境法律与政策。行政机关的决策对环境的影响有时是巨大的。为了减少行政决策对环境的不利影响，行政机关在作出决策前应对决策的环境影响进行评估，将决策对环境的影响减少到最低程度。而要在决策中减少对环境的影响，主要的判断依据是：是否遵守了法律的要求，并遵守了环境政策。

我国的一些经济和社会政策对环境就曾经产生过不利的影响。如我国对于汽车的鼓励政策，以及对于小排量汽车的限制政策，这些政策对环境的不利影响就非常明显，也是今后在决策中应予以关注的问题。

(2) 在作出具体行政行为时遵守环境法律和政策。这主要体现在环境许可阶段，环境许可是国家进行环境治理的重要手段，通过许可，可以有效地进行事前预防，防止对环境有害的开发行为的发生。因此，各国都非常重视对影响环境的行为的环境许可。我国的《环境保护法》也规定，计划部门只有在企业的环境影响报告书通过后才能对企业的兴建申请进行批准，这是政府职能部门的重要的守法义务。但在现实生活中，政府职能部门在没有环境影响报告书的情况下就批准企业的设立申请的情况比较普遍，这样的违法行为也给企业和社会造成了不良的影响，即环境法可以不被遵守而不会受到惩罚。这就是政府自身的行为违反了环境法而产生的不良后果。

2. 政府要合理制定产业规划。合理的产业规划，可以将对环境的损害降低到最小限度，在现代社会，政府往往通过制定合理的产业规划来加强环境保护和治理。我国政府近年来，也重视了通过规划来保护环境的问题。如根据节能减排目标、资源环境的最终承载能力和期望达到的分阶段环境质量，政府要积极制订更细致的分阶段产业产品政策标准、外贸政策和逐步加严的能耗物耗标准、污染物排放控制标准，抬高各类准入门槛。对于已经存在的产业，要根据其对环境的影响以及自身治理的难度进行全盘考虑，直至根据法律规定对有些产业进行关停并转，从而避免这些产业的存在对环境产生严重的影响。如沈阳、大连等城市都是考虑搬迁规模稍大的重污染企业，沈阳向周围搬，大连往渤海湾搬，却少有选择放弃的。像沈阳红梅味精厂、金城造纸、辽阳庆阳特种化工有限公司等众多积重难返的污染企业，政府必须下决心帮助他们关停。[1] 这也是政府在环境规划时，在依法行政原则下应予以考虑的。

3. 政府应运用各种手段，特别是经济杠杆来进行调控，保证产生调整和环境治理的效果和效率。政府应考虑运用经济杠杆、法律手段引导并规范各类经济活动，形成激励和约束机制。在环境法的发展史上，曾经有三个时代，简称三代环境法。其中在第二代环境法中，就包含大量的关于环境激励的机制，如：环境税、排污权交易制度、环境合同与环境奖励制度等等。这些机制的产生，可以减少环境管制的成本，减少相对人的抵抗情绪，更关键的是，可以发挥市场机制在环境治理中的作用，激发企业等市场主体在环境治理中的积极性。

（二）不得进行非法干涉环保职能部门的执法行为

在我国，环境保护的职能部门主要是环保局，而环保局在各级政府中基本上处于弱势的地位。在我国的行政体制中，环保部门是各级人民政府的职能部门，必须严格地服从各级人民政府的命令。这本来是无可厚非的，因为这是行政体制科层化的必然要求，也是保证行政效率的基本要求。从法治的角度来看，政府与

---

[1] 刘晓星："节能减排挑战政府执行力"，载《中国环境报》2007年7月23日，第6版。

其职能部门的这种命令服从关系必须是符合法律要求的，是基于合法的范围内的事件。但在我国，各级人民政府经常干涉环保部门的正常执法行为，从而不利于环境执法，也影响到环境保护工作的正常开展。在环保部门，将这一类现象称为"站得住的管不住，管得住的站不住"，严重影响了环保部门工作人员的工作积极性，也影响了环境保护的法律的权威性，是一种严重的违法行为。

我国安徽省蚌埠市的固始县发生的"固镇现象"就是一个典型。虽然经媒体曝光后，政府的干涉得到了纠正，但全国类似的案件还有许多。可见政府如果不守法，会导致环境法律不能得到有效实施，也会导致环境遭受破坏。

我国政府对于环境保护部门的违法干预的形式主要有：

1. 通过立法的形式限制甚至排除环保部门的执法活动。如合肥市人大制定的法规中，对于环境执法进行了严苛的限制，对于环境执法是非常不利的。在《合肥市优化投资环境条例》第34条中规定："行政机关依法对企业进行执法检查，应当事先拟定包括检查依据、时间、对象、事项等内容的检查计划，并在实施检查30日前报同级人民政府企业负担监督管理部门和法制机构备案。"第37条规定："同一行政机关对同一企业的执法检查每年不得超过一次。"可见，《合肥市优化投资环境条例》对包括环境执法在内的其他执法检查行动设置了检查依据、时间等内容的限制性前提条件，实际上否定了《环境保护法》第14条、《水污染防治法》第25条等国家环境法律所认可的非定期现场检查的执法形式，把环境保护行政主管部门的现场检查活动变相地限定成了定期检查活动，限制了国家法律授予环境保护行政主

管部门的行政监管权力。❶

这样的立法本身就是违法的。而在这样的立法下，合肥市经济开发区连续5年名列中西部16个国家级开发区综合投资环境之首，但至今却没通过相关环境影响评价。园区内企业普遍存在不同程度违法排污，大部分企业从未缴过排污费，污水处理厂偷排污水。这一现象与该立法有着直接的关系。而可悲的是，在我国许多地方都存在类似的立法和政策，这些对于政府的环境守法和环境执法都是非常不利的。

2. 是通过行政规范性文件来对环境保护部门的执法行为加以限制。如比较典型的是安徽省固镇县的做法，就是通过改善投资环境的规范性文件来对环境执法行为加以限制的。该县为了所谓的"改善投资环境"，对于企业的保护可谓不遗余力。在该事件中，一家生产轮胎的合资企业刚刚新增加了锅炉规模，却没有申办环评。安徽固镇县环保局副局长，带领一个五人组成的环保大队，三次来到这家企业，要求补办环评，并补交新增的排污费，反而引起了企业的投诉。而当地县政府依据其相关的规范性文件的规定，为了保护本地的投资环境，对几名环保人员进行了集体停职。除了他们五人之外，连同没有去现场的县环保局长也被宣布停职。对于他们的停职理由是这样表述的：根据"固镇县党的领导的干部停职问责试行办法"有关规定，经县委决定，对环保局党委副书记、局长乔振稳同志，党组成员副局长许振海同志予以停职。对相关人员作出了停职的决定。❷

可以说，固镇现象，是我国环境守法和环境执法的一个标

---

❶ 步雪琳："合肥地方性法规限制环境执法 律师所上书全国人大建议撤销"，载《中国环境报》2007年7月24日，第5版。

❷ "固镇集体停职事件始末"，载《中国环境报》2010年6月21日，第1版。

本，从中可以看出我国一些地方政府特别是中部和西部的一些地方政府在环境守法和环境执法方面的态度和价值取向。

3. 直接对环境执法行为加以限制。如果说，上面提到的政府对环境执法的干涉还属于公开而明确的限制，整个社会还可以看到，那么在现实中还大量存在政府对环保部门的执法进行隐蔽干涉的现象。这种干涉完全是在行政系统内部运行，社会上是很难看到的，其危害程度更重。

4. 解决环保部门与其他部门之间的权限冲突。我国环境执法体制以环保部门为主，其他部门也具有相应的职权，因而必然会出现环保部门与其他部门间的权限冲突。各级人民政府应依法裁决处理这样的权限冲突。从环境法治的角度而言，各级政府应及时裁决这样的权限冲突，从而确保环境执法，也有利于环境守法。

（三）对环境违法行为的查处

在我国存在着大量的环境违法，政府必须对环境违法行为进行查处。查处违法行为，对受到侵害的公众的人身和财产加以保护，也是政府履行环境职责的方式。这一部分将在下一节中详细研究。

三、促进政府遵守环境法律和政策的制度

现代国家是行政国家，而政府掌握着大量的资源，对社会的影响也异常强大。要保证政府守法，不仅需要政府守法的自觉性和发挥法律的权威，更需要加强对政府行为的监督，而要加强对政府的监督，就需要相应的制度要素。具体而言，对政府的监督主要有以下几个方面。

1. 环境信息的公开

在环境治理过程中，环境信息的作用特别大，这不仅是因为

环境信息公开在自愿性环境管制中产生了良好的作用，而且是因为，通过环境信息公开可以对政府的环境管制行为进行有效的判断和监督，从而使公民的环境参与权能得到有效的保证。因此，环境信息的公开既可以促进企业的环境守法，也可以促进政府的环境守法。我国目前对于政府环境信息的公开主要是依据国务院的行政法规《政府信息公开条例》和原国家环保总局的行政规章《环境信息公开办法》，这两种规范还存在着法律效力不高的缺陷。需要通过制定法律来对环境信息公开作出更加具有权威的规定，从而更好地促进环境信息的公开，并为环境参与和环境监督提供有效的信息。

2. 社会环境意识的形成

只有受到监督的政府才会将自己的行为约束在法律和政策的框架之内，而要监督政府就需要有一系列的制度来对政府的行为进行评价，甚至是提出挑战。除了制度性的监督外，我们还需要通过社会舆论来对政府的行为进行监督，特别是需要形成一个集中的舆论氛围，其中整个社会对于环境保护的意识，就是一种强大的社会力量，整个社会的环境意识会对政府产生强大的压力，这在西方社会中已经被证明了。我国目前还没有形成有效的社会舆论，但值得庆幸的是，已经出现了一定的发展趋势。通过社会舆论与有权机关之间的良性互动，既保证了国家机关权力的行使，也可以发挥舆论的积极作用。

3. 及时与有效的责任追究

客观地说，我国很多的官员已经产生了不畏惧监督的胆量。因为，我国大量的违法行为甚至犯罪行为并没有受到追究，用犯罪学的一个术语来说，就是犯罪的"黑数"太高，大量的违法没有得到制裁。这样就使官员了形成了违法行为没有风险的预期。而通过及时而有效的责任追究，可以使官员认识到没有尽到环境责任是要受到惩罚的,这样他们在遵守环境法律方面就会有较多的约束。正如贝卡利亚所言:"对于犯罪最强有力的约束力量不是刑罚的严酷性,而是刑罚的必定性……,因为,即便是最小的恶果,一旦成了确定的,就总令人心悸。刑罚的威慑力不在于刑罚的严酷性,而在于其不可避免性。"❶ 只要能及时地对违法官员进行责任追究,就会形成一定的社会风气,从而对促进官员守法具有引导作用。

第四节 政府严格执行环境法律

法律的执行,又称为"法律的实施",在法治中具有至关重要的价值。法律的生命在于实施,只有通过法律实施,才能使"纸面上的法"变成"行动中的法"。这样,法律才有权威,法律才能成为活法,否则,法律只是一种摆设。法律实效性的欠缺,会对整个法律体系的权威性产生不利影响,影响人们的法律信仰和法律功能的发挥。要使法律由死法变成活法,就需要行政机关来对法律加以实施。

法的实施是指法律在社会实际生活中的具体运用和实现。包括:国家执法、司法机关及其公职人员严格执行法律、适用法律,保证法律的实现;也包括:一切国家机关、社会组织和个人,遵守法律。❷ 本章主要研究的是政府对于环境法律的实现,即政府执行法律,实现法律,而不研究对法律的遵守问题。值得注意的是,国外现在也重视法律的私人实施问题,此处不多

---

❶ [意] 贝卡利亚:《论犯罪与刑罚》,黄风译,中国大百科全书出版社1993年版,第59页。

❷ 沈宗灵:《法理学》,高等教育出版社1994年版,第340页。

涉及。

一、政府环境执法原理

在环境法治中，除了制定大量的环境法律外，更重要的是实施环境法律，只有环境法律得到有效的实施，才可以说环境法律的目的已经实现。在环境法律的实施过程中，政府的作用无疑是巨大的，即使在强调多中心治理的今天，也应认识到政府在治理中的作用是不可替代的。强调政府环境执法的作用，是由于政府在执法中的特点决定的。

1. 政府的法律地位——法定的实施机关

在现代的政治体制中，分权和制衡是基本的要求。立法机关主要负责制定法律，而行政机关则负责将立法机关制定的法律加以实施。可见，政府是执行机关，是执行法律的机关。这在我国宪法中有明确的规定，我国宪法对国务院职权的界定就是：国务院是中央人民政府，是最高行政机关，是全国人大的执行机关。

其他国家的宪法中也有类似的规定，如美国宪法规定：行政权力赋予美利坚合众国总统，总统应注意使法律切实执行。而日本的宪法规定：行政权属于内阁，内阁应诚实执行法律，总理国务。可见，由政府来执法是各国基本做法，也是符合行政机关的特点的。

2. 是现代管制型政府兴起的必然趋势

随着社会的发展，社会事务越来越多，企业的活动对于社会的影响越来越大。但市场这只看不见的手也存在着自身不能克服的问题，市场调节作用的弊端也不断出现，需要政府这只看得见的手来对市场的不足进行纠正。"随着技术进步、分工深化和交易复杂化，市场的规模和深度迅速扩张，独立法庭和事后诉讼的制度安排难以保证市场的有效竞争，对企业行为进行事前干预的

政府监督机构由此产生。"❶

各国都十分强调行政管制,甚至有学者认为现在是"管制政府的时代"。在环境法领域,环境管制对于环境保护更为重要,因为环境破坏往往具有不可逆转的特点,如果等到出现了问题才来解决,那么环境造成的损害将是巨大的,而由政府事前通过制定规则的方式来进行的管制对于解决环境问题具有重要的意义。

3. 是行政权力的特性决定的

我国著名法学家孙笑侠教授认为:"在国家权力结构中,行政权与司法权虽然同属执行权,但两者大有区别。它们之间最本质的区别在于:司法权以判断为本质内容,是判断权,而行政权以管理为本质内容,是管理权。"❷ 因此,司法具有消极性、被动性、中立性,而行政权相比而言则具有积极性、主动性与利益性。行政的这些特点对于理解环境执法是十分重要的,环境法律由纸面上的法变为行动中的法,需要行政机关主动积极地去要求相对人按照法律的规定来做,并积极地对相对人遵守环境法律的状况进行检查。这是都是政府的环境执法比法院的环境司法更能有效地对环境法律加以实施的优势。

现代环境法还需要行政机关利用环境政策来实现环境法的目标。环境法律往往只规定一些原则要求,目标,对于一些具体的措施与方法并没有规定。例如,在现代环境法律中,一个值得注意的方面,就是存在大量的促进型的立法,❸ 如《循环经济促进

---

❶ 马英娟:《政府监管机构研究》,北京大学出版社 2007 年版,第 46 页。
❷ 孙笑侠:"司法权的本质是判断权——司法权与行政权的十大区别",载《法学》1998 年第 8 期。
❸ 李艳芳:"促进型立法",载《法学评论》2005 年第 3 期。

法》《清洁生产促进法》等，这些法律往往只规定了一些立法目标，而如何实现这些目标，还需要由政府来具体地落实，因而，这些法律的实现还需要依赖政府的执法。

在环境法律中，需要政府积极地通过政策工具来执法的情形也很多，例如许多环境政策的制定、环境保护工具的运用等等。政府可以通过大量的环境工具来执行法律，这是司法所不可比拟的。因此，通过政府的环境执法来实现环境治理，是各国的通常做法，即使在一些环境司法的作用也非常突出的国家中，由于司法本身存在的不足，也根本无法代替环境执法的运用。司法的最大作用体现在对政府执法行为的监督。

二、环境执法的意义

无论是在理论界还是实务界，都认为环境执法对于环境治理具有根本性。针对发展中国家环境执法的不足，国际组织和一些发达国家经常组织环境执法的培训工作。如联合国环境署、世界银行以及亚洲银行，著名的是美国环保局制定的《环境执法手册》，对全世界的环境执法都具有重要的影响。就我国而言，欧盟环境署和美国环保局都曾与我国的环保部门开展过环境执法的合作。这些都说明，环境执法对于环境治理所具有的意义。具体而言，环境执法的意义主要有以下几点。

1. 可以使环境法律得到实施，促进整个社会的可持续发展。只有通过执法，才能使法律从纸面上的法变成行动中的法，环境执法的主要依赖于政府。而可持续发展的现实，需要法治的保证。环境立法是一个国家和地区可持续发展的前提，而这一目标能否实现，不仅仅取决于法律自身的规定，而取决于法律能否得以实现。只有通过环境执法，才能保证环境法律的内容得到落实，从而实现可持续发展。

2. 促进社会公众的守法。执法还有促进人们守法的作用。徒法不足以自行，法律本身不可能自动地实现。法律的实施包括法律的实现和法律的遵守，要整个社会遵守法律，特别是各种企业能够遵守环境法律，就需要环境法律具有权威性，使企业产生对环境法律的信仰和敬畏，而这些只能通过执法才能办到。

环境法律，在许多方面是对企业的环境行为的管制。因此，企业的守法就非常重要。要使企业遵守环境法律，主要的途径有：一是来自于企业的社会责任；二是来自于对企业的教育；三是来自于社会的舆论压力；四是来自于司法裁判；五是来自于政府的执法。应该说，这些方面都是非常重要的。但在我国，前几个方面对企业的压力都还较弱，只有环境执法对企业有着直接的压力。

美国联邦环保局的执法手册《环境执法原理》中也指出：要使人们守法，通常需要两方面的努力，一是通过鼓励手段，促使行为人作为或者不作为；二是通过强制手段，迫使行为人作为或者不作为。❶ 而强制手段主要是通过政府的环境执法让企业形成法律必须得到遵守、否则会承受不利后果的预期。这种预期可以促进其他更多的人守法，并实现环境法律目的。

3. 在执法中发现法律的不足，促进环境法律的修改。只有通过实施，才能发现法律中存在的问题。在环境执法过程中，政府可以不断发现问题，从而提出法律修改的建议，通过修改法律来调整一定的环境社会关系，以便更好地保护环境，实现可持续发展。例如，我国对于企业违反环境法律的责任就规定得非常轻，通过执法实践可以看出，一些企业对法律规定的责任并不在

---

❶ 美国国家环保局编：《环境执法原理》，王曦等译，民主与建设出版社，1999年版，第3页。

意,甚至一些企业在每年的开始就将环境罚款打入到账户中去,作为企业的一种固定的开支,而如果企业严格地守法,却会导致相应的开支极大地提高,从而出现了"守法成本高于违法成本"的奇异现象,这实际上是对企业违法行为的一种纵容,不利于对环境的保护。从国内外企业造成环境损害后的责任,就可以清楚地看出国内外企业在环境责任上的不同。

例如,2010年4月20日,位于美国路易斯安那州威尼斯东南约82千米处海域的石油钻井平台"深水地平线"爆炸,后沉入墨西哥湾,导致美国历史上最严重的漏油事故。事故发生后,英国石油公司(BP)首席执行官辞职,两个月后 BP 市值缩水1000亿美元,处理费用升至61亿美元,赔偿基金需要200亿美元。

2011年6月,康菲石油公司开采的蓬莱19-3油田发生漏油事件,造成了严重的海洋污染事故,但我国政府给出的处罚是20万元,并且已经是法律规定的最高限额。甚至开始时对当地渔民和其他产业的赔偿并没有提起。后来事故发生近一年后,康菲石油中国有限公司和中国海洋石油总公司才在中国舆论的巨大压力下,同意支付16.83亿元人民币,其中,康菲石油公司出资10.9亿元人民币,赔偿本次溢油事故对海洋生态造成的损失;中国海油和康菲石油公司分别出资4.8亿元人民币和1.13亿元人民币,承担保护渤海环境的社会责任。[1]

同样是海洋漏油事故,蓬莱渤海湾的事故其责任之轻就与英

---

[1] 张艳、邓杭:"蓬莱油田漏油事故法定最高处罚20万被指过轻",见 http://www.sina.com.cn,2011年07月06日04:10京华时报;耿聪:"渤海溢油事故康菲与中海油将赔付16.83亿元",见 http://www.sina.com.cn,2012年04月27日17:47人民网。

国石油公司形成了鲜明的对比。虽然两者的污染程度不同，但两者之间赔偿数额差别之大，造成污染事故公司的态度之差异，还是非常明显的。这其中的原因就是法律的威慑力是不同的。

总之，环境执法中发现问题，为环境法的修改提供了依据。比较典型的就是我国的《环境影响评价法》中对于事后补充环境影响评价的规定就被认为是对环境违法行为的一种纵容，需要修改；还有一种就是对于环境违法中，对于造成的损害如何处罚，以及对于环境违法的"按日处罚"的问题。如在原《水污染防治法》中，对于水污染事故的处罚最高额是100万元，这被认为是一种非常不科学的处罚规定，如在沱江和松花江水污染事件中，造成的损失都达到了上亿元，但由于法律的这条规定，最多只能处罚100万元。这样的处罚规定对于环境违法根本起不到有效的遏制作用。与此相关的按日处罚问题，由于我国法律中没有规定这样的形式，那么环境保护部门也不能利用这样的处罚来遏制环境违法。

通过环境执法，发现类似的问题，从而为环境法律的修改提出建议。这样，就保证了环境法律适时地根据社会的发展来予以调整，保证了法律的针对性。

三、环境执法职能

环境执法，包括按照法律的规定来对企业的行为进行许可审查并作出决定的行为，还包括对环境违法行为的查处行为。根据环境法律规范来行使环境职权，是环境管理机关的一个重要职能，也是其日常工作的一个主要方面，主要包括：进行环境行政许可、收集和公开环境信息、监测环境数据、处理环境紧急情况、进行环境教育与科研活动等。从环境执法的阶段来看，政府的环境执法分为事前、事中、事后三个阶段，每个阶段的职能是不同的。

1. 事前的许可审批

环境法不仅注重一般性的处罚监督这样的治理方式，而是特别重视事前的预防。而事前预防最主要的方式，就是对企业的生产经营活动进行许可。

环境许可的程序包括企业先要完成其企业的环境影响评价，然后再向环保部门申请环境许可，最后由环保部门对其许可进行审查并作出批准或者不予批准的决定。

环境影响评价机构是专门从事环境影响评价的社会中介组织，环境影响评价机构根据科学技术原理和法律要求，对开发行为的环境影响进行综合性考虑，从而为环保部门的许可做好前期准备。在企业获得了环境影响评价报告后，环保部门还要组织专家对环境影响报告的真实性及技术上的可靠性问题进行审核，并进行公众参与，由公众对环境影响报告书以及企业的可能的行为发表意见，环保部门对公众的意见进行考虑并说明采纳或者不采纳公众意见的理由。在这一系列工作完成后，环保部门最后作出许可或者不予许可的决定。

通过环境影响评价并不必然会得到相应的许可，环保部门还要根据整个社会的经济和社会发展规划及环境容量的情况来对企业的环境开发行为进行综合的考虑。环保部门需要根据各种现在的情况来进行自由裁量，既不能滥用自由裁量，也不能怠惰裁量。

通过事前的环境许可，可以充分发挥预防作用，将环境损害降低到最小限度，这是一种重要的执法形式。行政机关应严格地按照《环境影响评价法》的要求来做，并依法进行环境信息公开和保证公众参与。

当然，事前的执法也有其他的大量工作要做，比如对于企业排污管道的铺设，就需要由环保部门来进行检查，在设备未运行前就要履行检查监督的职能。只有这样，才能防止企业暗自铺设管道进行偷排活动，给环境执法造成被动，并对环境产生实在的危害。

2. 事中的监督检查

这可能是目前在我国比较重视的环节，在我国一般认为执法就是环保部门对企业和其他组织的行为进行监督检查，发现违法行为，从而作出处罚的过程。这是一种典型的执法过程，主要属于环境监察制度。但这与本书强调的事中监督检查还存在区别，本文是将事中的监督检查作为对违法行为进行处罚的一种程序。

所谓事中检查监督程序，是指由环保部门对相对人的日常影响环境的行为进行的一般性的检查活动。在这样的检查中，往往需要对企业的相关设施进行现场检查，这是十分重要的一个环境执法的措施，一般也可以称作"环境监察"。我国的《环境保护法》和其他的环境法律中有大量环境监察的规定。企业有义务配合这一环境监察人员的现场检查，不能拒绝，也不能弄虚作假，否则，要受到相应的处罚。环境监察具体包括：

首先是执法行动。这是一般性地对企业行为的合法与否进行检查的执法形式。根据我国的环境监察的规定，必须定期对企业的环境守法情况进行检查，对于存在违法先例的企业，还必须进行不定期的检查。例如我国一些地方的环境监察相关规定中就规定了环境监察部门对各类企业每个月应检查多少次。在国外，环境监察也是一种非常有效的必备的环境执法的手段，如在美国，"由国家环境保护局及各州实施的执法成为一个促使城市污水处理设施达标的最有力的工具。国家环境保护局及各州印制了一份违法设施名单，并据此对它们进行追踪执法。截至1987年，大约有80%的这类设施（无论大小）受到行政的或司法的制裁。

此后，凡纳入国家市政政策的执法对象的城市污水处理设施，如果还没有开始建设，就会受到起诉，因为它们在1988年7月1日截止日期到来时不能达标。到了1988年的第二季度，约20%的受国家市政政策控制的主要排污设施被提交司法处理。平均每一个受到了1.5次州或联邦的执法。这意味着，几乎所有受国家市政政策控制的设施都不同程度地被执法。"❶

其次是查处违法行为。查处违法行为、保护公民的环境权益是行政机关的一项重要职能。政府的职责和使命就是维持一定的社会秩序，保护社会成员的利益。在环境法中，由于环境违法会对整个社会的环境产生危害，即使没有直接的受害人，也会损害整个社会公共环境。因而，政府也就有职责查处违法行为，以保护整个环境和维护公民的环境权益。

无论在何时，环境违法都很难杜绝，特别是我国现阶段，还存在着大量的环境违法。这些违法行为不仅威胁了整个的环境，对人们的环境权益产生了损害，也影响到国家的可持续发展，对我国的环境安全和经济安全产生严重的威胁；同时，对于也会威胁到我国的法制建设，使国家的法律处于一种虚置的境地，影响到了法律的权威。因此，查处环境违法，使环境法律成为"行动中的法"就具有多种意义。为了保证环境法律的实施，并促进环境保护，需要加强环境执法，查处违法行为，对环境违法形成有效的震慑。

3. 事后的处罚、表彰

事后的处罚、表彰与事中的监督检查在时间和作用上存在一定的区别。事后的处罚主要是根据事中检查监督中获得的证据，

---

❶ 美国国家环保局编：《环境执法原理》，王曦等译，民主与建设出版社，1999年版，第158页。

对于违法行为人所给予的制裁,这种制裁是依据环境法律和行政处罚法的规定进行的,目的不仅是对违法者进行惩罚,而且也有恢复受损环境,以及教育其他社会成员遵守环境法律以保护环境的作用;而事后的表彰,主要是对遵守环境法律的企业所给予的物质或精神上的表扬,以在社会中树立一定的榜样,给予守法企业一定荣誉的行政行为。通过奖惩,来对企业的行为作出不同的评价,从而在整个社会形成的不同环境守法的评价,在社会上形成保护环境的法律意识,对于环境守法也具有重要的作用。对全社会的环境保护意识的形成具有促进作用。

四、环境执法方式

环境执法方式多种多样,每一种方式都存在着各自的特点,随着现代行政法的发展和环境治理的需要,环境执法方式也呈现出多元化的趋势,通过多元化的执法形成整体的全力,从而实现对环境的更好保护。

(一)环境执法方式的分类

1. 强制性方式和柔性方式

这是从对相对人的强制性程度来进行的分类。强制性方式,指的是对相对人具有强制作用,相对人没有选择的余地,只能绝对遵守和服从的方式。而柔性方式,主要是在现代行政法发展的基础上,为了避免行政机关与相对人之间形成强烈的对抗关系,由行政机关对于相对人采取柔和的方式来劝导、启发、示范、激励等方式来进行的环境执法。在现代环境法治实践中,相对人与行政机关之间具有信息不对称的特点,行政机关要了解企业的环境守法与否是非常困难的。如果完全通过行政机关的执法来发现问题并促使企业遵守环境法,环境执法的成本会很高。而采用柔性执法方式,可以减少执法成本,促进企业自觉守法,因而世界上许多国家目前通过柔性执法来保护环境。当然，柔性执法必须以强制性的制裁为后盾，否则企业守法的积极性也会受到不利影响。

2. 损益性方式和授益性方式

这是根据对企业的影响进行的分类。损益性方式指的是要求企业承担不利后果的方式或者要求企业承担附加义务的方式，最典型的是行政处罚。这样的执法方式可以对企业产生威慑，促使其守法。授益性的执法方式，主要是通过行政奖励、行政补贴的方式来进行，还可以利用经济刺激的方式，对企业形成一定的激励。这样，对企业来说，可以增加其收益；而对国家来说，可以减少执法成本。

3. 独立性方式和参与性方式

这是从环境治理的主体来进行的分类。独立性方式是指由环保部门独自来承担治理任务的执法方式。而参与式方式，指的是其他主体与环保部门共同参与环境治理的一种方式。由于环境问题涉及多种群体的利益，对于环境治理的手段也存在着不同的选择，因而，多个主体的参与，特别是一般的相对人的参与与利益相关者——主要是社区的参与，对于现代的环境执法更具有直接的意义。对于前者，要求的是环保部门需要听取其意见，获得其配合，利用柔性的和鼓励的方式使其主动地守法，这样可以保证执法的效果和减少执法的成本。而对于环境受到影响的一般公众，环保部门也需要保证其参与，听取其意见，对于其意见说明理由，并告知其环境决定行为和公众的环境权利，从而实现一般公众的环境权益。

（二）环境执法的具体方式

环境执法具体的方式有：许可、处罚、检查、补贴、行政指导、行政合同、信息公开、环境听证等。这些具体的方式在一般的法律中都有所规定，具体的要求在本书中就不再论述。

五、完善我国的环境执法

要提高环境守法的水平，保证公众的环境权益，就要保证环境执法的有效性，而要保护环境执法的有效性，要注意以下两方面：一是严格执行法律规定，即政府严格按法律的规定来实施；二是要提高执法能力，政府在执法时需要一系列的条件，只有保证其条件才能有效地执法。

要保证环境执法的有效性，应具备以下几方面的条件。

一是政府要有充分的环境保护职权。由于环境违法对于环境的危害是巨大的，而且一些环境违法具有"即时性"的特点，即企业可以迅速地采取行动，从违法状态变成合法状态。这样就需要给予环保部门以较多的职权，这样可以使他们履行职能，从而起到保护环境的作用。如强制检查权，对于违法拒绝环保机关进行检查的行为人规定严厉的惩罚措施。

同时，要对企业的行为有足够的威慑力，提高行政机关的权威。如美国的《清洁空气法》等环境法律将一些违反环保部门命令的行为规定为犯罪，予以刑事制裁。这样的规定增加刑法的适用范围，强化了行政机关纠正环境违反行为的权威，可以充分发挥刑法在环境保护中的作用。❶ 此时，法律通过刑罚的方式来加强行政机关的权威性，保证行政机关的决定和行动受到相对人的尊重和配合，从而有利于环境的保护。

二是执法机构具备必要的执法能力。环境执法具备很高的技术含量，对环境监测设备和人员素质的要求很高。因此，政府必

---

❶ 邓可祝："论强化具体行政行为在环境刑法中的作用"，载《环境科学与管理》2010年第7期。

须保证其具备相应的技术条件和充足的人员配置。从人员的角度来看，首先，需要加强整体的环保系统的人员的数量，特别是环境监察人员的数量，保证有足够的人员，加强环境监管力量配置；其次要加强专业技术人员的数量。专业技术人员在环境管理中具有重要的作用，他们可以从事科研与执法活动，特别是对于存在技术含量的事项的管理，就特别需要其在科研上的前期预研，从而作出一定的标准，也可对有争议的案件作前期的技术准备，因而是非常必要的；再次是保障必要的环保经费；最后是保障必要的环境技术装备。因为在现代环境管理中，需要大量的环境设备，以便于检查监督，因而需要在设备上进行更新，从而可以保证能对企业的行为及时予以发现，并对环境变化迅速作出反应。❶

三是执法机构能够独立地执法，不受非法干预。虽然，法律上没有像对待法院一样地规定行政机关应独立地行使职权，但行政机关严格地执法，不受非法干预也是应有之义。只有依法办事，才能保证法律的实施。虽然行政机关的行为应受到上级机关和法院的监督，但这种监督也是依法进行的监督，不能影响行政机关正当地行使职权。我国存在的一个突出问题是执法机关在环境执法过程中受到的干预较多，特别是我国目前广泛存在的上级机关的非法干涉，典型的如上文中的安徽省固镇县对环境执法的干预。这种对环境执法的干预，破坏环境法治的统一，是对环境违法行为的纵容，也会导致环境的破坏，为大量环境问题的产生埋下了祸根。

因此，如何保证环境执法的独立性就具有了特别的意义。有人建议环保部门应独立于地方政府，实行垂直管理。但由于环境

---

❶ 详见：陆新元等："中国环境行政执法能力建设现状调查与问题分析"，载《环境科学研究》2006年增刊。

具有明显的地方特征,需要地方政府积极地作为,环保部门的独立会影响环境治理的效果。所以,不能仅仅从环保部门的独立上来着眼,而应该从法治精神方面来看环境执法的独立性,即行政机关在执法过程中,也有免于受其他行政机关干涉的权力,即使是同级人民政府也应在法治的范围内对环境执法进行监督,而不能干涉环境执法。

四是协调行政执法机关的职能。环境保护中,涉及大量行政机关,这些机关部门之间的职权存在一定的交叉与冲突,当然也存在职权的空白。如在我国对于水体的环境保护问题,就存在着"九龙治水"的问题。"环保不下河",意味着环保只管岸上排污,环保局监测污染源的出水口是否达标;"水利不上岸",意味着水利不能管岸上的排污口,岸上的污水通过管道流入江河,入水口是否达标无从管理。仅这一权力真空就不知道使多少未经处理的污水排入了江河湖泊。❶

在整个环境执法过程中,这样的职权冲突大量存在,就需要政府对各部门的职权进行协调,也需要环境部门对其他部门的环境职权加以协调。如美国环保局,已经形成了一系列有效的冲突解决机制,由环保部门对各部门的职权进行协调。另外,从国家层面而言,需要建立一个比较权威的高级别机构,来对整个国家的环境保护统一协调。

当然,从现代环境治理的理念出发,在环境执法中还应重视社会中不同主体的参与,通过不同主体的参与,来提高执法的效果和执法的民主化水平,例如公众参与等,这些在全书的其他章节也有所论述,在这里就不再展开讨论了。

---

❶ 吕忠梅等:《长江流域水资源保护立法研究》,武汉大学出版社2006年版,第47页。

第四章　政府环境政治责任

政治责任是政府对于民意机关所承担的责任。在我国，政府是人大的执行机关，具有执行人大制定的法律和作出决定的职责。如果政府不能履行环境职责时，就应当承担相应的不利后果。现代民主是一种代议制民主，政府与议会之间的关系是非常复杂的，但都有一个共同的特点，即议会对政府有监督作用，议会的立法与决定对于政府履行职责具有重要的指导作用。在我国的环境法制中，需要充分发挥人大的作用，要求政府承担相应的政治责任，这样可以发挥人大的作用，保证整个政府行为的合法性。但目前我国人大在环境法制中发挥作用的途径较少，主要是由人大通过立法来对政府的环境行为加以影响，而如果政府没有履行职责，或者履行职责不符合法律规定时，如何进行处理还存在着许多的盲区，需要在理论上进行探讨。

本部分主要包括以下内容：一是政治责任概述；二是政治责任在环境法制中的作用；三是我国政治责任在环境法中的实践及原因分析；四是政治责任今后发展的方向。

第一节　政治责任概述

一、政治责任的概念

政治责任的概念也是非常复杂的，我国研究政治责任的权威学者、吉林大学的张贤明教授认为："政治责任是政治官员履行制定符合民意的公共政策，推动符合民意的公共政策执行的职责，以及没有履行好这些职责时所应承担的谴责和制裁。前者是积极意义的政治责任，后者是消极意义的政治责任。"❶ 而所谓政治官员是"指经选举产生或政治任命而产生并有一定任期的公共权力行使者。具体说来，所谓选举的官员，是指公民直接选举或间接选举产生的代议机构的代表和行政部门的官员；所谓政治任命的官员，是指有权主体任命或有权主体提名并经代议机构同意而任命的官员。"❷ 这样的界定是比较科学的，也符合政治责任的特点和研究的需要，本书的环境政治责任部分就采取此概念进行研究，当然研究的是各级人民政府的组成人员的政治责任问题。因此，在本书中的环境政治责任就是各级人民政府的组成人员应履行的制定合适的环境公共政策，积极推动环境治理的职责，以及没有履行好环境职责而应承担的谴责和制裁。

二、政治责任的特征

政治责任是一种现代社会中必须予以重视的一种责任形式，因为在现代国家中，掌握行政权力的政府在国家生活中居于重要的地位，特别是一些政治官员对于政策制定和执行具有决定性的作用。但从权力制约和制衡的角度而言，又需要对政治官员进行有效的制约，这种制约通过法院来解决是不适合的，因为这里面存在着价值判断和选择。而由政治官员来承担政治责任就是一种适用的方式。政治责任的追究主体主要有公民和代议机关，公民的追究主要体现在选举中，即如果政治官员的政治主张和政治实

---

❶ 张贤明：《论政治责任——民主理论的一个视角》，吉林大学出版社2000年版，第22页。

❷ 同上书，第15页。

第四章 政府环境政治责任

践没有达到公民的要求,公民可以在选举中不投该政治官员的票,不赞成其当选或者连任;而代议机关的追究主要体现在通过制度性的方式来要求政治官员作出一定的行为,达到一定的要求,否则就可以对其进行质询、罢免或者弹劾。

关于政治责任的特征,不同的学者有不同的总结,这里主要从法学和政治学的角度对两位学者的观念进行阐述,并在此基础上对政治责任的特征进行概括。

日本著名的宪法学家杉原泰雄曾经从宪法学的视角对政治责任的特征进行了如下的总结:第一,责任原因不限于违法行为,它包括不适当行为、无能等不符合公共权力担当者身份的行为和态度;第二,责任的内容,从"罢免"这一词可以看出,是剥夺其权力担当者的地位,回到普通市民身份;第三,鉴于政治责任的内容(以回到普通市民身份为限度)和目的(迅速地阻止和尽可能地限制权力滥用和国民的不幸),对政治责任不能适用无罪推定原则,而应该实行"疑罪从有"的原则;第四,从第三点可以导出,与刑事责任不同,政治责任中的举证责任应该由涉嫌的权力担当者方承担;第五,前面已经指出,日本国宪法规定罢免公务员的权力是"国民固有的权力",从而导入了国民追究政治责任的制度;第六,人民追究公共权力担当者的政治责任,必须能得到充分的情报。没有充分的情报,人民便不可能采取准确的行动。主权者人民享有"知情权",公共权力担当者有提供情报的义务。❶ 这里强调的是政治责任原因,其主要包括政治官员的违法或者不适当的言行,而其追究方式主要是罢免等,同时,政治责任还可以是人民来进行追究。当然,这是从不利后

---

❶ 杉原泰雄:"公共权力的担当者与政治责任——日本国宪法下的理论和现实",周作彩译,载《外国法译评》1995年第1期。

果的制裁角度来论述的一种政治责任,没有从积极职责的角度来认识政治责任。

而我国张贤明教授则将政治责任的特性总结为:第一,法律责任必须有法律的明文规定,政治责任则不可能完全精确地由法律明文规定。一种政治行为,如制定一项不合时宜的政策可能并不违法,甚至从形式上来看非常合法,但必须承担相应的政治责任;第二,政治责任的实现相对于法律责任特别是刑事法律责任的实现而言具有优先性;第三,法律责任有其专门的评价机关,政治责任则不必也不能仅以专门机关来评价;第四,政治责任与法律责任的承担方式不一样。政治责任主体的角色是多重的,可能承担的责任也是多重的。作为法律责任的主体,其法律责任的承担方式主要可以分为三种:民事责任、刑事责任、行政责任。第五,法律责任是不连带的,政治责任是可以连带的。政治责任的连带性体现在,政治责任主体不仅要对自己的行为负政治责任,而且可能因为其下属的机构和人员的行为而承担政治责任。但是,法律责任是个别的,任何人违法犯罪,其法律责任只能由其个人承担而不能累及他人。❶ 他的这种论述主要是从政治学的角度来对政治责任的特征进行概括,认为政治责任不存在专门的责任追究机关,同时也认为政治责任是可以连带的。这样的概括是非常准确的,当然他对政治责任的概括也主要着眼于制裁性的政治责任。

但本书认为,对于政治责任的特征的概括,应从政治责任的概念入手,使两者能够衔接,而不能仅仅就制裁性的方面来论证政治责任。因此,可以将政治责任的特征归纳为以下的几个

---

❶ 张贤明:"政治责任与法律责任的比较分析",载《政治学研究》2010年第1期。

方面：

1. 政治责任是现代政府责任体系中的一个部分。现代政府应处于一种负责任的状态，这是责任政府的应有之意。而责任政府所具有的责任是一个体系，包括多种责任形式，如法律责任、行政责任、政治责任等，甚至还有学者认为国家赔偿责任也是一种责任政府的责任形式。❶ 由于不同的责任形式具有不同的特点和作用，要政府承担责任，应注意各种责任的适用范围和适用方式。而政治责任是政治官员承担责任的一种方式，主要是通过对政治官员的追究，要求其履行一定的职责，并根据追究主体的判断，对政治官员是否履行了其职责提出要求并进行判断，从而可以发挥外部监督作用，并发挥代议机制的作用。

2. 政治责任具有特殊性。如前所述，政治责任是一种政治官员的责任形式，并且在现代社会具有自身的价值，是其他责任形式所不可取代的。这是由其本身具有的一定的特殊性决定的，主要体现在：（1）评价标准是特殊的——政治责任与法律责任的评价机关是不一样的。我国台湾学者萨孟武先生认为："就政治上的责任而言，行政是否合理法律上没有任何标准，在民主制度下以公意为衡量标准，公意认为是就是，公意认为非就非，而表示公意的，直接为人民，间接为议会，所以政府对人民或议会负政治责任，换言之，政治责任是由人民或议会来判断的。"❷ （2）是否需要法律的规定是特殊的。政治责任一般不需要法律的明确规定，而法律责任则必须有法律的明确规定。（3）是否需

---

❶ 张成福："责任政府论"，载《中国人民大学学报》2000 年第 2 期。
❷ 张贤明：《论政治责任——民主理论的一个视角》，吉林大学出版社 2000 年版，第 64 页。

要承担连带责任是不同的。政治责任需要连带责任,而法律责任则不承担连带责任。

3. 政治责任包括积极的政治责任和消极的政治责任;从政治责任的构成来说,责任是职能与制裁的统一。❶ 而职能就是一种积极责任,制裁是一种消极责任。在现代社会,政治责任中,更被重视的是政府职责的履行,因为只有政府履行职责,才能更好地履行其职能,社会才能更好地获得益处。对消极责任的追究,其实更主要的目的是为了让政府在今后的工作中能接受教训,更好地履行职责,而不是仅仅为了制裁。

三、政治责任的意义

强调政治责任,是为了保证让政府处于一种负责任的状态,从而避免其在工作中怠于行使职权、滥用职权、不当行使职权等现象的发生,保证政府的行为处于一种监督之下。此时在分清宪法意义上的政治责任和行政意义上的政治责任。宪法制度意义上的责任政府的实质是政府对选民负责,为选民服务;它以维护政府的民主性质为根本。行政制度意义上的责任政府可以服务于民主,但并不一定如此。行政制度意义上的责任政府所要解决的问题是行政机关内部的权责关系,其主要目标是提高行政效率和惩戒官员的渎职等错误。❷ 进行这样的区分是为了对目前我国的行政问责制中的政治责任问题区分。

一般宪法意义上的政治责任,主要有如下的意义:

1. 是保证代议制的设立目的能够实现。代议制强调的是一种人民间接地行使权利的制度,人民一般不直接行使权利,而是

---

❶ 蒋劲松:《政府责任新论》,社会科学文献出版社2005年版,第1页。
❷ 同上书,第37页。

通过选举代表来代表自己行使国家权力。通过代议制，人民选举出政府，但政府在被选举出来后，是否会按照人民授权的目的来行使职权，就需要对此加以监督，让其处于议会或人民的直接的监督之下。

2. 是现代福利国家的必然要求。代议制要求政府必须对议会负责，虽然有人将国外的几种政府和议会关系的形态分熔权制（如英国）、分权制（如美国）和监督-仲裁-保障权力制（法国）这几种形式，❶ 但其中都有共同的特点，即议会可以对政府形成强大的影响力，从而对政府履行职责起到重要的推动作用。

特别是在现代福利行政时期，已经不是消极行政时期，政府需要承担的职责越来越多，这时，对于政府需要承担的职责就需要不断地通过政治责任的体系和机制来加以推动，从而可以及时地将民众的需要通过这一系统传递到行政系统中去，以便及时地回应社会生活和公众的需要。

3. 通过对政府政治责任的追究，保证其职权的行使能够合法有效地进行。

四、政治责任的主体

这主要是指在政治责任体系中，谁可以要求谁承担责任的问题。在政治责任中，由于思考的角度不同，其主体也会呈现出相应的不同。如有学者认为：传统的政府责任并不意味着政府最终在对选民负责，划分责任政府与非责任政府制度的标准是看政府是否对议会负责。与此不同，本书提出的责任政府理论在划分责任政府与非责任政府的标准上是看政府是否对选民负责。❷ 就是

---

❶ 蒋劲松：《政府责任新论》，社会科学文献出版社2005年版，第29页。
❷ 蒋劲松：《政府责任新论》，社会科学文献出版社2005年版，第6页。

将政治责任的问责主体界定在选民和议会,并且对两者的关系进行了区分,表面上体现为对议会负责,而实际上却是最终向选民负责。这是一种广义上的政治责任的问题。但本书认为,在代议制民主下,虽然人民是国家权力的终极来源,但由于主要的政治活动还是在议会和政府间进行的,因而,主要还是议会与政府之间的关系,只有在个别的情况下,才会出现由选民来决定政治责任的问题。因而,本书将政治责任中的责任承担主体界定为政治官员,而将政治责任中的责任追究主体界定为议会(在我国是人大和人大常委会),只有在个别情况下才会出现由选民来追究政治责任的情形。

五、政治责任的方式

政治责任的内容一方面指执政机关履行职能、义务,另一方面又指执政机关为履行职能或义务失败而承担宪法后果或接受宪法制裁。前者主要有提出和说明竞选政纲、提出和说明政府政策、实施法律、报告和说明政府工作,这是执政机关履行职能或义务必须采用的责任方式;后者主要有服从选民裁决、辞职、接受弹劾—审判—或起诉—审判,这些是执政机关为履行宪法职能或义务失败而承担宪法后果或接受宪法制裁所必须采用的责任方式。[1]

在职责方面,主要的责任实现形式有:提出和说明政府政策、实施法律、报告和说明政府工作,按照议会作出的决议来履行相应的职责。

在不利后果方面的实现形式有:接受质询、辞职、接受弹劾等。

---

[1] 蒋劲松:《政府责任新论》,社会科学文献出版社2005年版,第320页。

第二节 环境政治责任的优势

在环境法制中，要政府承担政治责任，有其内在的优势，因此，需要强调完善和重视环境政治责任机制的实现。

一、与行政责任的区别

环境行政责任是行政系统中，依据上下级关系而进行的责任追究和承担的方式。两者的区别有：

1. 环境政治责任是一种外部责任，环境行政责任是一种内部责任。这是从责任追究主体与承担主体之间的关系上来说的。行政责任是行政系统上下级之间的责任承担形式，总体来说是一种内部关系，而议会与行政系统之间的责任承担则是一种外部关系。由于两者之间的关系不同，所以追究的独立性相对来说要强一些，而且更具有可信性。

2. 一种是动态的、一种是静态的关系。立法机关的控制是静态的，不能进行长期的控制，而行政机关的自控是动态的、持续性的。立法机关的控制是外部的，并且往往缺乏必要的专业性技术性，行政机关的自控可以克服这一点；立法机关的控制是个案监督的，而行政机关可以对许多事物进行全面的控制。所以，"代议机关的立法或监督往往是迟缓的，且效果不佳"[1]，行政机关的自控却是及时有效的。

3. 一种只针对政治领导人，一种既可针对政治领导人，也可针对一般的行政人员。环境政治责任主要针对一定区域内的整体环境保护水平，仅仅在一定条件下针对具体的环境事件，所

---

[1] 杨伟东：《权力结构中的行政诉讼》，北京大学出版社2008年版，第10页。

以，环境政治责任可以对政治领导人产生一定的压力，促使其从整体上加强对环境的保护。环境行政责任，不仅可以针对整体环境保护，而且也可以针对具体的环境执法行为。这样两种责任形式就各有其作用的空间。特别是，政治责任往往是由议会来追究的，这里存在政治判断的问题，即议会（最根本还是民众的要求）对于环境的保护程度以及如何在环境保护与经济发展间进行选择，这种选择的优势是环境行政责任所不可取代的。

从这几个方面来看，环境政治责任与环境行政责任相比，环境政治责任具有相当的优势。首先，环境政治责任可以从整体上对行政机关进行监督。在环境政治责任中，议会可以针对领导人的行为，在财政和人事两个方面进行监督，然后通过政治领导人来对整个行政系统进行监督，从而促使整个行政机关履行环境职能，并保证整个社会环境保护的意志通过议会向行政机关予以传递。这样，议会只需要确定最终的环境保护目标并予以监督，具体的实施方法，可以由行政机关在法律范围内进行选择。这体现了一种整体性控制的思路。其次，环境政治责任体现了议会在环境保护上的一种决断与选择。按照我国台湾学者萨孟武先生的观点："就政治上的责任而言，行政是否合理法律上没有任何标准，在民主制度下以公意为衡量标准，公意认为是就是，公意认为非就非，而表示公意的，直接为人民，间接为议会，所以政府对人民或议会负政治责任，换言之，政治责任是由人民或议会来判断的。"❶ 在环境政治责任中，这一观点更具有说服力。议会可以在环境保护水平及环境保护与经济发展关系的处理问题上进行判断与选择，议会的这种判断与选择对于行政机关的环境行为

---

❶ 转引处：张贤明：《论政治责任——民主理论的一个视角》，吉林大学出版社2000年版，第64页。

具有决定性的作用。这也是环境行政责任不具有的优势。

二、与法律责任相比的优势

法律责任是指通过法院来要求行政机关承担的责任。在现代社会，司法是解决社会纠纷的有效机制，目前我国也非常强调环境司法问题，其中也包括环境行为诉讼问题，环境行政诉讼主要就是一种环境法律责任。政治责任与法律责任相比有如下的优势：

1. 政治责任更具有弹性。如前所述，政治上的责任没有具体的标准，政治机关可以根据民众的要求来要求行政机关采取一定的措施改善环境。而法律责任，法院必须考虑法律的规定，且司法机关的控制主要体现在诉讼过程中。由于司法权具有被动性、消极性的特点，司法机关不能主动对行政机关的活动进行审查；司法机关的审查活动只针对个案进行，不能解决一些具有普遍性的问题；司法机关只进行合法性审查，对合理性问题不能进行审查，而且也没有相应的审查能力；司法的监督审查注重程序性，耗费的时间和精力非常多，而行政机关的自控可以克服这些缺陷，可以做到及时有效地进行监控。

2. 政治责任追究的是领导人的个人责任。法律责任一般追究的是违法行政行为，要求违法的行政主体承担责任，是一种集体责任；只有在公务员个人的行为构成了犯罪的情况下，才追究其个人责任。但政治责任不追究一般公务员的责任，只追究政治官员的责任。政治责任的追究形式主要是对政治官员进行质询、罢免和弹劾，也就是说，主要通过影响政治官员政治前途的方式来进行追究。由于政治责任对政治官员的影响很大，而政治官员一般都是各政府或部门的行政首长，根据首长负责制，他们可以对本机关或本部门的公务员形成有效的压力，从而促进整个行政机关认真履行环境保护职责。

3. 政治责任更具有权威性，如果说法律责任主要是追究行政机关的责任或者是犯罪的公务员的个人责任的话，那么，法院在其他方面就无能为力了，特别是无法追究一些政治官员的责任。但政治责任正好可以弥补这一缺陷，因为，在我国和世界上大多数国家，行政机关应服从议会的决议，议会可以对政治官员进行弹劾和罢免，而且也可以对政府的财政进行控制，这样就可以从人事和财政两个至关重要的方面对政府形成强大的压力，这是法律责任办不到的。正如学者所言："对于政策性问题，由立法机关或者行政机关决定更为适宜。"❶

通过政治责任和法律责任的区别可见，政府的环境政治责任是非常重要的一种责任方式，特别是在环境法制这样的具有很大的裁量性和积极责任的方面，当议会要求政府承担一定的环境职责时，可以对政府形成强大的压力，从而促进政府的环境治理工作，促进环境的改善。

第三节 我国环境政治责任的现状及原因

通过上面的论述可知，政治责任在环境法制中具有重要的作用，可以促进政府积极履行环境保护职责，并且对没有履行或者没有较好地履行环境职责的政府官员形成强大的压力并进行责任追究。而且与行政责任与法律责任相比，政治责任具有一定的灵活性，可以充分体现民众的要求，反映整个社会的需要，是一种非常有效的责任形式。但我们也要认识到，由于现代政治的发

---

❶ 栾志红：《政法视野中的排污权交易制度研究》，中国人民大学2009年博士学位论文，第111页。

第四章 政府环境政治责任

展，行政在整个社会中的作用越来越大，出现了季卫东先生所言的"行政国家"的趋势，这种趋势在国际上具有共性。而具体到我国，则更为明显，因为我国有着长期的行政权力优先的传统，而且，我国现行的人大和行政高度同化的特点，更加重了行政国家的份量。从而，我国的环境政治责任在现实中并没有得到有效的发挥。

一、国外环境政治责任的事例

在国外，由于权力分配体制较为完善，议会对于政府的行为具有较大的影响力，从而可以促进政府履行环境保护职责，当政府没有履行或者没有履行好环境职责时，议会也会对政治官员形成有效的监督与制约。其具体的做法有：

1. 通过制定法律要求政府履行环境职责

现代议会要求政府履行环境职责的基本方式是通过制定环境法律来要求政府履行环境职责。因为，现代立法权是由议会行使的，行政机关虽然有立法权，但这种权力与议会的传统立法权是不相同的，一般属于授权立法，无论是其立法权力的来源还是立法的效力从属于议会立法。在 20 世纪六七十年代，由于环境问题引起了全社会的关注，社会的这种关注也会影响到立法，因此，议会的环境立法也大量出现。这从美国和日本的环境立法中也可充分地看出。如美国在 20 世纪的 60 年代，由于环境问题的严重性，国会通过了《国家环境政策法》，在该法中赋予了行政机关环境管理职权，同时也规定所有联邦政府机关，确保其职权与各项政策的执行符合该法规定的目的、宗旨及程序，并规定总统要向议会汇报全国的环境保护状况。这样的规定，不仅授予了行政机关行政职权，而且也对其影响环境的行为提出了要求。在其他环境法律中，则规定了行政机关的具体的环境职权和行使职权的要求，明确了其职责和责任。日本也是如此，日本在快速的经济发展过程中，由于没有顾及环境保护，造成了大量的环境问题，被称为"公害列国"，引起了国民的强烈不满和大量的反抗。在这种形势下，日本的国会制定了大量的立法，要求行政机关执行环境法律，保护和恢复国家的环境，这一届国会因而被称为"公害国会"。通过大量的立法和行政机关的严格执法，日本的环境迅速好转，日本成为世界上环境较好的国家。可以说，日本国会的环境立法在其中也是功不可没的。

2. 通过政治决议要求政府履行环境职责

当然，议会也不是完全依靠立法来要求政府承担环境保护的职责，也可以通过一些议会的决议来要求政府履行环境保护职责。这主要有两个方面的原因，一方面是因为议会的立法程序比较复杂，而且也存在着党派之间在立法上的争斗；另一方面是因为有些地方议会是是没有立法权的，不能通过立法的形式来要求政府承担环境保护职责。但没有立法权，议会也可以通过其他的方式来要求政府履行环境职责，通过议会的决议就是一种常见的方式。例如，日本地方议会对待产业的态度，对于地方政府的影响就是非常明显的，正是由于地方议会对于政府的压力，才促使地方政府采取大量的行为来预防公害，特别是与企业签订"公害防止协议"，提高企业的环境保护标准，从而有利于各地的环境保护工作。最典型的是 1964 年 9 月，日本的沼津市举行了两万多人的居民反开发联合大会，沼津市议会在"全员协商会"上集体反对继续开发建设石油联合企业。议员们的这一态度对政府形成了强烈的压力，促使政府当即决定停建一些电力、精炼

油、石油化工企业的项目并停止征地，以保护当地的环境。❶

3. 通过财政拨款要求政府履行环境职责

众所周知，议会有财政拨款权。关于议会拨款行为的性质，日本学界有不同看法。一般认为其具有准立法的性质。但无论是何种观点，议会具有财政权是不容置疑的，这种财政权可以在政府环境责任的履行中起到重要的作用。例如，议会可以通过增加财政拨款来促进环境保护。目前西方发达国家在环境保护方面的拨款占 GDP 的比例非常高，从而促进了其环境保护工作。

4. 通过政治问责追究没有履行环境职责的政治官员的责任

当议会认为政府没有尽到环境保护的责任时，基于现代政治制度的原理，议会完全可以对政治官员进行弹劾、罢免、质询等责任追究工作。由于各国的政治体制并不相同，使得这些工作具有不同的特点。但毋庸置疑的是，议会完全有权力来对政府的工作进行监督，对政治官员的行为进行审查，从而对其行为作出评价。这体现了环境政治责任的要求。

二、我国环境政治责任的体现

我国是以人民代表大会制度为根本政治制度的国家，人大是国家的权力机关，各级人民政府是国家的行政机关，人民政府是人大的执行机关，执行人大的决议和法律，接受人大的监督，向人大汇报工作。从理论上说，我国人大所具有的政治责任的权能更加完整。但在实际上，我国人大追究政府政治责任的情形是较少的。

我国人大要求政府承担政治责任的方式与国外基本相同。主

---

❶ [日] 桥本道夫：《日本环保行政亲历记》，冯叶译，中信出版社 2007 年版，第 43 页。

要有：一是制定相应的法律，由于我国的立法权限的法定要求，我国主要是全国人大及其常委会具有立法权、地方有权的人大及其常委会具有立法权，具体是省级人大及常委会、较大市的人大及常委会、民族自治地方的人大具有立法权；二是通过决议的方式来要求各级人民政府履行环境保护职责，由于人民政府是人大的执行机关，因而执行人大的决议是各级人民政府的法定职责，如果各级人大通过了相应的环境执行的决议，则各级人民政府具有执行的义务和职责；三是通过财政预算来加强环境保护，我国各级人民政府的财政预算需要同级人大批准通过，各级人大对于环境保护预算的批准对于环境保护也具有直接的影响。

最后是通过责任追究的方式来体现环境政治责任。在这方面我国有一个特别珍贵的实例，这一实例就是我国人大对于政治官员追究环境政治责任的典型案例。

2000年1月25日，出席广东省九届人大三次会议的佛山代表团的20名省人大代表就南江工业园电镀城污染问题质询省环保局。省环保局答复后，人大代表进行了表决，对答复满意与不满意比为5∶23，人大代表要求受质询机关再作答复。次日上午，省环保局继续答复，因对再次质询结果更为失望，钟信才等21名代表联名向大会建议撤换王子葵省环保局副局长职务，同时要求约见分管环保的汤炳权副省长。此次质询导致省环保局局长被调离，一名副局长被撤换。这起质询案轰动全国。

三、我国人大政治责任过少的原因

虽然我国也存在着由人大来要求政府承担环境责任的情形，但总体来说，我国政府对环境政治责任的承担是非常少的，在环境责任的体系中处于不太重要的地位。究其原因主要有以下几个方面：

第四章　政府环境政治责任

1. 思想观念的原因

人大与政府甚至整个社会都存在快速发展经济而不重视环境的观念，这种观念必然会对人大追究政府的环境政治责任产生影响，因为人大也是社会的产物，也处于社会之中，社会的观念对人大也起到了决定性的作用。正是基于这样的观念，一些地方的人大为了保护当地的经济发展，会通过立法的形式来限制环境执法。例如，安徽省合肥市人大制定的《合肥市优化投资环境条例》，就有许多限制环境执法的条款。该条例第 34 规定："行政机关依法对企业进行执法检查，应当事先拟订包括检查依据、时间、对象、事项等内容的检查计划，并在实施检查 30 日前报同级人民政府企业负担监督管理部门和法制机构备案。"第 37 规定："同一行政机关对同一企业的执法检查每年不得超过一次。"

有法律人士就认为：《合肥市优化投资环境条例》对包括环境执法在内的其他执法检查行动设置了检查依据、时间等内容的限制性前提条件，实际上否定了《环境保护法》第 14 条、《水污染防治法》第 25 条等国家环境法律所认可的非定期现场检查的执法形式，把环境保护行政主管部门的现场检查活动变相地限定成了定期检查活动，限制了国家法律授予环境保护行政主管部门的行政监管权力。❶

作为立法者，应该代表人民的利益来保护环境，但在本案中，人大却是对环境执法严格加以限制，这充分反映了一些地方整个社会环境对经济发展的偏重，以及对环境保护的漠视。

2. 政治思想的原因

我国有一种观念，认为人大和政府之间是相互配合、相互合

---

❶ 步雪琳："合肥地方性法规限制环境执法 律师所上书全国人大建议撤销"，载《中国环境报》2007 年 7 月 24 日，第 5 版。

作的关系，强调对政府的监督会造成人大与政府关系的紧张与对立。同时，在我国政治制度的设计上，人大与政府同属于中国共产党的领导，人大也应该在党的统一领导下来行使监督工作，而不能脱离党的领导独立地对政府工作进行监督。在实际工作中，人大对政府的监督往往是程序性的，监督力度是非常薄弱的。人大对政府工作报告和财政报告基本上都是表示赞成，以防止对政府的工作造成"妨碍"。这一状况，大大减少了人大的监督效果。在这样的思想指导下，让人大要求政府来履行环境责任，或者是追究没有履行好环境责任的后果，就显得非常困难。

3. 人大代表与政府官员的同质化现象严重

人大在对政府的监督上往往会碍于情面。在我国，人大与政府之间的同质化现象严重，虽然现在国外也存在这样的现象，但在我国这一情况的负面作用尤为明显。主要体现在：一是人大的官员往往是从政府退下来的；二是人大代表中有相当大的比例的代表是各级政府官员；三是人大与政府官员绝大部分是中共党员，都受党委的领导。在这样的体制下，人大代表对政府的监督是非常薄弱的，即使有时候也会有一定的监督，但效果是不明显的，更不用说要求政府承担或者追究非常复杂的环境责任了。在这样的背景下，政府对环境政治责任的承担就非常少了。

4. 社会力量的影响力较小，人大对政府的监督没有外在的压力

环境问题是社会发展到一定的水平时，因为没有重视环境保护的产物，解决环境问题也不能仅仅依靠政府，需要全社会的重视和行动。在国外，社会力量对于环境问题的重视及发起的环境运动，对环境问题的解决就具有重要作用。上文介绍的 1964 年 9 月日本沼津市的民众的抗议行为就是一个很好的例子，由于大量民众的示威抗议，对政府形成了强大的压力，环境问题最后才

得到了有效的解决。反观我国，一方面我国民众的环境意识还比较薄弱，"重经济发展轻环境保护"还是一种主流的环境意识；另一方面，我国民众的集体行动能力不强，只有在环境问题非常严重时才会采取一定的集体行动。当然，我国政府严格控制民众集体行动，也影响到了环境保护力量的形成与发展。

由于没有社会力量的环境行动，一方面没有给人大形成足够的压力，特别是我国的人大代表选举制度导致民众对于人大代表的决定影响较少，这样人大代表就没有动力去支持各地的环境受害者；另一方面，社会各界也没有给人大以支持的力量，由于在我国行政权力的力量一直处于独大的地步，而人大的权力相对较弱，在这时候，如果社会的力量给予人大以足够的支持，人大也会对政府形成一定的压力，从而促使政府履行环境责任，但由于我国的国情，导致人大不能获得来自社会的压力和支持，从而出现对环境政治责任的实现机制无力的状况。

第四节 完善我国的政府环境政治责任的构想

如前所述，我国目前在实现政府的环境政治责任方面还存在着较多的不足，但由于政府环境政治责任有其自身的优势，因而，我们还需要从制度上对此加以完善，从而保证这一制度的效果，促进这一制度的发展。具体而言，需要注意以下的几个方面：

第一，人大改变经济发展的观念。由于长期的社会贫困和国家受压迫的沉痛历史，我国民众和官方都以富国强兵作为国家的根本的任务，在这一指导思想下，对于可持续发展就不够重视，出现了以经济发展为唯一目标的整个社会的观念，人大也不例外。因而，要实现政府环境政治责任，就必须改变对经济社会发展与环境保护的关系的认识。不以 GDP 论英雄，对政府在环境保护方面的职责应加以重视，并利用人大对政府的人事和财政方面的审查监督权力来监督政府的环境职责的履行，并对未能履行职责的政治官员加以制裁。只有观念上改变，做到真正以可持续发展作为经济和社会发展的根本指导思想，才能使政府环境政治责任起到应有的作用。

第二，在制度上保证政府环境政治责任的实现。在我国，对于政府的政治责任问题，在环境法律制度中并没有明确、具体的规定，只是在宪法中作出了一般性的规定，这样的规定对于环境保护并没有起到应有的作用。因而，需要在法律中对于政府的环境政治责任加以明确，在国外的环境法律中就有这方面的规定，如美国的《国家环境政策法》就规定总统应每年度向国会提交环境质量报告，以提供国会的监督。日本的《环境基本法》第12条也规定："政府应当每年向国会提交一份有关环境状况和政府采取的有关环境保护政策和措施的报告。政府每年应当在考虑前款报告中有关环境状况的基础上，作出明确将要采取的政策和措施的文件，并将其提交国会。"

但我国的环境法律中并没有这样的规定，从而环境保护的监督就没有着力点。但可喜的是，我国的地方环境立法中已经有这样的规定了。例如，《深圳经济特区环境保护条例》就规定了明确的政府履行环境责任的制度，如规定了政府环境质量的报告制度。要求各级人民政府应该向同级人大报告，市、区政府应当按年度分别向本级人民代表大会常务委员会报告环境责任目标、任务、年度实施计划的执行情况，并通过政府网站等途径向社会公布（第8条）。这也是一种具有特色的制度。如前所述，我国的《环境保护法》只规定了地方人民政府对本辖区的环境责任负责，但如何负责没有规定。《条例》第8条就是针对政治责任而言的。在我国，人大是权力机关，人民政府是同级人大的执行机关，各级人民政府应向人大负责，对人大汇报工作。因而，政府在环境保护方面所做的工作，应向人大负责和汇报，接受人大的审议和监督。《条例》的规定，可以发挥人大对人民政府的环境保护工作的监督作用。

因而，中央的环境法律和其他地方的环境法律也应该就此问题加以规定，从而有利于环境政治责任的实现。

第三，人大应该积极地就环境问题作出一定的决议，要求政府来加以落实。政治责任是一种要求政府对于民众的要求加以回应的责任，在代议制国家，民众的要求主要是由民意代表来表达的，因而，政府应积极地回应民意代表的要求。而我国，在这一方面也是有法律依据的，并且在每年的人大全体会议上，人大代表也有各种提案，然后由有关的部门就提案中的问题加以答复，这也是一种回应，但毕竟只是一种个案中的回应，而且也只是政府的某一职能部门的回应。今后，应在这一做法的基础上加以改进。具体的做法可以是：一是继续保持个案中的提案制度，即由人大代表就某一方面的环境问题的要求提出提案，对政府或者其职能部门提出一定的要求，并要求政府或者职能部门加以答复，如果不满足可以采取进一步的行动；二是全体人大的会议可以作出一定的决议，要求政府或者职能部门采取一定的行动或者不采取一定的行动，以达到一定的环境目标。通过这样的形式，要求政府在环境方面作出一定的行为或者不作为，从而实现一定的环境目标。如果政府不完成或者没有很好地完成人大的决议，人大可以作出进一步的制裁性的决定，从而使政府的环境责任得到实现。

在我国，人大是权力机关，而政府是人大的执行机关，因而政府必须执行人大的决议，所以通过一定的决议，可以将人大的要求表达出来，从而影响政府的环境行为。

第四，人大积极行使质询、罢免权力。在我国，人大的质询、罢免制度基本处于一个虚置的状态，如前所述，这与传统观念和人大代表的构成有关，传统观念认为我国人大与政府是一种协调合作的关系，而不是一种制约关系。在这一背景下，人大的质询权和罢免权就很少发挥作用。为了强化政府的环境政治责任，需要人大改变观念，积极地行使这些权力。随着我国人大代表的参政议政能力和意识的增强，我国人大对于政府的监督也会加强，一些地方人大对"一府两院"的工作报告也进行了否决，说明人大的作用得到了加强。今后在环境方面的政治监督，主要是要考虑如何强化人大的监督权，同时也要考虑相关的配套制度的完善工作，如对于"一府两院"的工作报告否决后如何处理的事件。在国外，如果出现"一府两院"的工作报告被否决，就应该罢免政治官员或者重新选举人大代表。因此，强化人大的质询权和罢免权，以及对"一府两院"报告的否决权，是今后实现政府环境政治责任的重要方式。

第五，发挥人大在财政方面的作用。人大可以利用财政权和人事权来强化对政府环境行为的影响。在西方国家，议会往往会对政府部门的预算和决算进行较多的控制与监督。这样议会对环境保护的财政拨款，就会对政府的环境行为产生影响，如美国国会经常通过财政拨款的方式来影响环境保护。在我国，政府的财政预算比较粗略，人大对于政府的预算的监督还比较薄弱。为了加强环境保护，人大应该加强在环境保护上的财政投入，并监督其使用的效果，保证政府有足够的能力来履行环境责任，当政府没有按照人大的决定和要求履行环境责任时，人大也可以减少财政投入，从而对政府形成一定的压力，这也是促进政府履行环境责任的一种有效方式。

第六，发挥社会力量的作用。如前所述，我国重视环境的社会力量还相当不足,这不利于人大作用的发挥。要发挥人大的作用,也需要发挥社会各界在环境保护上的力量,通过社会力量与人大权力的结合,对政府形成一定的影响,从而促进政府履行环境职责。虽然人大的力量比较薄弱,但如果结合社会各界力量,人大就会获得强大的支持。这样,就会形成一定的合力,保证政府环境政治责任的实现。

第五章　政府环境行政责任

　　政府的环境行政责任是由上级行政机关要求下级行政机关或行政机关要求其工作人员来承担的环境治理责任。在行政国家背景下，立法机关和司法机关对行政机关的监督都存在着一定的缺陷：例如，两者都是外部监督，对于专业技术性问题的监督能力不足等。而在行政体系中，上下级行政机关具有命令服从的关系，上级行政机关可以对下级行政机关的行为进行有效的影响与控制。

　　就我国而言，目前我国人大对政府的监督还是非常薄弱的；而司法机关对政府的监督更是存在着诸多的不足。因此，强调行政体系内部的责任，通过上级机关对下级机关作出具体的要求来实现环境责任，是一种非常有效的制度。我国目前的节能减排责任制，可以说是一种典型的环境行政责任机制。但这种机制的作用机理是什么，以及这种机制存在的问题，仍需要进行梳理，以适应今后在环境治理上的发展。

第一节　我国环境治理政府失灵及对策

　　我国目前在环境方面的立法越来越多，基本上形成了具有中国特色的环境法律体系，并且也建立了相应的执法机制，初步建立了环境保护法律制度。但毋庸讳言，我国的环境法存在着实施严重不足的情况，出现了环境治理过程中的"政府失灵"现象。环境治理过程中的"政府失灵"如何产生及解决，是环境治理所必须正视的一个问题。

第五章　政府环境行政责任

一、政府失灵的基本理论

（一）政府治理环境的原理

一般而言，在市场经济条件下，资源应由市场来进行配置，从而实现资源效率的最大化，政府不应对市场进行干预。但市场也存在内在的缺陷，如产生垄断、不能提供公共物品、容易限制弱势群体的权利、具有外部性等问题。为了弥补市场的缺陷，就需要政府对市场进行干预，纠正市场自身的不足，保证社会公平、实现社会正义。就环境而言，环境是一种典型的公共物品，因为环境具有非排他性、私人不经济性等特点，而且环境的治理成本巨大，是一般私人所不能提供的。所以在现代国家，由政府对环境来进行治理是必不可少的，随着环境问题的日益严峻，国家环境管理职能不断增加，而且还有继续扩展的趋势。产权理论认为环境污染是因为产权不明晰造成的，如果产权明晰的话，权利人就会采取措施来保护自身的环境。但即使从这个角度来看，也要首先由政府将环境进行产权界定，而环境产权的界定也是需要政府通过复杂的制度设计才能实现，这也是需要政府加以干预的。

（二）政府失灵

在进行环境治理时，也并不就意味着市场解决不好的环境问题，政府就可以解决好，因为政府也面临着失灵的问题。政府失灵也叫政府失败，"是指个人对公共物品的需求在现代代议制民主政治中得不到很好满足，公共部门在提供公共物品时趋向于浪费和滥用资源，致使公共支出规模过大或者效率降低，预算上出现偏差，政府的活动并不总像应该的那样或像理论上所说能够做到的那样'有效'"。❶可见，政府失灵也会引起整个社会福利的损失，对社会的危害是巨大的。

（三）政府失灵的原因

政府失灵主要包括两种类型，"一是功能性政府失灵：政府在干预经济过程中，由于信息不完全、政策手段乏力等原因而造成的政府失灵问题，包括宏观经济政策失败、反垄断不力等方面；二是制度性政府失灵：这种失灵来源于政府体制内在的缺陷，如官员并不代表公共利益、利益集团力量过于强大、政治监督体制不力等，使得政府在干预经济的过程中造成了新的问题，包括权力寻租、政府行为低效率、官僚主义等。"❷从这两种类型的分析可知，政府失灵的原因主要有客观和主观两个方面的原因：客观方面是政府的能力不足的问题，包括信息不完全、政策执行能力限制等；而主观方面是指政府失去了其本来特性，即其应具有的公共性。政府是为了维护公共利益而存在的，但政府或其官员也会出现谋取私利的现象，当对政府的行为缺乏必要的制约和监督手段时，政府就会损害公共利益而谋取自身或官员个人的不当利益，这是一种因主观原因而造成的失灵。当具备一定的主客观条件时，政府的行为就会失灵，达不到社会对政府的预期。

二、政府失灵在我国环境治理中的表现

政府失灵在我国的环境治理中是大量存在的，具体表现在：

1. 存在大量的环境问题未能治理。我国现在面临着非常严

---

❶ 忻林："布坎南的政府失败理论及其对我国政府改革的启示"，载《政治学研究》2000年第3期。

❷ 朱光磊：《现代政府理论》，高等教育出版社2006年版，第131页。

第五章 政府环境行政责任

重的环境问题,几乎所有环境要素都受到了严重的污染。如我国的环保部副部长潘岳所言,我国的化学需氧量排放是全世界第一,二氧化硫排放量是全世界第一,碳排放是全世界第二,十年以后第一。我国的江河70%受到污染,40%受到严重污染,流经城市的河段普遍受到污染,城市垃圾无害化处理率不20%,工业危险废物、化学物质处理率不足30%。三亿多农民喝不到干净的水,四亿多城市人口呼吸不到干净的空气,其中1/3的城市空气是严重污染。1/3的国土被酸雨覆盖,"逢水必污、逢河必干、逢雨必酸"。❶ 这样严峻的环境污染形势,对于我国人民的生命健康构成了严重的威胁,也对生产经营活动会产生严重的影响,也会给我国的经济和社会发展带来隐患。

2. 大量地区的环境治理效果较差。如果说,有许多环境污染是由于经济发展而造成的,政府没有意愿来对污染加以预防与治理,这是政府的不作为而造成的,似乎还看不出政府治理能力的高低,只是政府环境治理的决心和意愿问题。但政府的一些环境治理行为也屡屡失败,这就是政府环境治理能力问题了。例如,我国对滇池、淮河及太湖水污染的治理,虽然政府投入了大量的资金,但这些流域的治理却根本没有达到预期的效果,甚至有人认为政府的治理投入打了水漂,属于治理上的完全失败。最典型的体现就是2008年太湖流域大规模的蓝藻爆发,将沿岸人民置于了无水可用的境地。这样的状况,说明政府环境治理能力也存在着问题,也是一种政府失灵。

3. 存在大量的环境违法未能查处,政府本身也存在着大量

---

❶ 潘岳:"中国环境问题的思考——潘岳副局长在第一次全国环境政策法制工作会议上的讲话",见 http://www.mep.gov.cn/gkml/hbb/qt/200910/t20091030_180621.htm.

的环境违法。目前，在我国还存在着大量的企业环境违法行为，而对于违法行为的查处是政府的一个基本职能。但实际情况是，政府对于企业的环境违法行为，采取了姑息迁就的态度，大量的环境违法没有得到查处，即使得到查处的也存在违法后果和违法责任不成比例的问题，如紫金矿业污染事件，该企业一直存在环境违法现象，但没有得到有效的查处，在 2010 年的污染事件中，企业造成的损失达数亿元，而环保部门对其的处罚甚至不到一千万元。更可怕的是，不仅政府对环境违法不采取有效的行动，而且政府本身的环境行为也存在着大量的违法。比如政府没有严格地按照环境法律的规定来对企业的申请进行审查，甚至对于环境污染的企业完全放弃了审查，放手让其在本地从事污染行为；更有甚者，政府对于严格执法的环境部门还进行打压，完全与违法者站在了一个立场上，对环境产生了严重的破坏。

4. 大量的环境侵权受害人的权利未能得到救济，反而受到压制。由于我国环境污染严重，环境污染的受害人越来越多，而这些受害人必然要采取各种方式来维护自身的权利，这样就产生了大量的环境纠纷。这些纠纷已经在一些地方形成了群体事件，2007 年，前国务院副总理曾培炎在中国环境宏观战略研究项目启动会议上指出，我国因环境污染引发的群体性事件，以每年 30% 的增幅发生。❶ 当因环境污染产生纠纷后，作为地方政府应及时采取措施保护当地的公众，维护其合法权益，制裁违法的企业。但实际情况却是，各地政府对于环境污染采取了听之任之的做法，而对于公众的维权行为却采取了压制，甚至是打击的做法，严重损害了受害公众的利益。

---

❶ 姚奕：" 污染引发群体性事件年增 30%"，载《法制晚报》2007 年 5 月 11 日，A26 版。

三、环境治理政府失灵的原因

政府失灵是现代社会一种普遍的现象，由于各国的经济社会发展的不同，政府失灵的原因也是不同的，而且在各个不同领域里，也各有其不同的特点。在我国环境治理的政府失灵中，具体的原因主要有以下几个方面：

（一）政府失灵是由于政府存在经济人的特性

政府也具有经济人的特性，这是公共选择理论在理论上的杰出贡献。该理论认为，政府是由政府官员组成的，政府的行为规则是由政府官员制定，政府的行为也需要政府官员实施，而这些政府官员都不可避免地带有"经济人"的特征。政府同样也会犯错误，也会不顾公众利益，追求由政府成员所组成的集团的自身利益。❶ 虽然这一理论存在着一定的片面性，因为作为人类，不仅具有经济人特性，还可能具有政治人和道德人的特性，但这一理论对于认识政府行为的利益趋向还是有重大意义的。根据这一理论，政府在制定和执行公共政策时，会考虑这一政策对自身利益上的影响，如果有不利影响就会不制定，或者在制定后不予执行。我国的环境治理上的政府失灵也可以从这一方面进行分析。我国环境执法存在着大量问题，主要就是地方政府没有严格地执法，甚至是阻挠执法而造成的，之所以会产生这样的结果，是因为政府从这些行为中获得的利益大于严格执法的利益。

1. 是政府的 GDP 至上的观念。我国存在发展经济的强烈需求，可以说全社会形成了对经济发展的盲目崇拜。而政府在这方面表现得尤为突出，由于在我国各地都存在以政府的经济发展来

---

❶ 臧传琴："从'经济人'假设到'政府失灵'"，载《江汉论坛》2007年第2期。

考核领导人政绩的做法，而且经济发展对于政府的其他事业的发展也具有前提性的作用。因而，各地政府将经济的发展置于一切社会问题之上，以经济发展作为官员"政绩"的唯一指标。甚至出现官员之间的"政绩共同体"，形成了上下级官员之间的共谋，即共同追求经济发展，上级官员对下级官员其他方面的违法采取姑息迁就的态度。因为"下级官员的政绩都是上级官员政绩的组成部分。下级官员拼命搞政绩，在某种意义上，就是讨好上级官员的一种明确的表示。因此，上级官员就会对下级官员的某些明显违法乱纪的行为表示一定的理解甚至纵容。下级官员只要能掌握这种平衡，就会获得提拔这类回报"❶。

在这种情况下，"作为理性的人，政府官员在'唯 GDP 增长率'是瞻的政绩考核制度环境中，要么选择以牺牲环境和生态换取 GDP 快速增长，因为只有这样他才会得到比别人更多的职务升迁的机会；要么选择对于环境保护职能的懈怠，因为积极地履行环境保护职能对他个人而言不会带来好处，反而可能使他的 GDP 政绩落在别人的后面。"❷ 这主要指的是各级人民政府的主要官员，但由于环境部门处于各级政府的领导之下，其人事和财政都受到同级政府的绝对控制，没有本级人民政府的强力支持，环境部门即使执法也是没有办法的。顶得住的站不住，站得住的顶不住。这就是环保部门的真实状况。

2. 环境治理的外部性也对政府失灵起到了刺激作用。一般来说，外部性指的是企业行为的影响，但在政府的环境治理行为

---

❶ 于建嵘："教授于建嵘称给官员讲课内容为人话和事实"，载《北京晚报》2010 年 11 月 12 日，第 8 版。
❷ 王曦："论新时期完善我国环境法制的战略突破口"，载《上海交通大学学报》2009 年第 2 期。

中也存在一定的外部性。首先,从正外部性而言,一地政府将环境治理好了,保证本地的环境质量,这固然有利于本地居民的生活质量的改善,但各地的环境有着紧密联系,因此,外地的政府和居民也会享用到其成果,并且不会对此而付费,这就是一种典型的正外部性,这会对一地的政府治理环境的积极性造成影响。而负外部性,指的是一地政府不治理环境行为,却可以将环境污染而产生的后果由别的地方的政府和居民来承担,自己不需要为此支付费用,最典型的是空气污染和流域上游的水污染。由于空气是流动的,而流域的水污染也会流出本地区,特别是流域的上游,完全可以将自身的污染向下游排放,这样,经济发展中获得的利益由本地区享受,而由此造成的损害却由其他地区全部或部分承担,这是一种典型的环境治理的负外部性,会促使一地政府发展本地经济而对环境治理采取消极的态度。

从经济人的角度而言,一地的官员当然不愿意为本地环境治理付出代价,让外地享受本地的环境治理的正外部性,而总是希望分享外地环境治理的正外部性;相反,却总是希望让外地承担自身经济发展而导致的环境污染的负外部性。

3. 政府官员环境治理责任的缺失。由于经济发展与环境治理存在着一定的此消彼长的关系,保护环境在一定程度上会影响经济发展的速度。在这样具有冲突关系的事物中,作为理性的经济人,各级官员自然会对其利弊进行权衡,从而作出自己的选择。

由于通过发展经济可以获得政绩激励,但环境治理却没有相应的激励,而且也没有建立相应的责任机制。在我国,虽然很早就将环境指标作为官员政绩考核的指标,但由于这种指标是一种鼓励性指标,而不是约束性指标,对于官员的影响很小,甚至是一种可有可无的指标,因此,各级地方政府官员对于这样的指标是没有动力来加以执行的。❶ 从这方面来看，地方政府在环境治理上没有明确的具有强制力的责任，当没有完成环境治理目标时，对其没有不利的影响。而如果一地在经济发展上作出了成绩，官员立刻会受到上级的青睐，受到各种鼓励并对官员的升迁产生有利影响。

这样，在正反两个方面的不同强度的刺激，对于政府的官员影响是巨大的。从而也会刺激政府官员放弃环境治理，或者采取一种象征性治理，从而保证真正对其有影响的经济的发展。"象征性治理是与正式的制度规定、主流意识形态导向所描述的理想治理状态存在一定落差的实际治理状态，是次于正式制度所欲实现的秩序的一种治理状态。"❷ 这种治理，在环境法上是非常明显的，导致了环境法没有权威和环境的严重破坏现象。

另外，由于在我国，民众对于政府的制度性压力还没有形成，民众对于环境治理的参与严重不足，特别是作为环境的受害人，有时候也不能对政府的行为进行挑战，只能任由政府在环境治理上采取放任甚至是纵容的态度，偏袒企业、压制公众的环境参与。在这种情况下，政府的压力也是非常小的。在内外、上下的压力都缺乏的情况下，作为地方政府，当然就缺乏环境治理的意愿了。

（二）政府失灵是由于存在着信息不完全的现象

要作出一定的公共决策，需要许多的条件，其中很重要的就是要求政府对所决策事项的相关信息有全面的了解，只有这样，才能制定良好的公共政策。在公共政策作出之后，执行公共政策

---

❶ 齐晔：《中国环境监管体制研究》，上海三联书店2008年版，第2页。
❷ 刘天旭、范风华："象征性治理——对政府治理失灵的一个概括"，载《甘肃行政学院学报》2009年第5期。

第五章 政府环境行政责任

同样也需要政府掌握大量的公共信息，才能对执行效果进行反馈，对政策加以调整，从而保证公共政策的科学性和有效性。而政府在环境治理上掌握的信息总是存在一定的缺陷，从而处于信息不对称的劣势状态。

1. 是政府对于企业的信息不对称。表面上看，政府掌握的信息数量是巨大的，无论哪一个组织都无法与政府掌握的公共信息相比。但这只是表面现象，因为政府掌握信息量大是从总量上而言的，具体到政府与企业个体相比，在企业个体信息的掌握上，政府并不具有优势。"作为管制者的政府掌握的信息与作为被管制者的企业、单位相比，是不完全的、不充分的，因此，政府在信息不对称的状况下处于劣势地位。"[1] 由于信息的劣势，政府对企业环境管制就会失败，出现政府失灵。

2. 上级政府对下级政府的信息不对称。由于政府的环境信息都要由环境监测部门来监测与提供，而环境监测部门也属于各级人民政府，这样地方政府为了保证环境数据于己有利，就会要求环境监测部门的数据进行处理加工。因此，上级部门得到的环境数据就会失真，即使要追究下级政府的责任也由于没有真实的数据而无从下手，上级政府对下级政府的监督就会失灵。新闻媒体本来可以作为重要的信息来源的渠道，通过新闻报道，可以将有关环境治理的信息向社会公开，各级政府可以获得大量的环境信息，从而减少上级获得信息的成本，也避免下级政府向上级政府汇报信息时的失真。但由于我国对于新闻管制较为严格，加上各级政府对于新闻媒体的干预严重，新闻的信息传递作用也会受到限制。这样由于信息不对称，而导致上级无法对于下级的行为作出判断，更没有作出处理的依据。

---

[1] 吴卫星：《环境权研究》，法律出版社2007年版，第147页。

3. 社会与政府及其工作人员的信息不对称。与上述现象相似的是，社会与政府及官员的环境治理行为及效果也存在信息不对称的现象，因而很难发现政府是否尽到了环境治理责任。从代理理论而言，当代理人不能受到委托人有效的监督时，他们就会偷懒甚至会侵犯委托人的利益。由于政府在执法过程中信息不公开透明，公众无法对其行为进行监督，也无法进行评价，从而容易形成偷懒现象，导致了环境法律无法实施，产生了政府失灵。同时，政府相关人员的偷懒，也是导致官僚主义产生的一个重要方面，这也会对环境治理产生不利的影响。

（三）政府失灵是政府的能力存在不足

如果说在政策制定阶段，政府主要是在信息的掌握上存在着不完全性，那么在政策的执行阶段，对于政府的要求就会更高。因为良好的政策在制定出后，只有将其加以执行，才能实现政策的目的，也才能实现公共干预的要求。但政策的执行受诸多因素的影响，如"政策的形成、类型、渊源、范围及受支持的程度，社会对政策的印象；执行机构和人员、主管领导的方式和技巧，执行的能力与信心；目标团体的组织或制度化程度，接受领导的情形以及先前的政策经验；社会的政治、经济和文化环境的不同。"❶ 这些因素中的任一方面或它们之间的配合出问题，都可能招致政策的失效。在我国，由于各方面原因的限制，在这些要素方面都存在一定的问题，因此，政府的执行能力还存在着一些不足，从而在环境管制上存在着政府失灵的现象。

1. 我国的环境治理的投入严重不足。在环境治理上，需要大量的投入，一般而言，一个国家的环境治理费用达到 GDP 的

---

❶ 陈振明："非市场缺陷的政治经济学分析——公共选择和政策分析学者的政府失败论"，载《中国社会科学》1998 年第 6 期。

1.5%时，环境治理才会产生良好的改善趋势。但就我国而言，由于处于经济发展的初级阶段，环境投入长期不足，因而，就存在着整体上治理能力不足的现象。

2. 地方政府的环境治理能力不足。由于环境问题对于各地的影响是直接的，环境治理应是以地方政府为主的一种治理机制。美国在环境治理上的特点就是一个典型，EPA成立以来，其和州环境机构之间的关系逐渐发生了变化，目前州环境机构处于环境规范的前沿，执行联邦授权的700多个联邦环境项目。90%以上的环境执行行动由州启动；94%的联邦环境监测数据由州收集；97%的监督工作由州开展；大多数环境许可由州颁发。❶ 但我国在这方面却存在着地方政府与中央在责任与财政能力上的不对称，造成了地方政府在环境治理上的失灵。在我国，主要的环境事务是由地方政府承担的，但地方政府的税收占全国税收的比例远远低于其承担的环境治理任务，而且地方政府也存在相互之间的协调问题，这是地方政府没有能力解决的。因而，地方政府也面临着环境治理能力不足的问题。

四、环境治理政府失灵的对策

由于政府在环境治理上的失灵，我国已经面临着严峻的环境形势，而且也给公众造成了严重的健康威胁，甚至在许多地方已经因为环境问题而产生了严重的群体性事件，影响了当地的社会安定。因此，需要对政府失灵加以治理，监管监管者。只有让政府严格地守法，才能保证环境治理的效果，从而实现环境善治。

---

❶ Mary A. Gade, Cynthia A. Faur：″美国环境管理体系中联邦与地方政府角色透视″，载《环境科学研究》2006年增刊。

1. 明确环境治理责任

在环境治理中，我国长期以来形成了将环境治理指标作为鼓励性指标的做法，这就在政府官员中形成了环境治理是"软任务"的思维定式，环境治理成为不受重视的领域，以致形成了我国几个"五年规划"中，其他任务都超额完成，只有环境指标没有完成这样奇怪的现象。因此，需要建立环境治理责任制，将环境治理纳入到各级政府的政绩考核目标。只有这样，才能保证政府环境治理的积极性和主动性，保证环境治理的效果。在"十一五"期间，我国的环境治理在这方面进行了有益的尝试，即我国在"国民经济和社会发展第十一个五年规划纲要"中提出了"十一五"期间"节能减排"任务，即提出了单位国内生产总值能耗降低20%，主要污染物排放总量减少10%的约束性指标。这一规定的意义，不仅在于其明确了"节能减排"的具体数额，而且将其作为对各级政府有约束性的指标，为今后其他方面的环境治理作出了示范作用。这样做的效果是明显的，"十一五"已经基本完成了这一目标，这是一个了不起的成就。而将节能减排作为明确的责任是一个最为关键的原因，值得在今后环境治理工作中推广。因为，在环境治理责任明确后，各级政府就会有明确的预期，从理性的经济人的角度出发，政府官员会认识到环境治理失灵的不利后果，从而权衡利弊，减少政府失灵。

2. 进行环境治理责任的追究

明确了环境治理的责任是环境治理的前提，但仅仅有具体的责任还不够，还需要及时地落实相应的责任，做到奖罚分明，责任到位。在这方面，实施"十一五节能减排指标"中的一些做法也值得借鉴。如中央在2007年成立了节能减排工作领导小组，国务院总理任组长。节能减排工作领导小组成立后，每年都要召开工作会议，不仅对节能减排进行协调、作出决策，而且也对未完成任务的省级人民政府的领导人进行约谈。2010年5月4日国务院在《关于进一步加大工作力度确保实现"十一五"节能减排目标的通知》中强调，到"十一五"末，要对节能减排目标完成情况算总账，实行严格的问责制，对未完成任务的地区、企业集团和行政不作为的部门，都要追究主要领导责任，根据情节给予相应处分。这些措施，产生了巨大的震撼，对各省级人民政府的节能减排起到了极大的推动作用。可见，仅有环境治理的目标责任是不够的，还必须及时地进行责任追究，只有这样，才能使政府官员的利益及时地与环境治理效果挂钩，促进各级政府积极履行职责，从而减少政府失灵，实现环境治理的目标。

3. 重视社会力量的问责

要防止环境治理中的政府失灵，就需要发挥社会的力量来对政府行为加以监督。由社会对政府行为进行问责，可以减少政府失灵。虽然上级政府对下级政府的问责也可产生监督作用，但由上级政府对下级政府进行问责是需要较多条件的：一是上级政府需要了解下级政府的大量信息；二是上级政府需要大量的人力物力；三是上级政府需要一定的决心。这些条件往往对上级政府的问责产生一定的制约，影响到问责的效果。而社会力量的问责就可以弥补以上的一些不足：一是社会力量与各地环境直接接触，对当地的环境信息了解最清楚，可以避免信息失真；二是社会力量数量庞大，可以将各级政府的行为都纳入到监督的视野里；三是社会力量可以有直接的动力去监督，而没有上下级政府之间的种种互相影响的关系；更重要的是，社会力量对于环境危害的感受是直接的，而且要求解决环境问题的决心也是很大的。而且，当社会力量对政府失灵行为进行公开讨论时，就避免了上下级机关之间处理问题时的内部性，从而可以公开透明，提高其解决问题的说服力。因而，各国都借助于社会的力量来避免政府失灵，如通过信息向社会公开来对政府加以监督，如英国规定中央政府机关建筑物的能耗必须符合节能标准，从 2008 年 4 月起，博物馆、展览馆和政府办公大楼等建筑的能耗情况将张榜公布。这样的公开不仅满足社会的知情权，而且也可以对政府的行为产生舆论压力，从而促进政府改进其工作。这就是一种良好的社会力量的监督。这种监督对于防治政府失灵也有直接和明显的作用。

4. 完善环境信息公开

由于我国的环境信息公开工作还存在着严重的不足，公众对于环境信息了解不多，上级对于下级完成环境任务的信息也了解不够，这样不仅影响到了国家的环境决策，而且也会影响政府对下级政府的责任追究。因而，需要加强环境信息的公开，保证经常性的公开，当然特别是注意真实环境信息的公开。我国在环境信息公开上，不仅存在公开范围过窄的问题，而且也存在公开的真实性不足的问题。这是在今后的环境治理中需要注意的。通过环境信息的公开，可以促进政府改善工作，也可以调动公众的环境积极性，利用公众的力量促进政府履行职责，同时也可以利用公众的力量对企业的环境行为产生压力。利用公众的力量，也可以弥补政府力量的不足，集中社会的力量来实行多中心的治理，通过这样的方式来改善环境，减少政府的失灵。因为，信息不对称是环境治理中特别需要避免的方面，不仅包括政府环境信息的不足，也包括企业环境信息的不足，改变这些不足，对于环境治理的改进会有推动作用。

5. 运用适当的经济手段

由于环境是一种公共物品，具有外部性，其价值很难在成本上反映出来，会造成保护环境没有动力、破坏环境责任的状况。为了纠正这种外部性，可以运用使用者付费的方式将外部成本内部化，通过将环境成本内部化，从而产生遏制破坏环境和激励保护环境的效果。在环境法上，特别是在环境责任制度上，可以运用环境补偿与环境赔偿制度来实现环境价值的内部化，从而也对各地地方政府产生保护环境的激励作用，从理性的经济人的角度产生环境治理、保护环境的动力。如在我国已经开始实施的生态补偿制度，就是一种从制度上利用经济手段来促进各地政府保护环境的措施。目前我国的生态补偿制度主要运用在流域性的地区，主要做法是对流域的界面水质进行界定，一旦上游水质达到一定标准时，就由下游政府对上游保护环境的行为进行补偿，而当上游的水质超出一定标准时，由上游政府对下游政府进行赔偿。这样，将水质作为标准，对水环境作出了经济价值界定，通过这种界定来使各地政府的环境行为的成本内部化，也可以避免在环境上的政府失灵。这样做一方面可以促进上游政府的环境保护意识；另一方面，也可以对其因保护环境的行为而产生的经济上的损失进行补偿，从而避免了外部性的问题。

第二节 环境治理中的首长负责制

我国在"国民经济和社会发展第十一个五年规划纲要"中提出了"十一五"期间单位国内生产总值能耗降低20%，主要污染物排放总量减少10%的约束性指标。经过各地的努力，在"十一五"末期统计，全国基本上完成了节能减排指标。我国的节能减排工作之所以能取得如此成绩，最关键之处在于我国实现了节能减排首长负责制，强化了各级人民政府行政首长的责任，保证了节能减排的实效。目前，我国依然面临着严峻的环境压力，如何通过完善行政首长在环境治理方面的责任，实现我国环境的改善，是非常值得研究的课题。

一、我国节能减排实行首长负责制的做法

为保证"十一五"节能减排指标的实现，国务院采取各种措施强化地方政府行政首长的节能减排意识，连续下放文件来进行动员，如《国务院关于落实科学发展观加强环境保护的决定》（国发〔2005〕39号）、《国务院关于"十一五"期间全国主要污染物排放总量控制计划的批复》（国函〔2006〕70号）、《国务院关于印发节能减排综合性工作方案的通知》（国发〔2007〕15号）等。在这些文件中，明确了节能减排工作实现机制。具体的做法有：

1. 实行节能减排责任制。为了保证节能减排指标的完成，国务院将节能减排工作作为省级官员的考核指标，成为决定省级官员政绩的关键要素，省级政府再将其分解到地市人民政府，以此类推。如经国务院批准的《主要污染物总量减排考核办法》第3条规定："'十一五'主要污染物总量减排的责任主体是地方各级人民政府。各省、自治区、直辖市人民政府要把主要污染物排放总量控制指标层层分解落实到本地区各级人民政府，并将其纳入本地区经济社会发展'十一五'规划。"第9条规定："考核结果作为对各省、自治区、直辖市人民政府领导班子和领导干部综合考核评价的重要依据，实行问责制和'一票否决'制。"这样明确的规定，对于强化地方政府领导人的责任意识，强化节能减排的效果是十分明显的。在作出了概括性的规定后，由国家环境部和省级人民政府签订了"节能减排责任书"，将节能减排的具体指标加以分解，从而明确了节能减排的具体责任。

2. 实行行政问责制。我国目前实行的行政问责制具有重要意义，"官员问责制只是建设责任政府的众多环节之一，但却是关键性的环节，问责制的推行表明中国在建设责任政府方面迈出

了实质性的一步。"❶ 我国对"十一五"规划的节能减排指标实行行政问责制，抓住了目前环境治理的最核心之处。因为我国目前环境问题产生和难以解决的最根本原因就是在 GDP 至上的思想下，各地将经济建设作为根本的甚至是唯一的任务，而且各级政府并没有将环境指标作为官员考核的内容，没有在环境治理方面实行行政问责制。因而，各级官员不仅不重视环境问题，甚至将环境保护与经济发展对立起来，干扰环保部门的环境执法，形成了环境地方保护主义。而这次从中央到地方对节能减排实行行政问责制，对地方的官员震动极大，很好地促进了环境治理的进行。例如，当时的浙江省省长吕祖善专门给浙江十一个市长写了一封信，要他们确保"坚决完成"节能减排指标。如果完不成任务，等待他们的是考核时的"一票否决"，政府一把手"摘帽子"。这样，压力一级一级往下传递，浙江某市一位主管节能减排的官员说，他已被预警过了——市长告诉他，"如果我被摘帽子，下去前一定会先把你给免了。"❷ 可见，在上级强大的问责压力下，下级行政首长对节能减排工作的重视是非同小可的。

3. 及时对节能减排工作进行总结，并进行反馈，时刻给下级官员以节能减排工作的压力。

二、我国节能减排实行首长负责制的特点

以前的"国民经济和社会发展五年规划"中，将环境指标作为预期性指标，没有约束力，也没有对地方政府的行政首长实

---

❶ 陈国权：《责任政府：从权力本位到责任本位》，浙江大学出版社 2009 年版，第 1 页。

❷ 陈中、小路："上半年不管你，下半年管死你"，载《南方周末》2010 年 9 月 23 日，第 C15 版。

行问责制。"十一五规划"在节能减排上正式将环境指标作为约束性指标，并且实行了首长负责制，对于节能减排工作而言，这还是首次。从目前的情况来看，效果是不错的。这其中的特点有：

1. 中央重视

由于我国面临着严峻的环境形势，国内和国外环境压力都很大。在这一背景下，中央也认识到我国现在必须正视环境问题，改变经济增长方式，建设人与自然和谐相处的环境友好型社会。随着发展思路的变化，中央一再强调环境保护的重要性，在"十一五规划"中将节能减排作为约束性指标，并每年都对这些指标的完成情况进行总结，这样的举措是前所未有的。从中央到省级、从省级到地市级，等等，形成了各级政府都重视节能减排的良性循环。即使在 2008 年发生了金融危机、国内的经济发展压力剧增的情况下，中央也没有放松对节能减排工作的要求，没有通过牺牲环境来换取经济发展，这种做法给地方政府带来了压力，也起到了引导的作用。

2. 责任明确

要实行首长负责制，首先要明确责任，只有明确了责任，才能实行责任的追究。为此，《主要污染物总量减排考核办法》作出了明确的规定，如第 4 条规定："各省、自治区、直辖市人民政府要按照《计划》的要求，确定主要污染物年度削减目标，制订年度削减计划。年度削减计划应于当年 3 月底前报国务院环境保护主管部门备案。"第 6 条第（1）项规定："……环境质量变化情况依据国务院环境保护主管部门受国务院委托与各省、自治区、直辖市人民政府签订的'十一五'主要污染物总量削减目标责任书的要求核定。"可见，为了保证节能减排目标的完成，中央对各地的节能减排的具体指标规定得非常明确，而且通过责任书的形式进行固化，将省级人民政府的责任明确。与此相类似，地方上级人民政府也与下级人民政府、各级人民政府也与相关职能部门签订了环境保护责任书，一些地方签订了"十一五环境保护责任书"、"市长环境保护评价表"。这样就使责任明确，便于检查监督下级责任是否完成了事先规定的任务，以便进行责任追究。

3. 压力传递

这次的节能减排工作，是一种自上而下开展的强制性的环境保护工作。其显著的特点是通过上级向下级传递压力机制，形成了一个压力不断往下传递的网络。在这个网络中，中央政府进行总的控制和进度安排，然后对省级人民政府进行责任确定和问责，而省级政府向市级政府进行责任确定和问责，以此类推，每一级人民政府和大型国有企业都有各自的节能减排任务，并确定任务考核目标和行政问责制度。在这一机制下，通过行政层级制度，将中央政府的意志不断向下传递，并且通过强有力的责任制来保证全国节能减排目标的完成。

三、节能减排首长负责制的成功原因

我国"十一五规划"中环境指标能够基本完成，其中的因素有许多，但本书认为，实行行政首长负责制是其中最关键的因素。其成功的原因有：

1. 体现了责任政府的要求

责任政府是现代政府的重要特征，"责任行政要求政府必须回应社会和民众的基本要求并积极采取行动加以满足；政府必须积极地履行其社会义务和职责；必须承担道义上的、政治上的、

法律上的责任。"❶ 我国宪法中规定了"依法治国、建设社会主义法治国家"的基本方略,而法治国家中的一个重要指标就是政府守法,依法行政,政府处于负责任的状态。一个政府只有是责任政府才能符合民主法治的要求,也才能满足社会和公众的要求。我国国务院在《全面推进依法行政实施纲要》中,提出全面推进依法行政,建设法治政府的目标。因此,从依法行政的要求来看,现代政府必须是一个责任政府,应履行法定的职责,并承担没有认真履行职责而产生的不利后果。

具体到环境治理,由于经济的高速发展,我国的环境问题严重,已经威胁到了人民的生命健康安全。作为一国政府,有责任解决这一问题。这是政府的环境保护责任(或生态保护责任),正如学者所言:"所谓政府生态责任,是指在生态文明时代,在责任政府的现代化背景中,政府在生态建设、环境保护以及社会可持续发展方面应承担的义务和职责。"❷ 节能减排工作,无疑是实现责任政府,解决环境问题的关键性步骤。

而要保证政府环境责任的实现,首先要求行政首长承担责任,因为行政机关实行首长负责制,当行政首长处于一种负责任的状态,才可以保证整个政府处于一种负责任的状态,也可以说是保证了责任政府的实现。"责任只有落实到个人,才能防止责任虚置。对政府领导责任的问责能推动领导加强对政府的组织领导,从而使政府成为一个能承担责任的有机整体,强化政府领导责任的问责对于健全政府领导责任制具有重要意义。"❸

---

❶ 张成福:"责任政府论",载《中国人民大学学报》2000年第2期。
❷ 李鸣:"我国政府生态责任运行机制研究",载《学术论坛》2007年第3期。
❸ 陈国权:《责任政府:从权力本位到责任本位》,浙江大学出版社2009年版,第11页。

2. 抓住了环境治理问题的核心

我国环境问题形成是因为长期以来只重视经济发展而不重视环境保护的结果，在这个过程中，各级政府将经济发展置于环境保护之上，对环境保护职能部门行使职权的行为采取了限制的办法，而环境保护职能部门隶属于各级人民政府，受制于各级人民政府，因而环境执法的效果必然受到限制。而且各级政府对于环境保护的投入严重不足，也影响了环境保护的效能。我国以往的经济和社会发展规划中将环境指标作为非约束性指标，也没有将其作为政绩考核和责任追究的依据，这样各级政府特别是政府的行政首长，自然不重视环境保护。现在，将环境保护作为政绩考核的内容并且实行行政问责制，实行"一票否决"，这对于各级行政首长是一种震撼，而行政首长的态度和行为对整个机关的行为会产生决定性的影响。这样会提高整个政府的环境保护的意识，保证环境执法的顺利进行，避免干扰、提高执法效率，同时促进了环保部门的执法。毋庸讳言，环保部门也存在着不认真履行职责的情形，通过首长负责制，可以监督其积极地履行职能，从而促进了整个环境保护事业的良性发展。

3. 发挥了行政首长负责制的优势

行政机关实行首长负责制，是由行政机关的组织特点决定的。行政机关实行科层制，通过首长负责制，将行政机关作为一个整体来组织，提高了行政效率，保证了行政机关的统一。特别是各级人民政府的行政首长负责制更有其明显的优势，因为从权限范围来看，行政机关可以分为一般行政机关和部门行政机关，各级人民政府属于一般行政机关，其权限是全方位的，涉及各个行政领域的各种行政事务。县级以上人民政府，对于其自身的职能部门有统一协调的权力，可以将各职能部门的职权行使作为一个整体考虑，从而提高了效率，也增加了行政能力。各级人民政府的首长处于总负责的地位，对于各职能部门有指挥、协调之责，可以对各职能部门职权的行使进行协调和指挥，从而形成合力。这种特征在环境治理中显得非常重要，因为，环境问题的解决需要各个部门的共同努力，通过各部门互相协助来解决，个别部门的努力效果是很差的，正如有学者对我国现有环境治理模式的认识："中国的环境政策网络有一种松散的、相互依赖性弱、以及目标冲突的特征，因为环境治理所需要付出的成本在某种程度上和地方政府及其相关部门目标取向是相违背的。"❶ 在这种背景下，仅靠个别的政府职能部门（如环保部门）来进行环境治理就显得力不从心。而加强各级人民政府的行政首长的责任，能够促使他们：一是协调各职能部门的职权，避免职权不清，出现争权或权力真空；二是指挥各职能部门，防止一些部门不积极地履行环境保护职能；三是防止一些部门对环境职能部门履行职能的行为进行干涉。通过环境治理中的人民政府行政首长负责制，可以强化各级人民政府的环境保护效能，从而保证了环境治理的效果。

4. 提高了环境行政执行力

政府执行力是指："政府组织有效地执行政府的日常事务和有效贯彻实施法律、政策、决策、法令、战略计划的政府内在的能力和力量。"❷ 政府执行力是政府完成特定任务的重要保证，政府执行力一般包括以下几个要素：一是政府执行力的基础条件，即政府执行者、执行资源、政策战略等；二是政府执行力的整合要件，即对基础条件的优化整合及高效运作，减少摩擦力，

---

❶ 王惠娜："区域环境治理中的新政策工具"，载《学术研究》2012年第1期。

❷ 莫勇波："政府执行力：当前公共行政研究的新课题"，载《中山大学学报》2005年第1期。

增进合力；三是政府执行力的意识要件，即政府对于执行事件的主观意识态度和决心。❶ 只有这几个方面都是正面时，行政执行力才是高的，政府的既定目标才能得以有效和及时的实现。

就节能减排而言，我国中央政府已经认识到了现有发展模式的不足，也认识到了我国环境问题严重性，因而在"十一五规划"中将节能减排、环境保护作为政府目标。从根本上说，中央的这一决策能否实现，还需要各级人民政府和各人民政府的职能部门的努力。这取决于各级政府的执行力，而从执行力的要素来看，各级人民政府的决心和态度起着关键性的作用，因为基础条件和整合条件都取决于政府的决心和态度。而要保证执行力正面要素的发挥，必须有严格的奖惩作为推动力量，这种奖惩就是考核制度和责任追究制度。如上所言，要发挥各级人民政府的作用，最关键的是要求各级人民政府行政首长承担相应的责任，这样，行政首长负责制就成为了节能减排任务能否实现的关键了。

四、在今后的环境治理中完善行政首长负责制

我国环境问题治理，从根本上说，需要通过法治的方法，由环境主管部门依法行使职权来实现。但目前我国环境保护主管部门的力量不足，受到本级政府和其他职能部门的制约较多，加之国家对环保的投入仍然不足，因而仅仅通过环保机关严格执法来实现环境治理仍面临着诸多的困难。因此，需要充分发挥政策的力量，通过政府强力实施环境法来促进环境治理，实现环境善治。在今后相当长的一段时期里，要实现环境的根本好转，除了改进环境主管部门的执法外，还要借鉴我国的节能减排活动的经

---

❶ 曾贤刚、易龙生："节能减排的关键在于提升地方政府执行力"，载《环境保护》2008年第6期。

验,将环境治理的目标作为政绩考核和行政问责制的内容,最主要就是强化各级人民政府行政首长责任制,通过各级人民政府行政首长负责制,来强化其对各环境保护职能部门的支持和监督,通过各级人民政府行政首长的责任承担来实现各级人民政府的环境保护责任。今后值得重视的是以下几个方面:

一是明确环境治理的责任。我国的这次节能减排工作,对于各级人民政府的责任规定是非常明确的,即通过核定具体的环境指标和签订节能减排责任书的方式加以明确。在今后的环境治理工作中,我们不能局限于节能减排,因为我国目前的节能减排只有单位能耗、COD 排放和二氧化硫排放这三项指标。我国目前的环境问题是全方位的,今后在环境治理的指标上应扩展其范围。具体而言,在环境治理责任方面的要求是:首先是总的环境目标,即各地区应保证一定的环境质量,各地人民政府对本地区的环境质量负责;其次是各种具体的目标,如水质目标、空气质量目标、能耗目标、绿化目标等,通过这些目标的具体化,做到责任明确;再次是防止重大环境事故的责任,如预防环境污染事故、预防环境群体事件等;最后是政府的环境监督责任,如辽宁省在《辽宁省污水处理厂运行监督管理规定》中明确规定:市、县政府对污水处理厂运行负总责,保证污水处理厂正常运行。❶ 这既是对环境质量的一种责任,也是对于环境治理的一种责任。

二是明确责任承担者。这属于责任划分问题,关系到追究各级人民政府的行政首长还是副职的责任问题。责任划分是行政问责制度的设计的难点之一,责任划分应当遵循行政过错责任原则,行政过错责任分为直接责任、主要责任和重要领导责任。这

---

❶ 丁冬:"污水处理厂运行谁来管?辽宁规定市县政府负总责",载《中国环境报》2010 年 1 月 11 日,第 3 版。

第五章 政府环境行政责任

在今后的环境治理中也是需要重视的问题，在我国的节能减排工作责任制中，实行的是首长负责制，即由各级政府的行政首长来承担相应的责任。而在今后的环境治理中，是否一概由各级政府的行政首长来承担责任，实行"一票否决"，也是值得研究的。可行的一种思路是，将各种指标分解到各级人民政府不同的非行政首长领导人，由他们来负责某一环境治理任务，并将这一任务作为责任的内容和问责的依据。完不成任务的要进行问责，直至"一票否决"、免职或辞职。而对于政府的行政首长，他们承担总的责任，并对一些关键性指标承担责任，当总的指标或关键性指标不能达到一定要求时，实行"一票否决"，而对于其他的一些事项如果没有完成的，可以采用免职或辞职以外的问责方式。

三是明确责任的形式和程序。在我国的节能减排活动中，主要实行的是"一票否决"制，这是一种非常严厉的措施，在目前的环境形势严峻之时作为一种强力手段运用是可以的，但今后也需要进行完善。因为，随着环境保护目标的增加，会出现许多环境指标，不可能将每一个指标都作为"一票否决"的问责依据，可以加以细化。例如，将这些指标进行量化，设置不同的权重，并且明确一些关键性的指标作为"一票否决"的依据，其他按照一定的权重进行综合统计，除关键性指标外，按得分率来进行考评，以一定的分值来作为不同问责形式的依据。这样可以保证问责有不同的轻重之分，体现了过错与责任相适应的原则。

还有问责的程序问题，如官员问责后的复出，我国目前官员因为各种情况被问责后，很容易复出，并且没有合理的理由，这不仅引起了群众的不满，而且也使问责制的效果大打折扣。因此，如何处理问责对象的复出问题就值得研究。现在中共中央办公厅、国务院办公厅《关于实行党政领导干部问责的暂行规定》，对此已经有了规定，如第10条规定："受到问责的党政领导干部,取消当年年度考核评优和评选各类先进的资格。引咎辞职、责令辞职、免职的党政领导干部,一年内不得重新担任与其原任职务相当的领导职务。"这样的规定对官员出现问题作出了明确的规定,是一种值得肯定的做法。

四是重视责任追究的公开性,加强社会公众的监督。在环境问责制中信息公开具有重要的意义,"信息公开同时扮演着促进行政课责与增加治理能力双重角色,因为就前者而言,课责者若不具备充分或相当的信息,就容易因为信息不对称导致无法判断被课责者的绩效是否良好,亦无法确认政策问题之所在;就后者而言,信息公开才能减少不同行为者合作时的交易成本,地方政府可因自身信息公开而获得不同来源的回馈资讯,从而随时进行沟通与修正,减少错误的政策结果发生。"❶

在环境问责制中的信息公开要做到这两点:一是对于环境信息的公开。由于实行了严格的问责制,一些地方官员就很容易授意环境部门在环境数据上造假,因而,要重视具体环境数据检查,防止一些地方弄虚作假。一方面,要强化各地环境监测部门的独立性,保证环境数据的真实性,只有这样,才能保证环境责任追究的客观真实;另一方面,政府也应将相应环境数据加以公开,让社会监督,从而获得准确的环境信息,为环境问责提供依据。二是对于官员的问责程序要公开。既包括问责的理由,也包括问责的结果,这样可以加强公众的监督,减少暗箱操作。三是还需要强化公众参与。在本次的节能减排工作中,公众参与是不足的。而公众参与,不仅可以发挥公众积极性,而且也可以加强对行政机关的监督,促进首长负责制的真正落实。

---

❶ 陈志玮:"行政课责与地方治理能力的提升",载《政策研究学报》2004年第4期。

第五章　政府环境行政责任

第三节　环境问责制度研究

在研究环境问责制之前，首先要对行政问责制进行研究。行政问责制是目前学术界和实务界都很关注的一个重要问题，近几年的研究论文和专著大量涌现，但由于研究者的角度不同，对于行政问责制的概念、形式等都存在争议。本书将在对行政问责制进行初步研究的基础上，对我国的环境问责制进行研究，提出我国环境问责制发展的历程、存在的问题，并对我国环境问责制度的完善提出建议，为我国的环境问责制研究提供参考。

一、行政问责制的概念

由于研究的视角不同，我国学界对行政问责制的定义也存在差异，我国有学者对此进行了梳理与总结，"周亚越（2004）认为，行政问责制是指特定的问责主体针对政府及其公务员承担的职责和义务的履行情况而实施的，并要求其承担否定性结果的一种制度规范；刘厚金（2005）认为，行政问责制就是指法定的公共权力主体针对各级政府及其公务人员所承担的职责和义务的履行情况而实施的、并要求其承担否定性结果的制度规范；王宏伟（2006）认为，行政问责制是指行政机关以及立法机关、司法机关、执政党、民主党派、人大代表等对因为疏忽或者不负责任而造成重大损失或者公共资源浪费的行政主体提出质疑并且追究其相关责任的制度。"[1] 可见，这些关于行政问责制的定义之间是存在差异的，最主要的区别还是关于问责主体和问责对象这

---

[1] 韩志明："当前行政问责制研究述评"，载《云南行政学院学报》2007年第2期。

两个方面，所以，下面先就问责主体和问责对象问题进行讨论：

（一）关于问责主体

从上文可知，有的学者认为问责主体是行政机关，有的学者认为问责主体是有权机关，有的学者认为问责主体是各级机关和媒体以及社会公众等，如周亚越教授认为："行政问责的主体，不仅有同体的问责主体即行政机关的上级领导，而且有异体的问责主体包括人大、中国共产党、各民主党派、司法机关、新闻媒体、公众等。"❶ 可见，有关问责主体的范围存在宽窄之分。

本书认为，问责制的主体应该限定在有权机关，因为行政问责制是一种正式的制度，是问责主体要求问责对象承担一定责任的刚性责任追究制度，只能由有权的机关按照正式的程序来问责，因此，只有国家机关才有这种权力，其他组织和公众都没有这样制度化的权利（力），因而将问责主体限定为有权机关是合适的。当然，这并不是否认社会力量在行政问责制中的作用，笔者其实更重视社会力量在行政问责制中的作用，认为社会力量对于行政问责制的完善和强化具有促进作用。我国目前更需要改进这方面的工作，发挥社会力量在行政问责制中的作用，如重视民意和舆论在行政问责制中的作用等，但社会力量只是一种推动行政问责制的力量，而不是一种具有法定职权的制度性力量，因而不能将媒体和社会公众作为问责主体对待。

（二）关于问责对象

从上面关于行政问责制的概念来看，我国学者对问责对象的界定有三种见解：

一是认为问责对象是行政主体（或行政机关），如王宏伟文；二是认为问责对象包括行政机关及其公务员，这是目前大部

---

❶ 周亚越："行政问责制的内涵及其意义"，载《理论与改革》2004年第4期。

第五章 政府环境行政责任

分人的观点；三是有一些人认为只是公务员，而且是行政机关的首长，"行政问责的对象是政府领导、政府各职能部门、直属机关、派出机关、直属事业单位等的行政主要负责人，问责的对象是行政机关负责人而非机关本身，这是与我国目前所采用的行政首长负责制相匹配的。"❶ 当然他的研究范围只限定在行政首长问责制这一特殊的制度上。

从目前的研究来看，大部分是将问责对象限定在行政机关及其公务员身上，他们的主要理由是：行政问责制是与责任政府的原理相联系的，其基本要求是：强调政府应处于负责任的状态，"责任政府是一种制度安排，这种制度安排是基于'权责统一'这一理论逻辑的。也就是说，政府行为必须时刻处于一种责任状态，因此，政府的责任就是对政府权力的一种控制措施，对政府追求公共行政的一种制度性设计。"❷ 而行政问责制是实现责任政府的一种途径，因而，政府及其公务员应该处于负责任的状态就是在情理之中的事了。

本书认为，就行政问责制的根本目的和一般理论而言，问责对象应该是行政机关及其工作人员，因为行政问责制是为了解决行政对于社会回应与职责问题，要求行政活动应积极地履行职责并承担不能或者不适当履行职责的不利后果。行政活动是由行政机关行使（或者不行使）的，因此，应由行政机关来承担相应的责任；但行政机关是一个组织，其主体资格是一种法律上的拟制，其行为具体是由公务员行使的，为了保证公务员认真地履行

---

❶ 韩剑琴："行政问责制——建立责任政府的新探索"，载《探索与争鸣》2004年第8期。

❷ 刘祖云："'责任政府'及其实现途径——当代中国公共行政责任理论研究反思"，载《江苏社会科学》2005年第1期。

职责，也需要其作为行政问责的对象。因此，行政问责对象包括行政机关及其公务员，而本书认为，问责应首先是公务员，然后才是行政机关。

1. 问责对象首先是公务员个人，理由如下：

（1）国外问责制研究中心问责对象主要是公务员。美国学者杰·M. 谢菲尔茨于1985年主编的《公共行政实用辞典》和1998年主编《公共行政与政策国际百科全书》对"行政问责"概念进行了明确的界定，被认为是最早的"问责"一词的概念。其中，《公共行政实用辞典》，将"问责"界定为"由法律或组织授权的高官，必须对其组织职位范围内的行为或其社会范围内的行为接受质问、承担责任"。❶ 可见，这是将问责限定在对高官的个人责任的追究上。

例如，政治责任问题，虽然各国理论上和实践上存在差异，但追究的都是个人责任，只不过问责对象限定为行政高官，在国外是指政务类公务员。"在有些国家，政府的责任通常是集体连带的责任，一旦议会对政府的政策或成员表示不信任，根据内阁一致性原则和集体责任原则由整个政府提出辞职。还有一些国家，政府的政治责任既包括集体责任，也包括政府成员个人的责任。每一个政府成员除了要对政府的总政策承担连带责任外，还必须对其所负责的部门推选的政策承担个人责任。"❷ 其实这里的集体责任也只是内阁中的几个成员的共同责任，而不是整个行政机关的责任，与行政机关承担的组织法意义上的集体责任还是有明显区别的。

---

❶ 田侠：《行政问责机制研究》，中共中央党校2009年博士学位论文，第7页。
❷ 李蔬君：《当代中国政府责任问题研究》，中共中央党校2009年博士学位论文，第47～48页。

（2）我国问责制产生背景与目的都主要针对公务员个人。我国的问责制主要是针对当时行政执法中的违法乱纪行为进行查处，并防止重大安全责任事故的发生。例如，"针对我国上世纪90年代末、本世纪初重大安全责任事故频发的状况，国务院于2001年首次颁布了《特大安全事故行政责任追究的规定》，就特大安全事故问责进行规范"❶。其后的一系列行政问责制因而产生，在这样的背景下，问责制主要就是要解决个人的责任，而不是作为组织的行政机关的责任。这也是我国学者当时的主要研究焦点，目前我国有很多学者将问责制的对象界定为行政机关及其公务员，但他们在研究中却不自觉地将问责制的对象界定为公务员个人。如陈党教授是主张行政问责制的问责对象包括行政机关与公务员的，但他在对问责制体系研究时却提出："完整的行政问责体系由高官问责制、行政首长问责制、行政执法责任追究制、行政过错责任追究制、行政机关错案追究制等一系列的具体问责制度构成。"❷ 以上所述的几种问责制形式，其问责的对象都是公务员个人，而不是作为一个组织体的行政机关。

从问责制的目的来看，我国问责制是通过对公务员个人责任的追究来监督公务员积极履行职责，并严格依法行政，这是需要最终通过追究个体的责任来实现的，而不能通过追究机关责任来实现这一目的。行政问责制限定在追究公务员的责任，可以强化公务员的守法执法意识，发挥他们的积极性，防止滥用职权和懈怠行为，从而有利于依法行政，保证可持续发展、促进经济发展方式的转变，同时也可以保证上级对下级的指挥命令权，实现政令的畅通。

---

❶ 艾超：《我国行政问责法制化思考》，载《政治与法律》2009年第10期。
❷ 陈党：《行政问责法律制度研究》，知识产权出版社2008年版，第286页。

（3）我国问责制的实践也主要针对公务员个人。我国的问责制的实践已经有了十几年的历史，早在1995年1月18日，天津市人民代表大会常务委员会就作出了《关于市和区、县国家机关实行部门执法责任制的决定》，其问责对象是所有的行政首长和公务员。后来我国各地实施的问责制，有的规定行政问责制对象限于行政首长（行政机关主要负责人），如《哈尔滨市行政机关领导问责暂行办法》；有的地方则规定行政问责制的对象限于所有公务员，如《甘肃省人民政府办公厅首问责任制（试行）》等，都将问责对象界定为公务员。而中央实施的问责制，如2001年4月21颁布并实施的《国务院关于特大安全事故行政责任追究的规定》以及后来2005年国务院办公厅《关于推行行政执法责任制的若干意见》，2009年中共中央办公厅、国务院办公厅《关于实行党政领导干部问责的暂行规定》都是针对一般公务员或者行政首长的，没有针对行政机关的。

陈党教授对我国的问责制的发展历程作出了总结："回顾我国的问责实践，大致经历了这样一个发展过程：从追究重大安全事故责任，到追究所有违法违纪行为的责任；从追究一般公务人员的责任，到追究行政首长和其他领导人的责任；从追究违法行使职权的责任，到追究不当行使职权以及效能责任；由对个别案件的问责到全面建立问责法律制度。"❶ 从他的总结可知，在我国，行政问责制一直是在追究公务员责任，而没有追究行政机关的责任。

2. 问责对象也应该针对行政机关，理由如下：

虽然行政问责对象首先应该是公务员，但也应将行政机关作为问责对象，因为：

---

❶ 陈党：《问责法律制度研究》，知识产权出版社2008年版，第160页。

第五章　政府环境行政责任

（1）我国法律规范中规定了行政机关的责任。我国的许多法律都规定了行政机关及其工作人员的职责，并规定不履行或者不完全履行职责应承担的法律后果。例如，《各级人民代表大会常务委员会监督法》第5条规定："各级人民代表大会常务委员会对本级人民政府，人民法院和人民检察院的工作实施监督，促进依法行政、公正司法。"可见，问责对象也包括行政机关。虽然在具体的责任追究中，人大对政府的问责最终还是要体现在对具体人员——主要是政府官员的问责，如人大对政府工作报告审查，如果政府工作报告不能获得人大的通过，从理论上说，由人大选举产生的领导人就要辞职，表面上这是领导人的个人责任，但实际上此时辞职的应是某一政府的所有组成人员，即整个政府，而不是某一两位领导人。至于人大对于行政机关的其他事项的监督，"人民代表大会问责的主要手段包括重大事项决定权、人事任命权、法律和工作的监督权，以及质询权、调查权、罢免权和撤职权，等等。"❶ 这些责任既可以是一种个人的责任，也可以是行政机关的责任。

从司法问责来看。司法问责主要是指由法院对行政机关或公务员的责任来进行追究的。一般的司法问责，如行政诉讼，法院只受理以行政机关为被告的诉讼，而不受理针对公务员个人的诉讼，因为根据行政法学原理，"公务员根据自己担任的职务，在职责范围内代表国家履行公共管理职责与国家形成委托关系，公务员行使职权、履行职责行为的法律效果归属于国家。"❷ 在渎职犯罪案件中，司法问责的对象是公务员个人，但此时，公务员

---

❶ 田侠：《行政问责机制研究》，中共中央党校2009年博士学位论文，第120页。

❷ 应松年：《行政法与行政诉讼法》，法律出版社2005年版，第97～98页。

承担的是损害其职责关系的后果，对公民法人和其他组织造成的损害，仍然要由其所在的机关赔偿，当然其所在机关可以进行追偿。

即使在行政机关的问责中，上级行政机关也可以将下级行政机关作为一个整体来进行问责，而不是仅仅制裁某一行政首长，这在联邦制国家尤其明显。例如在美国，联邦政府不可以对州行政首长进行任免，但其却可以通过减少对州的拨款和资助，或者加强对某一州的执法等方式来追究州的责任，这也是一种问责。此时，问责对象无疑就是行政机关，而不是其行政首长。

（2）将行政机关作为问责对象可以更好地发挥其作为一个整体的作用，促进其依法行政。行政机关是一个官僚制机关，具有整体性，可以形成一个有效的组织，并对其工作人员形成指挥协调作用。将行政机关作为问责对象，可以充分地发挥其作用，将行政事务作为一个整体来对待，提高行政效率，体现了官僚制的优势。

（3）将行政机关作为问责对象，可以提高其违法后果的赔偿能力。

因而，本书将行政问责制的概念界定为：行政问责制是指由有权机关依照法定程序来对行政机关及其工作人员追究责任，由其承担不利后果的制度。

二、行政问责制形式

根据上文的界定，行政问责制的问责对象是行政机关及其公务员。行政问责制的形式，也需要加以明确，这方面我国学术界也存在着一定的争议。

（一）有关行政问责制形式的理论

目前我国关于行政问责制的责任形式具体有哪些，也有不同的观点,如"王学军(2004)认为,政府问责的范围涵盖了五种类型,即政治责任、行政责任、道德责任、一般法律责任、违宪责任;许卫林(2005)认为,责任的种类包括道义责任、政治责任、行政责任和间接赔偿责任、民事责任和财产赔偿责任、违宪责任;沈蓓绯(2005)、韩志明(2006)认为,行政责任包括政治责任、行政责任、法律责任、道德责任。"❶

从上述的观点可知,这些行政问责制的分类虽然存在区别,但都是"根据社会规范的不同层次以及调整社会关系的范围和手段"❷来进行的划分。如认为政治责任是因为政治原因而承担的责任、法律责任是由于法律规定而承担的责任、行政责任是由于行政机关内部的规定而承担的责任、道德责任是一种由于行政伦理而应承担的责任。至于其他责任形式,只是将法律责任加以细分,分为一般法律责任、违宪责任,或者再将法律责任分为民事责任、行政责任、刑事责任等。

(二)本书的划分

上面的划分表面上看来是很合逻辑的,但实际上对于行政问责制的研究意义不大。本书认为:基于理论划分的简化的考虑,根据问责主体的不同,将问责制分为:政治责任、法律责任、行政责任。

1. 所谓政治责任是指由人大来追究的政务类公务员(政治官员)的责任。"政治责任是政治官员履行制定符合民意的公共政策,推动符合民意的公共政策的执行的职责,以及没有履行好

---

❶ 韩志明:"当前行政问责制研究述评",载《云南行政学院学报》2007年第2期。

❷ 陈党:《行政问责法律制度研究》,知识产权出版社2008年版,第12页。

这些职责时所应承担的谴责和制裁。"❶ 政治责任的责任追究主体是国家权力机关。台湾学者萨孟武认为："就政治上的责任而言，行政是否合理法律上没有任何标准，在民主制度下以公意为衡量标准，公意认为是就是，公意认为非就非，而表示公意的，直接为人民，间接为议会，所以政府对人民或议会负责。"❷ 由于现代政治生活中实行代议制，人民通过议会来对政府进行监督，并不直接行使权力，因此，政治责任的追究主体是代议制机关，而在我国是各级人民代表大会。

当然，现代政治责任还有多种形式，例如美国的《国家环境政策法》要求政府向国会报告环境保护的现状及政府在环境保护方面所做的工作，这也是一种政治责任形式，即向国会报告专门事项的有关工作。在我国，法律对国务院还没有这样的要求，但一些地方立法已经在这方面进行了尝试，例如，《深圳特区环境保护条例》就要求政府向人大报告环境保护工作，这就是一种政治责任的体现。

2. 行政责任是由行政机关根据层级关系和上下级关系来追究的下级机关或公务员责任。中国现代行政是官僚制，上级机关对下级机关有指挥命令权，下级机关有接受上级机关命令的义务，上级可以根据法律或者机关的规则对下级或者下属发布命令，进行惩戒；同理，行政机关可以对其所属公务员进行责任追究，这些责任就是行政责任。如我国《行政机关公务员处分条例》第 2 条规定："行政机关公务员违反法律、法规、规章以及行政机关的决定和命令，应当承担纪律责任的，依照本条例给予

---

❶ 张贤明：《论政治责任——民主理论的一个视角》，吉林大学出版社 2000 年版，第 22 页。

❷ 转引自：张贤明：《论政治责任》，吉林大学出版社 2000 年版，第 64 页。

处分。"这是关于问责制的最重要的法律依据。

另外，虽然在我国的法律上很少见到上级机关如何要求下级机关承担责任的条款，但我国的实务中存在大量的上级机关要求下级机关承担责任的情况，如通报批评、减少财政拨款，在环境领域还有区域限批制度，也是一种非常有效的责任追究方式。

3. 法律责任是可以由法院来追究的责任。法律责任是指因法律规定而产生的责任，但这种法律规定的责任因为追究主体的不同而属于不同的种类，行政问责制语境下法律责任是指可以由法院加以追究的责任形式。正如学者指出的："如果通过司法来解决的责任，就是法律责任。"❶ "法律责任，一般有专门的认定机关即司法机关。"❷

这样的划分似乎与现代的概念相冲突，其实法律责任和行政责任都有广义和狭义之分，从狭义的角度而言，本书的行政问责制责任种类的界定都是可以的。

（三）如此划分的意义

上面的责任种类，与现有的一些研究的内涵不同，是根据责任问责主体为依据来进行的划分，简单明了，有利于问责主体对于问责制的运用，也有利于对问责制的深入研究，促进问责制的发展。

1. 这种分类可以使责任明确，与问责制的初衷相吻合，有利于行政问责制的深入研究。虽然以往"根据社会规范的不同层次以及调整社会关系的范围和手段"来对行政问责制的种类进行划分，但划分的标准和问责的主体之间经常发生混淆，不利

---

❶ 王成栋：《政府责任论》，中国政法大学出版社1999年版，第80页。
❷ 张贤明：《论政治责任——民主理论的一个视角》，吉林大学出版社2000年版，第65页。

于对行政问责制的理解和实施。而从问责主体的角度来划分，可以清楚地看出各种责任之间的区别，从而也明确相应的责任。从问责制建立的初衷来看，我国的行政问责制主要是促使行政机关及其公务人员认真履行职责，禁止违法违纪行为，对问责对象的问责主要依赖于行政机关，只有构成犯罪才可以由司法机关来进行追究，只有极少数的情况下才由人大来追究领导人的政治责任。从我国的问责制实践来看，我国的问责制主要是由行政机关来进行的，因而目前需要对行政机关如何合法地实行行政问责制进行研究，保证其效果。

2. 这样的划分也是符合现代行政问责范式的。"在经历了对传统行政问责的批判之后，现代行政问责体系形成了几个有代表性的行政问责范式：等级问责、职业问责、法律问责、政治问责。等级问责体现的是组织内部高层职位官员对下属的质询权力，职业问责反映了对行政人员遵守职业规范的期望，法律问责是来自公共行政之外的法律行为体要求公共行政部门及其人员遵守法律并承担法律责任，政治问责要求政务官和行政部门对来自社会的质询作出回应，主要是关注政务官个体的行政决策及行政行为。"[1]

从上面的论述可知，问责制的四个种类可以归为三类，即将等级问责与职业问责合并，因为这两种问责都是由行政机关来加以实现的责任，因而可以合并为行政责任。对此有深入研究的学者宋涛也是这样认为的："按照现代行政问责的分类方法，等级问责主要涉及行政管理和行政执行中的责任，其实现机制以行政内部为主，政治问责主要涉及决策中的责任，其实现机制以行政

---

[1] 张晓磊："我国行政政治问责的问题与对策"，载《中国行政管理》2010年第1期。

外部为主。"❶

可见，从现代行政问责范式来看，虽然其中的一些责任的内涵与本书的不尽相同，但只要对等级问责和职业问责加以合并，就可以达到简化问责种类的目的，这样就可以只从问责的角度来进行研究，从而加深对不同问责种类的认识。

3. 更好地认识到我国现在行政问责制存在的问题。我国目前大量存在的是行政机关内部的问责，即同体问责，而立法机关和司法机关的异体问责非常少。这并不是指行政机关进行问责的依据是法律还是自行规范，而是因为问责主体是行政机关。从这些方面可知，目前急需加强对同体问责的完善，保证其有效性和公正性，只有这样才能更好地实现行政问责制的初衷。

（四）对其他责任形式的分类

1. 关于道德责任和引咎辞职

道德责任是从原因来加以界定的一种责任形式，其性质值得研究，也有学者将其作为一种独立的责任种类。依本书的界定，如果从追究的主体来进行分类的话，那么，道德责任属于行政责任或政治责任，即道德责任由谁来决定就是什么类型的责任，如果由行政机关决定就是行政责任，而如果由权力机关决定就是政治责任。引咎辞职与道德责任具有相同的特点，从引咎辞职的原因和我国的实践来看，引咎辞职主要属于一种行政责任，即行政长官因自身、下属或机关中存在的问题而辞职的制度，这一制度是一种自身责任或者是一种连带责任，当发生引咎辞职的原因时，行政官员应向行政机关辞职或者向人大辞职，根据决定其辞职主体的不同，引咎辞职可以分为政治责任和行政责任。

---

❶ 宋涛："西方现代行政问责体系及对我国行政问责建设的启示"，载《国家行政学院学报》2006 年第 5 期。

2. 关于公务员的辞职

有人将公务员自身的辞职也作为问责制的一部分来加以研究，其实一般情况下公务员的辞职并不是一种责任追究，如果因为一定原因而引咎辞职或者被责令辞职，就要根据其追究主体来进行判断，从而认定其责任形式。

三、我国行政问责制的完善问题

本书认为，我国目前行政问责制的问责对象包括行政机关及其公务员，而问责制的种类应从追究主体为依据来进行分类，分为政治责任、行政责任和法律责任。在我国问责制实践中，还存在着较多的问题：例如在首长负责制中，行政首长和其他领导人的职责划分问题，具体后果的承担问题；在对公务员进行责任追究时的公务员权利保护问题；我国目前主要是同体问责，如何在完善同体问责的同时，发挥异体问责的作用等。以下就从这几个方面来进行探讨：

（一）重视问责对象责任的规范化与法定化

在行政问责制中，问责对象的责任设定和责任追究是两个关键性的问题，责任设定关系到问责是否有相应的职责，只有确定其相应的职责，才能判断其是否完成了职责，以及完成职责的情况，然后才能在此基础上进行责任追究。如果没有事先明确的责任，则在事后追究其责任就会丧失其正当性。因此，在行政问责制的制度设计时，首先要明确问责对象的职责，例如在节能减排工作中，我国在中央层面明确了各省市自治区及中央所属的大型企业的节能减排任务，这为以后责任的检查与责任追究奠定了基础。

同时，在事前确定问责对象的责任时，也应注意其合法性与合理性，防止违法设置问责对象的责任和防止设置不合理的责任。因此，需要注意以下问题：

关于行政首长负责制。在行政问责制中,行政首长负责制是我国较早重视的一个问题,也是存在问题较多的一个方面。在行政问责制中以行政首长负责制为重点是非常必要的,是问责制的核心与关键,因为行政首长对于一定机关的依法行政具有领导作用和推动作用。

需要改进的是:一是要科学界定行政首长责任的范围,不能追究其无限的责任,也不能仅仅追究其单一的责任,如行政首长辞职后就不追究其他的责任。最关键的是划分领导人的责任,如行政首长与副职领导之间的责任划分,在我国,其他领导人(副职领导)并不是直接由行政首长决定而产生的,而是由同级人大选举产生的,行政首长与其他领导人之间的关系就比较复杂,需要事先确定其职责与责任,有学者认为,确定行政首长与副职领导人职责"基本原则是,依据双方的职责范围和裁量权限确定责任划分。副职领导对其分管的事项承担责任,行政首长对本机关的所有工作承担责任"❶。二是要解决一些官员被问责后不久就重新任职的问题。目前我国被问责官员的复出问题比较严重,法律应该对此加以明确:如果是自行辞职的,在1年内不得担任与原职相同职务;责令引咎辞职的,2年内不得担任与原职务相同的职务,而且其待遇也要相应地进行调整。但由选举制而产生的职务不受时限的影响,因为从理论上说,如果在选举中,选举人仍然选举被问责的官员,说明选举人已经对其行为给予了原谅,此时其再次出任公职已经具有了正当性。

其次是对公务员责任的设定要符合法治的要求,如符合比例原则和法律保留原则。如2003年的公安部的"五条禁令"规

---

❶ 胡建淼:《领导人行政责任问题研究》,浙江大学出版社2005年版,第319页。

定：严禁携带枪支饮酒、违者予以辞退；造成严重后果的给予开除等内容，就被认为是"有违行政处分责任法定原则"和"过罚相当原则"❶。对公务员确定了不合理的责任，特别是在一些运动式执法中设置一些不合理的责任，然后由此对公务员进行问责，违反了法治原则，很容易导致人治的产生，这也是需要予以高度关注的。因此，在对公务员责任的设定时，应满足法治的基本要求，重视其统一性与合比例性，以保证政府行为的正当性。

（二）加强对问责对象的救济

行政问责制包括政治责任、行政责任和法律责任，目前我国主要是行政责任。在政治责任中，公务员的救济方式是较少的，因为在政治责任中，法律没有也不可能对问责对象的行为是否需要问责加以明确，议会具有很强的自由裁量权，此时是否追究政治责任、追究什么样的政治责任，往往取决于议会对问责对象的信任程度，其他机关包括司法机关没有能力对此加以审查，给予问责对象以救济；而在法律责任中，法院的问责已经满足了救济的要求。因而，主要是行政问责的救济问题，而根据我国《公务员法》的规定，行政责任一般是不能通过司法来进行救济的。这导致了问责对象的权利救济会受到影响，不利于法治建设。所以，必须通过改进法律的规定来保证对问责对象的救济。

一是重视程序问题。行政问责制应重视程序问题，一般应包括立案、调查、当事人陈述、审理程序、决定程序、权利救济程序等，在这些程序中既要重视对责任的认定，也要重视行政公开问题，重视问责对象的权利保护问题，使责任的追究准确、合法，既能惩戒违法违纪的公务员，也能保护其合法权益。

二是重视问责对象的权利救济。目前应改进我国《公务员

---

❶ 杨解君：《行政责任问题研究》，北京大学出版社2004年版，第190页。

法》中公务员的权利救济方式,当受到行政责任的追究时,公务员只能通过申诉来救济,这是违反现代法治的精神与要求的。根据现代权利救济理论,公务员受到不利的纪律处分时,也应享有申诉、复议和诉讼的权利。司法救济途径也是对于同体问责的一种纠偏,因为问责对象一旦向法院提起,法院就可以在行政问责制方面起到更大的作用,法院对于行政责任的追究就有了最终的决定权,避免了目前绝大部分是由行政机关问责的状况。

三是重视下级行政机关的救济。我国是单一制国家,上下级政府之间的关系是非常明确的,一般下级政府对上级政府的决定很少有救济的途径,而这不利于政府间关系的法治化。因此,也需要在这方面加以完善。以环境治理为例,我国上下级之间的关系除了区域限批外,还涉及各行政区域的排污量的分配,这直接决定了各地经济和社会的发展。根据现行的法律体制,上级机关作出的决定,下级机关往往是没有办法进行救济的,因此,上下级机关之间的救济问题也需要在问责制中加以完善。

(三)重视异体问责、完善同体问责

目前我国的行政问责制实践中,主要还是同体问责,异体问责很少,这样不利于依法行政的开展。因为,同体问责存在着程序不透明、依据不规范、问责对象权利救济不够这样的缺陷,需要通过异体问责加强问责制的成效。另外,还要重视社会力量对于行政问责制实施的监督,促进问责主体积极行使职权,对应予问责的坚决问责,而对于不应问责而受到不利处分的,也要保证其权利的保护。也就是说,仅仅有问责制的相关规定也是不够的,因为"徒法不足以自行",在建立了相应的制度之后也还要注意相应的机制的建设,为行政问责制的实现打好基础。主要应注意以下方面的工作:

1. 改变行政问责制中的权力权利结构

目前在问责制中的权力权利结构尚不合理，导致了问责制的效果受到限制。首先是权力过大，表现之一是：党的权力过大，在问责制中，无论是同体问责还是异体问责，实际上都受到了各级党委的严重制约，问责制的法治化程度不高，"在我国的政治体制当中，无论是人大、政府还是司法机关，都受到中国共产党的绝对领导。在中国共产党的领导下，没有哪个机关是纯正的'异体'。"[1] 表现之二是：在同体问责中，各级行政机关的权力过大，不仅远远大于公民权利和社会权利，而且也远远优越于人大和法院的权力。其次是权利过弱，我国公民权利和社会权利在目前都处于较弱的地位，对于国家权力的制约力量过小。

因此，需要在这两个方面加以完善：一是增强公民权利，主要是相对人对问责制的制度化参与，允许相对人要求有权机关追究有关人员的责任。目前当公民的权利受到行政机关的侵害时，公民可以要求行政机关承担责任，但之后对违法违纪人员的问责事情，与相对人没有关系。因此，需要从制度上保证相对人享有要求问责主体进行问责的权利，如果不服其决定可以提起行政复议和行政诉讼，这样就可以促进问责主体积极进行问责。当然，对于没有直接受害人的问责事由，鼓励社会舆论的监督，也可以促进问责主体的责任追究。

二是加强权力的制约。加强人大问责机制的建设，人大是我国的权力机关，享有较多的监督权力，但目前我国人大的权力运用较少，需要强化其在问责制中的作用。另外，也需要加强法院在问责制中对于行政机关的制约作用。

---

[1] 韩志明："当前行政问责制研究述评"，载《云南行政学院学报》2007年第2期。

2. 公开问责的理由和结果

由于我国目前的问责主要是行政问责，而行政问责是一种内部问责，外界很难对此加以监督，容易出现人治的现象。通过对问责的理由和结果的公开，可以使社会公众了解问责的真相，有利于对行政问责的监督，促使行政机关认真对待问责制。

3. 加强社会对于行政问责制的监督

这种监督包括两个方面：一是对于引起问责的事由的监督，当发生问责事由时，由社会提出来，进行批评和建议，提出问责的主张，这样可以引起问责主体的重视；二是对于问责结果的监督，当问责主体没有进行问责，或者问责结果不适当时，也应该允许社会对结果进行监督，只有这样才可以保证监督的效果。

四、我国环境问责制相关问题

如果说，问责制目前在我国已经基本上形成了一种制度，那么，在我国环境法制建设方面，行政问责制相对而言更为成熟。在环境领域，我国不仅可以适用一般性的问责制，而且也制定了专门性的问责规范，在我国的环境法制建设中，已经形成了较为有效的环境问责制度，并且已经出现了一些有影响的案例。例如，2005年中石油吉林石化公司双苯厂发生爆炸事故，事故造成了松花江水环境污染。当时的国家环境保护总局局长解振华就被责令引咎辞职，是我国受到问责处分的最高职位的环境官员。可见，我国的环境问责制已经基本形成，发挥了应有的作用。

（一）我国环境问责制的发展历程

1. 环境问责制与一般问责制度的混同时期

我国实行问责制的时间并不长，那时也没有专门的环境问责制，我国的环境问责在开始只是适用一般的问责制的规范来进行处理的。具体包括以下几个时期：

(1) 适用安全事故责任追究时期

2001年4月21日，我国颁布并实施了"国务院关于特大安全事故行政责任追究的规定"，来对安全生产事故进行责任追究。在这一时期，我国也发生了一些重大的环境事故，此时，主要是依据这一规范来对相关人员进行责任追究。例如：松花江污染案和重庆开县的天然气泄漏案件，都是适用一般的问责制。

(2) 适用执法责任问责制时期

2005年国务院办公厅制定了《关于推行行政执法责任制的若干意见》，要求对行政执法过程中的违法行为实行问责。《国务院关于特大安全事故行政责任追究的规定》针对的是特大安全事故的问责，随后，我国又制定在执法领域建立了问责制，这同样也可以适用环境执法。但由于环境问题还具有其特殊性，还需要更有针对性的问责制制度。

(3) 2009年7月12日中共中央办公厅、国务院办公厅发布了《关于实行党政领导干部问责的暂行规定》，该《规定》中的"党政领导干部"包括：中共中央、国务院的工作部门及其内设机构的领导成员；县级以上地方各级党委、政府及其工作部门的领导成员，上列工作部门内设机构的领导成员；乡（镇、街道）党政领导成员。而问责的事由主要包括：决策严重失误，造成重大损失或者恶劣影响的；工作失职，致使发生特别重大事故、事件、案件的；政府职能部门管理、监督不力，在其职责范围内发生特别重大事故、事件、案件的；在行政活动中滥用职权，强令、授意实施违法行政行为，或者不作为，引发群体性事件或者其他重大事件的；对群体性、突发性事件处置失当，导致事态恶化，造成恶劣影响的，等等。

可见，根据这一规定，对于党政领导干部的问责，在环境领域也是适用的。

第五章 政府环境行政责任

2. 专门的环境问责制度的形成时期

上述各种制度的建立说明我国已经初步形成了行政问责制度。但毕竟是一般适用的规范,而环境领域的许多事项具有其特殊性,需要建立专门的问责规范。因此,2006年2月20日监察部和当时的国家环保总局联合制定了《环境保护违法违纪行为处分暂行规定》,其适用的对象是:国家行政机关的主管人员和其他直接责任人员,以及对有环境保护违法违纪行为的国家行政机关工作人员。而问责的事由主要是:在环境决策、环境规划和环境执法等领域的环境违法行为。从此,环境保护的问题有了专门的规定。

其后,我国在"环保风暴"期间,实行了区域限批制度,被认为是对地方环境保护不力进行有力问责的一个杀手锏。

3. 环境治理问责制的扩展时期

经过上述一般的和专门的环境问责制度的发展可以看出,我国环境问责制有一个发展的过程:最早是事故型问责制,即对发生环境事故,特别是特大环境污染事故的相关人员进行的问责;后来发展到环境执法中的问责制,当然也包括在环境问题引起的重大群体性事件的问责,环境群体性事件问责与一般的问责也是高度相关的,因此,可以理解为事件问责;再次,在"十一五"期间,我国实行了节能减排问题,通过问责来强化节能减排的效果,经过全国上下的共同努力,我国在"十一五"期间完成了原定的节能减排目标,在"十二五"期间,我国继续坚持节能减排的目标,并扩大了节能减排中污染物的种类,实际上是强化了节能减排责任制的内容;最后,我国在其他方面也加强了环境问责,例如在整个国家层面,我国面对流域治理问题,逐渐建立了流域治理的问责制;针对近年来中国东部地区大范围的雾霾天气,一些地方制定了新的问责要求。

从环境问责制的发展来看，我国的环境问责制度已经呈现出了明显的特点，即：环境问责制由原来针对具体事项的问责，即事故和事件的问责，向整个环境治理问责的方向发展，已经是一种绩效问题问责。我国的问责已经从单一问责、个案问责，向整个治理过程、治理绩效的问责发展，而且绩效问责已经从行政区域内的环境绩效向流域间、跨区域的环境绩效问责的发展，反映了我国在环境治理领域进行的不断探索。经过十几年的实践，我国的环境问责制度已经基本成型，对于我国的环境治理起到了良好的作用。

（二）我国环境问责制的法律规范

环境问责制要能得到有效的实施，必须要有明确的刚性的法律依据。我国在环境问责制的建立初期，就开始重视这一问题，制定了大量的法律规范，这些规范与已经制定的一些法律规范相结合，对环境问责制的实施起到了保证作用。

我国的环境问责制的法律规范是在对实践中存在的问题加以总结和对学术界的研究成果予以重视的结果。例如，我国的许多环境法学者认为：政府环境责任的不明确或者不够严格，是我国环境问题大量存在的重要因素，因此，需要在法律中和实践中加强环境问责制的规定和执行。这样的主张在一定程度上得到了回应，并且也得到了相应的重视。

我国环境问责制的现有立法主要有一般法律中关于环境问责制的内容和专门法律性文件的规定：

1. 一般法律中环境问责制

我国早先的环境法律中，关于环境问责制，是以法律责任的形式体现出现的，而且规定得非常模糊，例如《环境保护法》中关于行政机关及其工作人员的环境法律责任的规定，就非常简单。在理论界和实务界的呼吁下，我国慢慢认识到应加强刚性的政府环境责任规定,因此,我国的环境立法中逐渐增加了政府环境责任的内容。例如,2009年修订的《深圳经济特区环境保护条例》和2011年制定的《太湖流域管理条例》对行政机关的各项职责规定得非常明确。以《太湖流域管制条例》为例,该《条例》对于县级以上地方人民政府,就规定了合理确定饮用水水源地的职责(第7条);对重点水污染物的总量削减职责(第25条);同时也规定了县级以上人民政府的相关职能部门的职责,如两省一市人民政府环境保护主管部门重点水污染物排放总量削减和控制计划的职责(第25条)等。这些规定有利于明确行政机关的职责,也为今后的责任追究奠定了基础。

2. 专门法律的规定

虽然我国并没有在环境领域制定专门的问责制的内容,但我国的一些共同的环境问责制规定还是存在的,例如,我国的《环境保护违法违纪行为处分暂行规定》,就是一种对于政府环境执法方面的问责。当然,在《公务员法》和其他的法律中,也存在着相关的法律规定,这方面也已经在前文中提到过,此处就不详述了。

(三)我国环境问责制的作用与问题

1. 环境问责制的成就

我国环境问责制实施的历史并不长,但在环境治理中,还是产生了巨大的作用的。这主要体现在以下几个方面:

一是观念更新的作用。我国长期实行的经济发展优先的战略,对于环境问题并不重视。各级政府和官员的侧重于发展经济,认为经济发展是他们的主要职责,而环境保护只是其次要职责,甚至只是一个重要的话题,即"口头上重要,行动中不要"。环境保护处于一个十分尴尬的境地。环境问责制的实施,特别是在"十一五"期间将节能减排作为一个拘束性指标后,对各级政府和官员在触动非常大，一些政府官员的观念上也产生了变化，正如在节能减排最后阶段浙江省的一个省长吕祖善所言：GDP 增长 8% 还是 10%，这只是预期性指标，但单位 GDP 能耗下降 20% 的目标是约束性指标，必须完成。❶ 在这样的问责制背景下，一些地方官员在观念上开始重视对环境的保护了。

二是拘束政府不当行为的作用。环境问责制实施后，一些政府官员开始重视环境问题，对于污染企业的容忍度开始下降。并加大了环保的投入，我国的环保投入长期处于较低的水平，实行问责制后，一些地方加大了对环境保护的投入，不仅保证了人员编制，而且在技术和资金上也保护了投入；同时，加强了对环境违法行为的查处，一些地方开始加强了环境执法的力度，对于环境违法行为形成了有效的遏制。

三是制裁了一批官员，促进了对环境的治理。在环境问责制的实施中，大量的官员因环境问题而受到问责，最典型的是原国家环境保护总局局长解振华的去职，这对许多官员起到了很强的震动作用，促进了他们重视环境的治理，再也不敢以环境为代价来发展经济，将环境作为一种可以忽视的公共物品了。例如，"从 2006 年开始山西将关注焦点由经济增长指标转向环境质量指标，在全国率先开始实行环境问题的治理，据山西省环保厅统计，到目前山西省 100 多名地方官员因为环境污染问题被追究责任，对于山西省党政领导来说，环境保护已经成为头上的一把利剑，当官不抓环境保护的时代已经一去不复返了。"❷ 山西省的

---

❶ 陈中、小路：“上半年不管你，下半年管死你”，载《南方周末》2010 年 9 月 23 日，第 15 版。
❷ “山西推行环境问责制 5 年，上百官员因环境污染被问责”，载中国广播网 2013 年 1 月 2 日。

经验可以说是一个很好的例子。山西省实行严格的环境问责制,必然会对一些官员产生震动,同时也有利于促进这些官员对于环境的治理。

由此可见,我国的环境问责制实施以来,对于环境保护起到了良好的作用,特别是在"十一五"期间的节能减排指标的完成,是一个极好的范例,也提振了我国环境保护的信心。说明只要实行严格的问责制,是能在一定时间内对于环境保护和改善起到良好的推动作用的。因此,我国环境问责制在环境保护中的作用是功不可没的,需要在今后的环境保护工作中坚持并完善,以实现具有中国特色的环境问责法律制度。

2. 我国环境问责制度在实施过程中存在的问题

虽然我国的环境问责制已经取得了一定的成就,但我们也应清醒地认识到,在我国的环境问责实施过程中的问题也有许多。其中主要的问题是:

一是问责制的单一性,基本上是行政问责制。我们知道,从问责制制度的本身来源与目的来看,问责制应该包括政治问责(议会问责)、司法问责和行政问责这几种形式(当然也包括一般的社会问责),但我国目前的环境问责制实践中,基本上只有行政问责制这一种,即由行政机关制定与实施的环境问责形式,这种问责虽然也是具有重要的意义的,特别是在现代社会中,一般的政治问责与司法问责的效果已经不够明显,而行政问责正在发挥着越来越重要的作用。但毕竟行政问责制只是问责制的一种,其他类型的问责制仍然可以对行政问责制产生有效的补充作用,可见,仅仅依赖行政问责制,仍然会导致问责制存在一定的不足。

二是在问责制过程中,从责任的确定(主要是绩效问责类,例如,节能减排与流域治理)到绩效的评估,再到责任的追究,都基本上是一种行政系统的封闭状态下的运行。社会公众的参与及问责的透明度等方面，特别是程序方面还是非常不完善的。

如前所述，我国的环境问责制基本上是行政系统内部的一种责任追究制度，虽然这与行政权自身的官僚制的特点——具有命令服从性和效率性——紧密相联，同时也与我国的行政权强大的传统及现代行政国家发展的特点高度相关，但即使这样，根据依法行政的特点，也需要行政权力的运行具有合法性和合理性。这种合法性与合理性，不仅体现在对于外部运行，在内部运行时，也应注意这两个方面的要求。

首先，环境问责制必须建立在责任的确定上，这种责任主要是指行政机关具有什么样的职责，以绩效问责为例，如果是要进行绩效问责，那么其前提是为问责对象确定责任，即行政机关要达到的目标。例如，我国的节能减排，以能耗和一定污染物的排放量来作为责任的标准，这是一种明确的责任。其中应注意的问题是，由于能耗标准和污染物的排放量都关系到一定地区或行业的经济发展，要保护其确定的公正性，包括程序上的公正和实体上的公正。其次，在确定了责任后，需要对问责对象的责任完成情况进行评估，在我国，往往依赖于各地的统计部门和环境监测部门，但关键是我国的统计部门和环境监测部门在环境统计数据上的独立性是受到人们的质疑的，此时，如何保护其中立性和公正性，是一个值得关注的问题。再次，在对环境绩效进行评估后，就需要对相关的责任主体进行追究，但这种追究仍然是内部进行，没有外部的监督和知情，因此，也存在一定的问题。最后，我国的环境问责制存在公众参与与公开透明问题，我国的环境问责从前面的一系列制度运作上都没有足够的公众参与，也没有相关的公开透明制度来做保障，因此，环境问责制基本上属于一种行政机关的内部责任追究体系。虽然目前的效果是不错的，但我们知道，仅仅依赖内部问责是不够的，需要行政系统对环境保护有强烈的责任心和保护环境的观念，如果这些方面出现了不足，行政系统实行问责制的动力和效果就会大打折扣。

而如果借助于透明和公众参与，可以在外部给予行政机关一定的动力，督促他们积极、完全地实施环境问责制，这样就可以形成整个社会的良性互动。而不是目前行政机关单方面运行机制在发挥作用。

三是对于问责对象的保护问题，尚没有得到有效的重视。我国目前的环境问责制，主要针对的是各级官员，即各级公务员。由于我国受传统思想的影响，对于公务员的权利保护是不足的。例如，我国的《公务员法》中对于公务员的权利救济的规定是非常有限的，这与过去德国的特别权力理论指导下的公务员保护是相同的。但随着民主法治思想的深入，对于公务员的权利保护已经是非常完善了。因为，公务员作为一个普通公民也有其应有的法律权利，当其权利受到侵犯时，给予其应有的保护，也是法治应有之义。但在我国的问责制中，对公务员的保护是不足的，对公务员进行责任追究不仅具有随意性，而且也不重视对其救济，这会造成公务员权利救济的不足，也会损害其依法行使职权的积极性。

四是往往重视的是公务员个体的责任，忽视追究行政机关的责任。我国目前的环境问责制，主要体现在对各级公务员，特别是负有领导职务的官员的问责。但仅仅追究公务员个体的责任，可能会造成负面的作用。例如，一些组织要求其所属的公务员不履行环境保护的职责，因为这会给当地带来一定的利益，最典型的是一些地方违法许可达不到环境标准的企业开展生产，或者降低对企业的环境要求，因为这样会给当地带来较大的利益。如果事后对相关的公务员（包括负有领导职务的公务员）进行问责，虽然可以对违法的公务员起到惩戒作用，但地方政府获得的利益却没有受到影响。而通过追究各级机关或组织的责任，可以使这些组织因此利益受到损失，对其今后的行为具有一定的警戒作用。我国目前的环境问责制度中，也开始尝试对组织（或者区域的）的问责。例如，早期对于未能完成节能减排任务或者存在其他环境违法的，可以通过"区域限批"的方式，来限制或者停止对该区域的环境许可，这是具有非常大的威力的一种组织责任。如果运用得当，可以有效地遏制一些地方的环境违法行为。《太湖流域管理治理》第55条规定："有下列情形之一的，有关部门应当暂停办理两省一市相关行政区域或者主要入太湖河道沿线区域可能产生污染的建设项目的审批、核准以及环境影响评价、取水许可和排污口设置审查等手续。"这就是一种区域限批制度，是一种对整个政府具有强大的威慑力的制度。

另外，也可以采取其他的方式，如财政补助等方式。

当然，我国采取的环境问责制，追究领导人的责任，主要是与我国的政治制度相匹配的，因为我国是单一制国家，下级政府必须对上级政府负责，上级政府可以任免下级政府的领导人，而且我国的政党制度也起到了这种体制的保障的作用。在国外，特别是联邦制国家，中央政府对于地方政府官员并没有任命权，这样中央政府对于地方政府更多地是采取财政方式或者是加强中央直接执法的方式。

（四）我国环境问责制的完善

我国环境问责制已经取得了一定的成效，但也应该承认，其不足也是值得关注的。具体而言，我国应该从以下几个方面对我国的环境问责制加以完善：

1. 改变观念，树立生态文明观和科学发展观。观念的力量是巨大的，我国在环境治理上失误的重要原因是观念上的偏差，因此，我们需要改变观念，认识到原有的发展模式存在的问题，而要做到这一点，就需要各级政府和全社会正确处理经济、社会与环境的关系，善待环境。

2. 建立完善而科学的问责体制。首先是法律制定问题。要建立环境问责制，需要明确的法律依据。通过立法来确立法律责任，并依据法律来追究法律责任，是现代各国环境法治的基本经验。例如美国，早在1969年的《国家环境政策法》中就规定了总统应向议会报告环境质量的责任，这是一种政治责任。至于其他的责任，最近的例子是美国切萨皮克湾流域治理的问责制立法，为了更好地治理切萨皮克湾，美国专门制定了相关的法律来实行问责，这是环境问责制法治化的良好例子。在我国，已经有了一些成功的经验，例如前述的《深圳经济特区环境保护条例》和《太湖流域管理条例》，都以大量的篇幅对政府的环境责任问题进行了规定，这已经开启了我国的环境问责的立法先例，今后，还需要在这方面继续深化，加强立法工作。

其次是责任的确定和追究的程序问题。环境问责制中，如何确定责任（职责与义务）是问责制的前提，因此，需要在这方面加以明确。例如，在节能减排活动中，应确定各地的具体的指标；而在流域治理过程中，应在总量控制与最大日排污量控制的基础上确定各地的排放量和断面的水质标准，只有这样才能明确责任，为今后的问责确立基础。

严格科学而独立的监测手段和数据也是非常重要的。

至于责任追究的程序，我们还需要继续完善，从而保证其公正性。并保证受到追究的个体或组织（政府）享有充分的申辩权和救济权，从而保护他们的权利。

3. 完善其他力量在环境问责制中的作用。我国的环境问责制，还局限于行政问责，因此，需要补充其他的问责类型，如政治（人大）问责和司法问责，通过这两种问责制，可以促进行政机关在环境治理中的作用，特别是加大对主要领导人的压力，体现异体问责优势。如果说，这两种问责还是体制内的压力，那么，公众参与则是一种体制外的压力，通过公众参与，可以改变政府官员唯上不唯下的特点，促进其着眼于环境治理，实现环境善治。

第六章　政府环境法律责任

第一节　政府环境法律责任概述

一、政府环境法律责任的类型

政府环境法律责任是由法院来要求政府承担的环境责任。作为专门履行裁判职能的国家机关，法院要求政府承担责任的方式有其自身的优势。主要体现在：一是可以通过完整的法院系统来对政府的行为进行审查。在我国，存在完整的法院系统，具有行政诉讼审查职权的县级以上法院有数千家，每一家法院都有专职的审查行政诉讼的法官，这为行政诉讼和其他针对政府环境责任的诉讼的审理提供了坚实的物质保证。二是具有适用法律优势。法院不仅是一种常设的机关，法院的主体——法官还是一种专门适用法律的专业人员，他们对于法律的适用具有天然的优势，比一般的人大常委会的委员和各级行政机关的人员更具有适用法律的优势，可以更好地理解与适用法律。三是相对行政机关的内部监督，具有一定的中立性。现代行政机关内部，也存在相当多的相互监督关系，被称为内部监督，这对于加强行政机关依法行政也是非常必要的。但正因为是内部监督，也会造成相对人的不信任，而法院对行政机关的监督是一种外部监督，更容易取得相对人的信任。

当然，由法院来追究行政机关的责任也具有自身的劣势，主要是目前我国法院的权威性还存在不足，对行政机关的监督有时还处于相对不力的状态。

在要求政府承担环境责任的机制中，法院追究的是政府的环境法律责任，政府环境法律责任主要有如下几种类型：

一是履行义务责任。政府具有法定的职责，应履行义务而不履行或者虽然履行了但没有达到法定的要求，原告可以向法院提起诉讼，由法院作出判决，要求行政机关履行义务。这又分为两种情况：一种是法律规定了非常明确的职责，当行政机关不履行义务时，由法院来作出判决。这种情况容易判断，由于法律规定明确，法院可以依法判决。另一种是法律规定了行政机关的职责和义务，但这种职责和义务是不明确的，是一种政策性的要求，如环境保护法中的"各地政府有保证环境质量的责任"，这种责任的界定就比较模糊。政府履行这种积极的环境职责，是非常必要和重要的，如果没有政府采取积极的行为，法律的目的就无法实现，同时也无法保护公众的环境权益。因此，法院也需要作出一定的判决，要求政府履行其法定职责，维护或保证一定的环境质量。

二是停止侵害责任。当政府的行为损害了原告的环境权益时，原告可以要求法院作出一定的判决，以禁止行政机关的行为。政府行为的损害包括直接的损害，即一般的行政诉讼，也包括间接的损害，主要是环境公益诉讼问题。环境公益诉讼是目前我国非常重视的一种环境法律制度，"对任何一种重要的环境，政府都提供了市民诉讼的方式，通过市民起诉政府或者污染者而强化法律的实施。"❶ 我国目前在这方面也在积极地开展相应的理论研究，并且在实践上也已经取得了一定的成效。

　　三是侵权赔偿责任。当政府的行为损害了原告的环境权益，原告可以要求行政机关承担国家赔偿责任。政府负有环境监管之职，如果政府没有履行好这一职责，那么，应承担国家赔偿责任，包括两种情况：一是当政府在环境监管过程中，以积极的行为侵犯了公民的利益时，应承担相应的国家赔偿责任，如政府在环境监管过程中，违法对相对人进行处罚，并造成相对人的损失的行为，此时，政府的违法行为直接对相对人的人身和财产造成了损失，无疑应承担相应的国家赔偿责任，与一般的国家赔偿是没有什么区别的；二是当政府没有履行监管职责或者履行环境监管职责没有达到法律要求，即监管不作为时，应承担的国家赔偿责任。这种责任比较复杂，因为造成相对人的损失的直接原因是污染企业，而政府的环境监管不作为只是间接原因，此时政府是否承担责任、承担什么责任、向谁承担责任，等等，都是需要进一步研究的。

　　当然，还有一种责任形式，就是环境补偿责任。是指国家没有违法情形时，对于公民、法人或其他组织因为环境原因而遭受的经济损失给以补救的责任。在环境法中，这种责任正越来越多地出现，例如：生态补偿责任、对找不到污染者或者污染者没有赔偿能力时对受害者的补救责任、对野生动物造成侵害的责任，等等。这方面我国台湾"环境基本法"第4条就有相关的规定，即"国民、事业及各级政府应共负环境保护之义务与责任。环

---

❶ Christian Langpap and Jay P. Shimshack, Private citizen suits and public enforcement: Substitutes or complements? 59. Journal of Environmental Economics and Management. 235 (2010).

境污染者、破坏者应对其所造成之环境危害或环境风险负责。前项污染者、破坏者不存在或无法确知时，应由政府负责。"此处的政府责任，主要就是一种环境补偿责任。

二、环境法律责任与环境司法的发展趋势

在国际上，非常重视司法在国家法治建设中的作用，往往将司法的最终裁决性作为一个国家法治水平的重要标志，而强调司法在政府环境责任中的作用，也可以起到保证政府履行环境责任的作用。如美国和日本的环境诉讼（包括环境行政诉讼）就非常发达，这为法院适用环境法提供了广阔的舞台。

例如美国，其一些重要案例已经在环境法制中起到了重要的作用，对美国的整个法律制度也起到了巨大的作用。例如，谢弗林案确定的谢弗林尊重原则在美国环境法和行政法领域都具有重要的影响。而2007年美国联邦最高法院判决的马萨诸塞州诉联邦环保局案，对于美国的气候变化管制就起到了重要的作用，对于全球气候变化应对也产生了重要影响。

日本也是如此，"公害审判与环境保护诉讼，是日本环境法实践的重要内容，一方面，公害审判与环境保护诉讼使得环境法的原则性规定经过适用而具体化，并形成有拘束力的判例法；另一方面，公害审判和环境保护诉讼又为环境立法提出了实践课题，促进环境法的进一步完善。"❶

目前在我国，环境司法问题已经得到了越来越多的重视。其中值得注意的是以下几个方面：一是环境司法的专门化问题，即通过建立环境法庭，甚至是环境法院来促进环境法的可司法性，

---

❶ 梅泠、付黎旭："日本环境法的新发展——《环境法的新展开》译评"，载《环境资源法论丛（第二卷）》，第207页。

因为环境问题具有更多的专业性的特点,通过专门化的环境司法,可以有效应对这一问题;二是提高环境司法的独立性问题,我国的环境司法不仅是能力的不足,更重要的是在司法审查环境案件中,存在着司法审查受到了过度干扰,特别是地方政府基于经济发展的目的而对环境司法的干扰问题;三是扩大受理范围问题,又包括对案件的受理问题与原告资格的扩大问题,我国目前环境案件数量较少,与我国严重的环境现状是不相称的,通过扩大环境案件的受理范围,可以将大量的环境争议引入到诉讼机制中来,促进环境司法的发展,发挥司法在环境法治和促进政府环境责任方面的作用。这些都是环境司法所要面对的问题。

但由于这些问题有的非常宏大,有的又有学者进行了专门的研究,因此不再就这些问题进行评述。基于本书研究的主题的要求,本书从以下几个方面来论证环境法律责任问题,希望能通过这几个方面的研究,来认识到环境法律责任在促进政府环境责任方面的作用,并为今后我国的环境法律责任制度的完善作出一定的努力。

第二节　环境质量责任诉讼

一、环境质量责任可诉性原理

由于环境质量责任主要是需要政府作出一定行为的积极责任,而政府的行为受到政府财力物力和行政统一规划的制约,政府具有较强的自由裁量权。因而有许多学者认为,对于环境质量责任这样的积极责任,不太适宜由法院来进行裁判,而应该由立法机关和行政机关来进行判断。这在前面政府环境质量责任的特点方面已经有所介绍,但对此也存在着大量理论上和实践上的不同看法和不同的做法。因此，本书在下面对政府环境质量责任的可诉性问题进行进一步的探讨，希望能在理论上给予相应的解释。

一是必要性问题。必要性问题似乎是不需要讨论的问题，因为，在现代社会里，司法的作用是毋庸置疑的，社会中的事务，通过司法得以解决，也是直接关系到这一社会的法治水平的事情。随着社会的发展和司法能力的提高，司法在社会生活中的作用越来越大，正如有学者所言："在现代，任何政治问题，都可以演变为法律问题。"可见，由法院来对政府的环境质量责任加以裁决不仅是必要的，也是可行的。

二是对政府积极责任不可诉理论的反驳。如前所述，人们对于政府积极责任不可诉的主要观点是将权利分为积极权利和消极权利这样的两分法来进行的，认为政府相对的义务就是积极义务和消极义务。对于消极义务，比较容易判断，完全可以利用司法的方式来加以判决；而对于积极义务，则因这一义务具有的复杂性，认为法院不能也没有能力来加以裁决。这就是"权利两分法"的观点。

对这种观点的反驳主要有以下的几种观点：

1. 简单将权利分为消极权利和积极权利是不确切的

有一部分公民政治权利与经济和社会权利一样是"积极的"，因而也需要消耗许多资源，同样也至少有一部分经济和社会权利像公民政治权利一样是"消极的"，因而不需要消耗太多的资源。[1] 如作为传统的消极权利的财产权，当受到他人侵犯时，政府就有责任提供保护，这样政府也必须作出一定的行为来

---

[1] 黄金荣：《司法保障人权的限度》，社会科学文献出版社2009年版，第130页。

实现公民的财产权这一所谓的"消极权利"。可见,权利不能仅仅从其积极和消极这两种角度来划分,"所有自由权事实上也必然包含积极的义务"❶,作为现代政府,保障公民的权利是一种法定的职责和义务。所谓的消极权利可以司法化,基于同样的原理,积极的权利也同样可以实现司法化。

2. 义务层次理论

在对"积极权利"的司法化进行的思考中,国际人权法学界也发展出了义务的层次理论,对政府的积极义务的可诉性问题进行了深入的研究,为政府积极义务的可诉性问题提供了理论上的支持。政府经济和社会权利义务包括:尊重的义务、保护的义务和实现的义务,对尊重的义务和保护的义务是可以裁判的。

这里可以用联合国经济社会文化权利委员会如关于水权定义的为例来说明:"水权包括水自由和水权利。水自由是指有权持续地接近现有的必要水供应的权利和有权免受不当的干预,如免于受到武断地拒绝供应和避免受到污水供应的权利;相比之下,水权利包括有权接近水供应系统和水管理系统,以便获得平等的机会享受他们的水权。"❷

在这一文件中,对国家的三个层次的义务也界定得十分明确:

该文件认为:水权和其他人权一样,要求国家承担三种类型的义务,即尊重的义务、保护的义务和实现的义务。

1. 尊重的义务

尊重的义务需要国家避免直接或者间接干预人民享有水权的

---

❶ 黄金荣:《司法保障人权的限度》,社会科学文献出版社2009年版,第140页。

❷ Economic and Social Council, General Comment No. 15, 2002, p4.

行为。这一义务包括：避免通过任何实践或者行为拒绝或者限制人民接近水，武断地干预传统的和习惯的对水的分配；不合法地减少或者污染水，例如，通过国家设施中产生的污水或者使用和实验武器而产生的污水；限制接近或者破坏水设施。

2. 保护的义务

保护的义务要求各国保护公民不因第三方的任何方式的干预行为，影响到其对水的享受。第三方包括个人、团体、公民和其他部分，如一些在国家的权威下活动的机构。这种义务包括：在国内，应采取必要和有效的立法和其他方式限制第三方拒绝平等地接近充足的水和污染及不公平地提取水资源，包括自然资源和水井及其他有效的供水系统。

3. 实现的义务

实现的义务能被分解成便利的义务、促进的义务和提供的义务。便利的义务要求国家采取积极的措施来帮助个人和组织享受这一水权；促进的义务要求国家采取步骤保证存在一定适当的关于水使用方法的教育，水资源的保护和减少水浪费的方式；国家也有义务实现公民的水权，当个人或者团体有合理的、超越他们能力控制的理由，不能依靠他们的方式实现他们的水权时。❶

从联合国经社理事会的这一文件可知，无论是所谓的消极义务，还是积极义务，都需要政府采取一定的行动，投入一定的资源。可见，在国际人权法上，政府的义务是存在一定的层次的，而每个层次都需要国家采取一定的行动。这也证明，政府对于人权的义务是全面的，都是需要政府采取一定的行动。

---

❶ Economic and Social Council, General Comment No. 15, by 2002, p9~10.

二、政府积极环境质量责任可诉性理论的发展

在现代权利体系中，没有单纯的积极权利和消极权利，所有权利都需要政府来加以实现和保护，政府在不同的层次上具有不同的义务，但都存在一定的实施要求。所以强调政府可诉性就是十分必要的。如菲律宾著名的环境律师 Antonio Oposa 所言：如果政府部门缺少对于环境保护的政治意愿，司法就可以提供这种意愿、力量和法律上的权力。❶

这方面的理论论证也是非常多的。

《关于实施〈经济、社会和文化权利国际公约〉的林堡原则》对经济、社会和文化权利的可司法性问题作了进一步的解释，林堡原则指出，虽然充分实现《公约》承认的诸权利为渐进的，但可即刻通过司法审判适用某些权利，而其他权利则可随时间而成为可审判的。林堡原则对公约所谓的"逐渐达到权利的充分实现"作出了比较详细的解释："逐渐达到权利的充分实现"义务要求缔约国尽快实现各项权利。❷

三、国外的相关案例

正是在经济社会权利可诉性理论的影响下，世界上出现了在法院对政府的积极责任进行裁决的案例。这些案例在世界许多国家都出现了，不论是强调传统的司法权性质的发达国家如欧美，还是在积极责任可司法性有较少限制的发展中国家，这些案例很好地发展了积极责任可诉性问题，从而为政府积极责任的实现提供了司法的保障。

---

❶ http：//www.worldjusticeproject.org/Eco-lawyer-presses-Manila-Bay-cleanup.
❷ 吴卫星："环境权可司法性的法理与实证"，载《法律科学》2007年第6期。

第六章 政府环境法律责任

(一)发达国家的案例

发达国家一般对于积极责任问题,比较强调权利权力分立理论,认为这需要立法机关和行政机关的实施,而不应该由法院来加以实施。但时代是发展的,发达国家在这一进程中也有所突破,如美国在较早时期就开始将环境权纳入到司法诉讼的渠道,"在 Payne 诉 Kassab 案中,当地居民诉求法院颁发禁令禁止宾州政府重新规划和拓宽一条街道,该街道将穿过附近的公园,并制造噪音,增加污染,减少休闲的机会。在本案中,尽管最终否认了原告对于这些价值提出的诉求,最高法院却首次承认了宾州居民享有一项由政府保障的、可提起诉讼的宪法性环境权。环境权正缓慢但坚定地向前发展着,在有些州已经从单纯的政策性宣示到可强制执行的'硬法'的过渡。"[1]

后来具有典型意义的马萨诸塞州诉美国环保局的案件,其案情是:马萨诸塞州等原告认为联邦环保局应该对二氧化碳等温室气体进行规制,以减少温室气体的排放,应对气候变化,但联邦环保局拒绝了这一要求。最后案件上诉到联邦最高法院,联邦最高法院认为,联邦环保局并没有对温室气体的排放与气候变化之间的关系去做什么,他们在因为合理的理由拒绝形成一个科学的判断上做得也很少。在气候变化的不同因素的不确定性上,联邦环保局不能避免他的法定义务。经过这样的判断后,美国联邦最高法院认为:虽然法院不能要求联邦环保局必须采取一定的行动,但是,法院认为联邦环保局应提供充实的依法采取行动和不采取行动的理由。[2] 在这一案件中,法院将二氧化碳界定为温室

---

[1] 张一粟:"美国法上的宪法环境权评介",载《财经政法资讯》2006 年第 4 期。

[2] MASSACHUSETTS v. EPA, 549 U. S. __ (2007).

气体，虽然没有要求联邦环保局必须要对二氧化碳的排放作出规制，但认为，联邦环保局应该对自己的行为作出一定的说明，这也从一个侧面说明了，法院可以对联邦环保局的不履行职务的行为进行审查，如果没有正当理由，法院不会支持他们的行动，也间接地说明可以要求联邦环保局作出一定的行为。也就是说，法院是可以对行政机关履行职责的行为进行司法审查，并要求行政机关作出一定的行为。

（二）发展中国家案例

与发达国家强调积极责任的司法化不同，发展中国家在国家积极责任的可诉性方面有许多成功的案例，对世界法律的发展作出了独特的贡献。在环境法方面，在许多发展中国家中出现了由法院对政府的环境质量义务进行裁决的案例。这些案例体现了将政府的积极责任加以裁决的趋势，不仅从实践上解决了积极责任的可诉性问题，而且也在理论上对积极责任的可诉性提供了良好的素材。

1. 印度的案件

印度是一个普通法国家，具有的英国法律传统，法院在环境法上也有着独特的贡献。"在印度、巴基斯坦和孟加拉国使用不同的宪法权利来保护公民环境权。作为一种基本权利的生命权，被扩展成了包括获得健康环境的权利。健康环境权被直接或间接地在法院得到适用。在印度，国家有义务保护和保存生态，这是这是国家政策的基本原理，但并不是一种公民基本的权利。另一方面，巴基斯坦和孟加拉国在宪法中并没有对环境提供任何直接的保护。在印度、巴基斯坦和孟加拉国，基本的生命权已经被扩展到包含自由权、生存权、健康或清洁的环境权，或者防止环境

退化的权利。"❶

在印度,法院通过 Subash Kumar 案,确认了优美的环境权是基本生命权的一个部分,法院还提出,自治市和其他政府部门,不能再满足于不采取有效的措施减少和预防环境污染。法院要求政府采取积极的措施来改进环境。这一主张在 M. C. Mehta v. Union of India 得到了强化,这一案件关注到了世界环境的恶化和政府在宪法下的义务,要求政府确保较好的环境质量。最高法院要求中央政府显示他们采取的,通过国家政府达到这一目标的步骤,并恢复环境质量。❷ 在印度,法院的持续性命令适用于法院要求行政机关清理受到工业和民用污染的恒河(Ganges River)。❸

2. 菲律宾的案件

在环境法领域,菲律宾具有丰富的司法实践,菲律宾的法院作出了一些非常著名的判决,如 1993 年的 Antonio Oposa v. Factoran 案,首先确立了后代也具有诉讼的资格,可以由他人代表自己要求法院维护自己的环境权利。这是一个具有典型意义的案件,拓展了环境诉讼的主体资格范围。而在要求政府承担积极的环境质量责任方面,菲律宾也在马尼拉湾案中树立了一个良好的典型。

---

❶ Jona Razzaque, Human Rights and the Environment: the national experience in South Asia and Africa, Documentation. OHCHR and UNEP, Geneva, 2002, http://eprints.uwe.ac.uk/18403/.

❷ Jona Razzaque, Human Rights and the Environment: the national experience in South Asia and Africa, Documentation. OHCHR and UNEP, Geneva, 2002, http://eprints.uwe.ac.uk/18403/.

❸ Jay B. Rempillo, SC Orders Executive Agencies to Clean-up Manila Bay, http://sc.judiciary.gov.ph/microsite/manilabay/news/12-18-08.php.

第六章　政府环境法律责任

马尼拉湾是一个具有特殊环境价值和历史意义的海湾，本来是一个环境优美的旅游胜地，但随着经济的发展和周边人口的增加，马尼拉湾变得环境恶劣，一些地区的环境质量已经处于质量等级极低的程度。

1999年1月29日，一个由14人组成的环保组织——关注马尼拉湾环境的居民，向当地法院〔Regional Trial Court（RTC）in Imus〕提起诉讼，起诉认为马尼拉湾的水质已经低于法律规定的可允许的标准特别是总统指令和菲律宾环境法令，要求有关的行政机关履行环境责任，维护马尼拉湾的环境质量并治理已经形成的环境污染问题，使马尼拉湾能够像原来一样可以游泳和潜水和其他娱乐活动。❶ 2002年9月13日，RTC作出了有利于原告的判决，责令12个政府机构治理马尼拉湾，以便让人们又可以在里面游泳。❷ 相关政府机构不服这一判决，提出上诉，上诉法院驳回了他们的上诉，他们最后将案件上诉到菲律宾最高法院，菲律宾最高法院仍然要求行政机构行使职权，治理已经形成的污染，保证人们可以在里面游泳。最高法院认为：被告的职责和义务是清洁马尼拉湾，因此要求被告在2011年6月30日前清理马尼拉湾，并与其他相关机构以确保这一计划的实现。❸ 并且在2011年3月12日，该案中的居民律师和四名大法官亲自坐船到马尼拉湾观察马尼拉湾的情况，以便了解相关行政机构能否按照法院规定的时间完成清理马尼拉湾的任务。

---

❶ Republic Of The Philippines Supreme Court Manila En Banc Decision, Velasco, Jr., J.

❷ 〔新〕黎莲卿主编：《亚太地区第二代环境法展望》，邵方、曹明德译，法律出版社2006年版，第32页。

❸ Jay B. Rempillo, SC Orders Executive Agencies to Clean-up Manila Bay, December 18, 2008.

人们认为法院的判决是对所有相关机构所作的一种持续性的命令，要求他们采取一定的步骤来完成马尼拉湾的环境修复和维护的任务。[1]

这一判决意义重大，一是确定了公民的原告资格；二是确定了被告具有保证马尼拉湾环境质量的义务；三是确定了政府应该履行这一义务，明确了各个不同机关的职责；四是更具有意义的是确定了在规定期限内完成法院所作的判决任务的要求以及规定了行政机关履行职责所应达到的标准，即可以在马尼拉湾重新进行游泳和其他娱乐活动。这些对于由法院要求行政机关完成环境保护，特别是对已经破坏了的环境质量加以修改和维护的义务，这对于环境的保护和公民环境权益的保护具有特别重要的意义和价值，也是对世界法律的贡献。

四、我国未来环境质量责任诉讼的要素

从国外的有关案例中可见，当公民的环境权益受到侵犯，环境受到污染时，其有权利要求政府履行环境保护职责，当政府不履行这一职责时，公民有权利向法院起诉，由法院作出履行判决，要求政府以一定的方式在一定的时间内，使环境达到法定的标准。这一判决形式是十分必要的，因为，当政府不履行职责时，只有有权力的机关要求政府去做时，政府的行为才会受到有效的推动和促进，从而保证环境职责的履行。

在我国，一些地方的环境问题十分恶劣，比较典型的是出现了大量的癌症村，这些都说明了环境问题的严重性，这些环境质

---

[1] Nikko Dizon, Corona, justices check on Manila Bay cleanup, http://newsinfo.inquirer.net/breakingnews/metro/view/20110312-324957/Corona-justices-check-on-Manila-Bay-cleanup.

量已经完全不符合适宜人类生存的标准了。而且在我国的大江大河中，也存在严重的污染，如松花江和辽河的许多河段已经是劣五类的水质，这说明这些地方的水已经完全没有使用的价值和欣赏价值了，更不用说进行游泳、潜水等娱乐活动了。这样的水质对沿岸的公民的生活和娱乐已经产生了直接的危害。现在的做法是：公民如果找到污染者或者可能的污染者，可以依据民法中的相关规定对污染者进行起诉，要求他们承担相应的责任。但却没有权利向法院起诉，要求法院责令行政机关履行环境治理的责任。其理由主要就是，这些公民没有起诉资格，因为环境的污染或者质量低劣，并没有直接影响到相关的公民，而且一种普遍的事件，只有由政府出于责任心来主动采取行动，法院是没有权力来要求政府承担相应的责任的。

由此可见，要求政府承担环境质量改善责任，在我国还面临着较多的理论和现实上的障碍。从上述的国外案例可见，无论是发达国家还是发展中国家，都可以由法院作出判决，要求行政机关履行改善环境质量的责任。虽然我国的国情存在一定的特殊性，但在这一方面也是完全可以借鉴的。具体的做法可以是：

1. 原告资格

原告资格问题是环境诉讼中一个值得重视的问题，在这类的环境诉讼中，一般应将原告界定为一定区域内受到环境质量下降的危害的公民或者环保组织。公民是以自身的利益受到侵犯为由，而环保组织可以是以环境自身利益受到的侵害为由提起诉讼。

2. 被告

被告是负有环境监管职责的行政机关，主要是各级人民政府，因为根据我国环境法律的规定："地方各级人民政府对于本辖区内的环境质量承担责任"，可见，各级人民政府负有保护环境质量的职责，而且人民政府可以对其职能部门进行统一的指挥和协调，也可以大大加快环境治理的速度。因而，为了审查的简便，也为了保证执行的力度，可以以各级人民政府作为被告。值得研究的是，一些河流是跨流域的，跨流域的河流的治理如何确定被告也是一个复杂的问题。一般可以以共同的人民政府来作为被告，当然，在中国就可以以国务院来作被告。

3. 法院审理的依据

法院在审理这类案件时，应根据不同的因素来对案件进行审查。一是环境质量的客观情形，即前文所说的：保护最低限度的环境质量、及时修改环境质量标准、积极采取行动制止环境违法行为、保护公民的环境知情权和参与权等这几个方面来判断政府是否尽到了相应的责任；二是政府所采取的行为的情形，即行政机关的法定职责是什么，是否履行了职责，没有履行职责的原因是什么，是没有履行能力，还是有履行能力而没有履行或者履行不力；三是政府采取相应的行为对于环境质量的改善将会起到的作用，政府的行为与环境质量的改善之间是否存在必然的联系，也是看其是否履行环境质量责任的重要依据。

4. 判决形式

这类判决大部分是履行判决，但由于这类判决往往取决于行政机关的能力和决心，而且环境治理也是一个逐渐的过程，不可能一蹴而就。所以，判决不能仅仅是泛泛地要求政府采取一定的行动，而是应该根据行政机关的能力，要求行政机关在多长时间内达到一定的质量标准。即如印度法院判决中的一种可持续的命令形式，这种形式要求行政机关在一定的期限内实施一定的行为，并且达到一定的目标。当然，根据行政机关行为的不同，也可以要求行政机关制止违法行为、修订环境标准等判决。

当然，由于我国的国情，行政机关对法院的命令可以会有抵触情绪,这就需要法院的判决具备很强的权威性。所以,加强法院的力量和权威建设也就是一个必要的条件,如果行政机关没有执行法院的判决,应对被告的主要领导人进行司法上的制裁,或者由法院提交权力机关进行政治责任的追究。在我国,司法权威的不足已经影响了司法在解决环境问题上的作用,需要在全社会形成尊重法律、尊重司法的风气,行政机关应从依法治国、依法行政的高度,尊重司法、尊重司法判决。

第三节 环境标准诉讼

2011年10月22日,美国大使馆公布了其所在地北京朝阳区的空气质量指数,认为空气质量已经达到了"有毒害"的程度,而北京市环保局当日报告的北京市空气质量属于"轻微污染",双方对环境质量的认定存在巨大的差异。❶ 由于美国大使馆的数据更符合一般北京公众的感受,经过网络传播后,在社会上引发了巨大的反响。随后,我国的环境保护部(以下简称"环保部")对美国大使馆的数据进行了驳斥,更加引起了全社会的关注。应该说,美国大使馆与我国环保机关数据之间的差异主要是由于环境空气质量标准的不同引起的,美国大使馆依据的是美国的空气质量指数(AQI),其中包括了超细颗粒物——即PM2.5的浓度,而我国当时的环境空气质量标准中,并不包含这一数据。此后,在社会舆论的关注与质疑中,我国的环保部迅速对环境空气质量标准进行了修改。2011年12月30日,环保部部长周生贤主持召开环保部常务会议,审议并原则通过《环

---

❶ 孟祥君:"美国大使馆接受本报采访",载《济南时报》2011年12月5日,第4版。

境空气质量标准》，调整了污染物项目及限值，增设了 PM2.5 平均浓度限值和臭氧 8 小时平均浓度限值，收紧了 PM10、二氧化氮、铅和苯并 [a] 芘等污染物的浓度限值。❶ 从此以后，我国的环境空气质量标准与世界卫生组织的标准较为接近了。

随着这一空气质量标准的制定与实施，我国的大气环境治理的标准问题得到了一定解决。但从这一事件中也可看出我国环境质量标准制定过程中的一些问题，不仅包括环境质量标准的具体的内容，也包括环境质量标准的制定程序，更包括环境质量标准的争议解决机制问题。

与此相对，美国环境质量标准制度比较完善。美国联邦环保局具有制定并及时修正环境质量标准的职责，而根据美国《联邦行政程序法》和一些单行环境法律中的公民诉讼条款，如果公众认为联邦环保局没有及时制定环境质量标准，或者对联邦环保局制定的环境质量标准内容和制定程序存在争议，可以向法院提出诉讼。通过这样的诉讼，可以使联邦环保局履行职责的行为受到司法审查，保证其行为的合法性和合理性。

美国的这些做法，发挥了不同主体的作用。首先，这一制度充分尊重了行政机关的职权，让其负有相应的职责；其次，可以有效发挥相关主体的积极性，对行政机关制度标准的行为进行监督；最后，有关争议可以通过诉讼的方式解决，也体现了司法的作用。这样，环境质量标准的制定和实施体现了不同主体间的一种互动过程。

我国在环境质量标准的制定方面，只重视了行政机关的作

---

❶ 环保部审议通过环境空气质量标准 PM2.5 纳入新指标，见新华网：http://news.xinhuanet.com/society/2011-12/31/c_111349736.htm，最后访问：2012 年 5 月 6 日。

用，没有相对人的参与，也没有法院的作用，是一种单向过程。研究美国环境质量标准制定方面的诉讼，对于我国环境质量标准制度的完善具有重要意义。

一、美国环境质量标准制定的要求

根据法律的规定，美国联邦环保局负责环境质量标准的制定。法律对联邦环保局制定环境质量标准的要求非常明确，而且大多数规定了公民诉讼条款，公民可以对制定环境质量标准的行为进行监督。美国法律对环境质量标准的制定和实施包括以下几个方面的内容：

（一）标准制定的主体

在美国，环境质量标准的制定主要是在单行环境法律中加以规定，如《清洁水法》《清洁空气法》等。根据法律规定，环境质量标准应由环保局制定。如《清洁水法》第1314条第1款规定："在与相关的联邦和州机构磋商后，自1972年10月18日起一年内，局长（联邦环保局局长）应制订并公布能准确反映最新科学成果的水质标准（并在之后不断加以修正）。"

（二）标准的制定要求

美国法律明确了联邦环保局在制定环境质量标准时应遵循的要求，主要包括两个方面：一是关于标准制定和修改的时间要求；二是关于标准制定的目的。现分述如下：

1. 标准制定和修改的时间

在美国，法律一般都会规定环境质量标准的期限，即最后期限（deadline，也译作"死线"），联邦环保局必须要在这一期限前制定相应的标准。❶ 如上文提到的对水质标准的制定。同时，法律也会规定在一定的期限内（一般是五年），根据科学技术的发展，对原有的标准进行审查，以决定是否对原标准进行修改。

当行政机关没有在法定的期限内制定或修改标准时，可以通过公民诉讼，由法院判决行政机关在规定的期限内制定或修改环境标准。如 Lung Ass'n v. Reilly 案中，法院提出：当立法机关设定了一个明确的期限要求行政机关采取行动，此时就没有辩论的余地，国会已经作出了一个直截了当的命令剥夺了联邦环保局完成工作的自由裁量权了。❷ 因此，环保局必须在法定期限内制定相应的标准。

2. 标准制定的目的

美国法律规定制定环境质量标准的目的是为了保护公众健康和福利。分为两个不同的级别，初级标准的目的是公众的健康；次级标准的目的是公众的福利和环境保护。如《清洁水法》中规定制定水质标准，应考虑"污染物在各种水体（包括地下水）中的存在，对健康与福利可能产生的确定影响的种类与程度"。

在保护公众健康的程度上，公众健康的样本选择也是有要求的。例如，美国的环境大气质量标准不需要达到能够保护最敏感人群（或者说长期住院就医的人）的严格标准，但是该标准必须能够保护人口中的"敏感人群"。在 1970 年，国会的解释是，充分标准的目的是保护"敏感群体"，比如"患有支气管哮喘、肺气肿的人，他们在日常生活中暴露于大气中"。美国联邦环保局 1994 年认为：不仅是为了防止已经被证明是有害的污染水平，

---

❶ ［日］黑川哲志：《环境行政的法理与方法》，肖军译，中国法制出版社 2008 年版，第 41 页。

❷ 962 F. 2d 258，263 (2d Cir. 1992)。

而且也防止环保署长认为构成不可接受的致害风险的更低的污染水平，即使还没有准确地确定其属性或程度。❶ 可见，在制定相应的标准时，应考虑标准涉及健康影响的性质和严重程度、处于危险中的敏感人口的数量、需要解决的不确定性的性质和程度等因素。

（三）标准制定的程序

根据美国《联邦行政程序法》，环境质量标准属于规则，不是裁决，应遵循《联邦行政程序法》中关于制定规则的要求。规则的适用程序有正式程序和非正式程序，前者必须适用行政程序法第556条和第557条审判型的听证和裁决程序，是一个司法化的行政程序。而后者根据行政程序法第553条，主要的环节是通告和评论。当然，也有一些适用混合程序。❷

无论是什么程序，有两个方面特别值得注意，一是公众参与制度。行政机关都有积极吸纳公众意见的责任，例如，一般公众有权要求联邦环保局将一定的污染物列入到环境质量标准的目录中。如《清洁水法》规定："根据本项的规定得到补助的情况下，经任何个人的申请，局长可以将任何污染物质加入到污染物目录中。"这实际上赋予了公众制定环境质量标准的请求权。

二是说明理由制度。首先，任何人都可以向联邦环保局的标准提出自己见解，而联邦环保局必须对公众的意见作出回应，说明采用或者不采用公众主张的原因；其次，联邦环保局在对基准污染物列举后，要在12个月内出版空气质量基准的材料，以反

---

❶ 美国自然资源保护委员会："中国大气污染防治法修改：基于国际经验的建议"，2009年，第18页。

❷ 王名扬：《美国行政法》，中国法制出版社1995年版，第359~372页。

映污染物影响一般公众健康的最新科学知识的依据。❶

（四）标准制定的内容

包括污染基准物（污染物名单）和各种污染物的含量。根据法律，联邦环保局首先要确定污染物的名单，即规定哪些物质属于污染物；其次，在确定污染物名单之后，要确定每一种污染物的最大含量。

（五）标准制定的争议解决方式

当公众对联邦环境质量标准的制定不服时，可以通过诉讼的方式解决。其根据主要有两个：一是《联邦行政程序法》第702节的规定，即：任何人由于机关的行为而受到不法的侵害，或者在某一有关法律意义内的不利影响或分割时，有权对该行为请求司法审查，而行政机关的行为，也包括制定环境质量标准的行为；另一个是联邦环境法律中的公民诉讼条款，在美国的联邦环境法律中，大部分都规定了公民诉讼条款，即"任何人"（anyone）都可以对违反环境法律的行为提起诉讼。当然，法院在原告资格上还是有一定要求的，只要符合这样的要求才可向法院起诉，并非真的是"任何人"，而且美国法院对于原告资格的限定宽严程度是变化的。

二、美国环境质量标准诉讼的类型

在美国，当原告向法院提起环境质量标准诉讼时，由联邦环保局所在地联邦法院受理。环境质量标准诉讼有不同的类型，有的是要求联邦环保局制定相应的标准，有的是要求联邦环保局修

---

❶ Deborah Behles, Examining the Air We Breathe: EPA Should Evaluate Cumulative Impacts When It Promulgates National Ambient Air Quality Standards, 28 Pace Envtl. L. Rev. 200 (2010).

第六章 政府环境法律责任

改相应的标准,还有的是认为联邦环保局制定的标准违法,而这种违法又包括制定程序违法和制定内容违法。本文认为美国的环境质量标准诉讼主要有以下几种类型:

(一)标准制定和修改的诉讼

在这类诉讼中,原告以联邦环保局没有及时制定或修改环境质量标准为由,向法院提起诉讼,请求法院判决被告在一定期限内制定或修改环境质量标准。联邦环保局要根据保护公众健康和福利的目的来制定环境质量标准,并及时对标准进行修改,如果公众不服联邦环保局的行为,可以向法院提起诉讼。具体包括:

1. 标准制定诉讼

此类诉讼中,原告的理由主要有两个:一是认为被告在法定期间内没有制定相关标准而提起的诉讼,虽然美国环境法律对标准的制定时间规定比较明确,但美国联邦环保局"在颁布规章保护环境方面已经成百上千次地错过了最后期限"❶,相关的环境质量标准诉讼数量也是很多的;二是认为被告没有将有关污染物纳入到相关的标准而提起的诉讼,美国的环境质量标准包括污染基准物(污染物名单)和各种污染物的含量,任何公众认为某一物质对公众健康和环境构成危害,可以建议联邦环保局将这一物质纳入环境质量标准之中,如果原告认为被告没有纳入就可以提起诉讼。在 Natural Resources Defense Council, Inc. v. Train 案中,联邦环保局在存在铅对健康影响的大量科学证据的情况下,拒绝将铅列入污染物名单而是选择规制汽油中的铅含量作为减少铅排放的初级策略。对此,自然资源保护委员会根据《清洁空气法》§304(a)(2)提起公民诉讼,要求将铅列入污染

---

❶ [美]杰里·马肖:《贪婪、混沌和治理》,宋功德译,商务印书馆2009年版,第249页。

物名单,迫使联邦环保局根据§108 的规定将铅列入基准污染物。❶ 关于污染物名单的诉讼,属于标准制定诉讼,针对的污染物含量的诉讼,则属于标准内容的诉讼。

2. 标准修改诉讼

根据法律规定,联邦环保局"对空气污染物制定的品质标准,应正确反映最新的科技知识,以指出对公共健康或福利所产生的有可识别影响因素的种类及范围,从而可期待现在所认定的污染源会随着情况而改变"。❷ 如果公众认为联邦环保局没有及时地对现有的环境质量标准进行修改,他们可以向法院提起诉讼。在 American Farm Bureau Federation vs. EPA 案中,美国联邦环保局于 1997 年制定的 PM2.5 的标准为 $15mg/m^3$,并于 2006 年对该标准限值进行了重新审定。联邦环保局的清洁空气科学顾问委员会以 1997 年的研究为基础,认为出于保护人体健康的目的,应将细颗粒物的排放标准下降至 $13\sim14mg/m^3$,但联邦环保局决定不采纳科学顾问委员会的提议,继续使用 $15mg/m^3$ 的排放标准。为此,原告向法院提出诉讼,认为联邦环保局没有根据最新的研究成果对 PM2.5 的标准进行修改,要求法院判决联邦环保局对其进行修改。最后,华盛顿特区上诉法院判决联邦环保局必须重新对原有的标准进行审查,以决定是否采用新的更加严格的标准。❸ 这就是一个以标准的修改为标的的诉讼。

(二) 标准制定程序的诉讼

如前所述,环境质量标准的制定应遵守严格的程序,如果原

---

❶ 545 F. 2d 320 (2d Cir. 1976).

❷ 高秦伟:"美国禁止授权原则的发展及其启示",载《环球法律评论》2010 年第 5 期。

❸ No. 06-1410 (D. C. Cir. Feb. 24, 2009).

告认为被告标准制定程度违法，可以向法院诉讼，请求法院撤销联邦环保局制定的标准。由于美国非常重视行政程序的约束力和强制力，一旦法院认定被告严重违反了法定程序，就会撤销"没有遵守法律规定程序"的行为。

严重程序违法而应予以撤销的判断基准是：（1）未能遵循规定的程序是恣意专断、反复无常的；（2）程序异议在公众评论期间提出，或者没有适当的原因解释为何未被提出；（3）程序错误"是如此严重并且与规则具有重要关系的事项相关以至于存在实质上的可能性使得该错误将会导致规则的重大变化"❶。

其中值得重视的程序要求是对制定环境标准理由的说明，要求标准的制定不仅要说明其反映了最新的科学技术的发展水平，也要说明其价值选择的过程。即"为了实现行政法的合理性的要求，行政机关需要解释他们作出的决定不仅有科学的证据，而且也要证明其政策原则，即他们隐含在决策过程中的价值选择"❷。

（三）标准内容的诉讼

标准内容主要涉及污染物含量的问题，该类诉讼涉及环境质量标准的宽松与严格的争议。前者的原告往往是社会公众（包括环保组织），而后者的原告往往是受到环境质量标准影响的企业（或行业协会）。

1. 认为标准过于宽松的诉讼

在这种诉讼中，原告认为行政机关没有根据法律的要求，对污染物的限值设定过低，不利于对公众健康和福利的保护。上文

---

❶ 张晏："环境质量标准制定之研究——以美国国家环境空气质量标准为中心"，见 http://moodle.ncku.edu.tw/mod/resource/view.php?id=88274，最后访问：2012年5月6日。

❷ Cary Coglianese and Gary E. Marchant, Shifting Sands: The Limits of Science in Setting Risk Standards, 152. University of Pennsylvania Law Review. 1255 (2004).

中的 Natural Resources Defense Council, Inc. v. Train 案是一个修改污染物名单的诉讼，而 American Farm Bureau vs. EPA 案中，既是一个修改标准的问题，也是标准过于宽松的问题，原告认为联邦环保局制定的 PM2.5 标准过于宽松，因而向法院提起了诉讼。

2. 认为标准过于严格的诉讼

在 Lead Industries Association v. EPA 案中，联邦环保局将铅含量的国家初级环境空气质量标准定为平均每月 $1.5g/m^3 Pb$，并将次级空气质量标准数值与初级标准相同。铅产业协会认为《清洁空气法》要求联邦环保局应从保护公众免于对健康明确有害的目的出发来制定标准，联邦环保局现有的标准超出了国会的意图。法院认为，联邦环保局不需要有 100% 的科学依据，只要根据当时能够得到的最充分的科学证据就可以制定相应的标准。从而支持了联邦环保局对于大气中铅含量的制定的标准。[1]

关于标准内容的诉讼更为复杂，这不仅涉及标准制定时的行政机关专业技术性问题，也涉及规制的成本问题。在这样的诉讼中，法院一方面要尊重行政机关的专业判断，最典型的判断标准就是谢弗林尊重；另一方面，法院也不会完全放弃对行政机关的监督，对行政机关的专业判断采取完全放任的态度，有时会以自己的判断来代替行政机关的判断。这样的不同审理技术体现了法院高度裁判水准，说明对高度专业技术案件的审理，需要法官具备较高的专业素质。

三、美国环境质量标准诉讼的特点

环境质量标准直接关系到公众的健康和福利，也关系到州政

---

[1] 647 F. 2d 1130 (D. C. Cir. 1980).

府对环境规制的实施方式，更关系到企业的生产经营活动，对整个社会的影响直接而巨大。第一代环境法是"命令—控制"模式，标准在环境管制中具有基础性的地位。环境质量标准也是公众与联邦环保局进行较量的一个重要领域，美国的环境质量标准诉讼数量众多，一些案件影响深远，具有非常鲜明的特色。

（一）原告的广泛性

在美国法律制度下，环境质量标准是行政机关制定的具有普遍适用性的规范，相当于我国抽象行政行为中的行政规范性文件。在美国，对于抽象行政行为也是可以提起诉讼的，原告资格的限制较少，许多主体都可以向法院提起诉讼。主要的原因有以下几个方面：

1. 环境质量标准的可诉性

根据美国的行政程序法和环境法律中的公民诉讼条款，公众可以对联邦环保局制定环境质量标准的行为向法院提出诉讼，即环境质量标准具有可诉性。因此，许多主体都可以向法院提起诉讼，行政机关的行为受到较多的监督，发挥了公众、行政机关和法院的作用，环境质量标准的制定是整个社会各种力量博弈的产物。

2. 美国法律非常重视环境治理过程中的公众参与

环境治理需要整个社会的参与，而不是行政机关一个主体的事情。环境标准的制定具有高度的技术性，往往依赖相关科学技术的发展，但由于专家决策也存在不足。因此，各国通过公众参与来克服专家决策的不足。❶ 美国的环境法律非常重视标准制定过程中公众参与，如《清洁水法》第1251条第5款规定："局

---

❶ 邓可祝："论风险决策中专家作用的局限及克服"，载《重庆工商大学学报》2012年第2期。

长（联邦环保局）与各州应提供条件，鼓励和支持公众参与任何法规、标准、排污限额、规划、局长或各州依本章规定确定的方案的修改和实施。"美国行政机关也非常重视公众参与，建立起了一整套的公众参与机制。这样的公众参与，也体现在各主体可以通过诉讼的方式来实施环境法。

在20世纪80年代，在里根主义指导下，国家有意识地减弱了环境法的实施强度，但公民诉讼制度兴盛起来，补充了环境法公共实施的不足，"当政府的实施完全时，所有的污染者都会守法，公民诉讼也就无用武之地。而在20世纪80年代，当公共实施减弱时，私人实施数量增加。宽松的公共实施成为了公民诉讼增加的关键因素。"[1]

由于这两个原因，美国的原告范围非常广，环境质量标准诉讼的数量也就特别多。

(二) 被告职责的明确性

法律对环保局授权的同时，也明确了其相应的责任。美国的环境法律将环境质量标准的制定权授予了联邦环保局，但它并不是一种概括性的授权，而是对联邦环保局的行为进行了具体的要求，主要有：一是制定和修改的时间；二是制定的程序；三是制定的标准。这些明确的规定为法院的司法审查提供了依据，也为公众的起诉提供了依据。

(三) 审查强度的区别性

虽然从20世纪70年代后，美国法院在侧重于程序审查还是实体审查方面存在着巨大的争议，其对待行政行为审查的强度也

---

[1] Wendy Naysnerski and Tom Tietenberg, Private Enforcement of Federal Environmental Law, 68. Land Economics. 28 (1992).

第六章 政府环境法律责任

在不断变化❶，但总体上说，法院在环境质量标准诉讼中，对于环境质量的实体与程序的审查强度是不同的。一般而言，在程序上的审查强度更高，而在实体上的审查强度较弱。

1. 严格的程序审查

美国标准诉讼在程序上的审查强度与其他行政行为的审查强度相同。环境质量标准属于美国行政法中的"规则"，而美国行政程序法规定了分三步的规则制定程序，即："行政机构必须就拟议的规则制定颁布公告，说明拟议颁布规则的内容。然后行政机构必须对有利害关系的公众就拟议规则的评论予以关切、收集并加以考量。最后，最终规则必须颁布，并附有对规则基础和目的的陈述。"❷ 在现代行政法治中，程序具有重要地位，美国也有重视程序的传统，因而环境质量标准的司法审查，程序的审查处于非常重要的位置，如果在制定标准时存在着严重的程序违法，则标准会被法院撤销。

2. 宽松的实体审查

程序的实体上的审查强度弱于程序的审查强度，环境质量标准的制定具有高度专业技术性，同时也具有很强的政策性，行政机关有专业优势，也有较多的自由裁量权。因此，法院在对标准制定的内容进行司法审查时，适用谢弗林尊重原则，即对行政机关的决定给予较强的尊重，实行较低强度的司法审查。当然，法院对行政机关的尊重并不是不受任何限制的。在2007年的马萨诸塞州诉联邦环保局案件中，法院的这种审查强度是提高了。甚至

---

❶ 高秦伟："程序审抑或实体审——美国行政规则司法审查基准研究及其启示"，载《浙江学刊》2009年第6期。

❷ 理查德·皮尔斯："立法性规则和解释性规则的区别"，宋华琳译，载《公法研究》2004年卷。

有学者认为谢弗林尊重已经转变成了对行政机关的较弱的尊重，法院的审查强度在提高，对行政机关制定标准的要求也提高了。

（四）公众健康的优先性

根据美国环境法律的规定，制定环境质量标准是为了保护公众的健康和福利，但标准的规制会与经济经济及技术可行性发挥冲突，如何处理这样的冲突，也是法院需要不断面对的问题。

如在 Lead Industries, Inc. v. EPA 案中，原告认为联邦环保局在决定"适当安全余地"时必须考虑拟议标准对产业的经济影响以及排放源实施的技术可行性，并断言铅空气质量标准将对铅排放的产业源造成灾难性的经济影响。而在另外一些案件中，污染工业认为联邦环保局在制定环境标准时应考虑到成本，但华盛顿特区法院不仅驳回了原告的这一主张，而且明确了：《清洁空气法》禁止联邦环保局在制定空气质量标准时考虑经济成本或技术上的可行性。法院认为，公众健康应为联邦环保局的唯一关注之处。❶

这一思路在 2001 年的 Whitman v. American Trucking Associations, Inc 案中得到了美国联邦最高法院的重申。❷ 在公众健康和经济成本之间，美国法院更重视公众健康的优先性。

美国的环境质量标准诉讼制度具有非常鲜明的特点，其一方面强调了行政机关的专业技术性，另一方面强调了对其权力的监督和限制，体现了现代行政法治的发展趋势。

---

❶ Camas J. Hubenthal, American Trucking V EPA：Unjustified Revival Of The Nondelegation Doctrine, 23. Environmental Law and Policy Journal. 17 (2000).

❷ 张晏："环境质量标准制定之研究——以美国国家环境空气质量标准为中心"，见 http：//moodle.ncku.edu.tw/mod/resource/view.php？id=88274，最后访问：2012 年 5 月 6 日。

四、美国环境质量标准诉讼对我国的启示

美国的环境质量标准的制定具有鲜明的特点，产生了良好的效果。美国的环境质量标准适应了环境保护的需要和科学技术的发展，这不仅得益于法律的明确的规定，而法律的规定，又是通过公众的积极参与，包括通过诉讼的方式来实施的。公众和法院的作用，促使联邦环保局及时制定和修改科学有力的环境质量标准。这些做法，对我国也具有良好的启迪作用。

在我国，根据环境法律和《标准化法》的规定，环境质量标准属于一种行政规范性文件，没有直接的法律效力。有学者将行政规范性文件的效力总结为：一是法的渊源；二是被援用的规则；三是授益行政的依据；四是理由和证据。❶可见，环境质量标准是与环境法律结合使用的援用性文件，当然，环境质量标准与环境排放标准是不同的，环境质量标准不直接对相对人产生拘束力，而只是要求政府采取相应的措施，以实现一定的环境质量的要求。

（一）我国环境质量标准制度的主要问题

1. 环境质量标准制定的法律规定不明确

在我国，《标准化法》和环境法律都规定了标准的制定问题。但《标准化法》只是一般性的规定，环境法律中对于环境质量标准的制定也并不明确。主要体现在：

（1）环境质量标准制定的目的不明确。作为环境法律的标准，环境标准应体现为保护公众的健康和维护生态环境，而不能是其他的目的。就如一些学者提出的，环境立法的目的只能是保护环境，而不能是经济发展，或者是两者的结合。"环境法从来

---

❶ 叶必丰：《行政法与行政诉讼法》，中国人民大学出版社2011年版，第71页。

不是也不应当是促进经济、科技发展的动力，也不具有经济发展之功能，环境立法并不必定导致科技发展，也并不必然促进经济发展，它的作用只是最基本的防止与限制，而非促进。"❶ 这一观点也完全可以适用于环境标准的制定，制定环境标准，应考虑公众健康和环境保护，但我国法律并没有在这方面加以规定，如我国的《环境保护法》中第9条规定了环境质量标准的制定主体，《大气污染防治法》中第6条中规定了大气环境质量标准，但都没有规定其制定目的，这样就给环境质量标准的制定标准留下了不足。

（2）标准制定的依据不明确。根据现代行政的要求，行政机关的行为必须要说明其制定的依据，包括法律依据和事实依据。就环境质量标准而言，应根据科学研究的最新进展、依据法定程序来对标准进行制定和修改。如前所述，我国环境法律规定了环境质量标准和制定主体，但并没有规定制定环境质量标准的依据。我国的标准制定往往并不能反映最新的科学进展，也不能反映保护公众健康的要求。如根据世界卫生组织的研究，PM2.5 对人体的影响是一个确定的问题，发达国家大都将之列入污染物的名单，并规定了具体的数值，但我国一直未将之列入污染物名单，我国环保部的理由是：如果将 PM2.5 纳入空气质量标准中，将有许多城市完不成指标，大气质量就会不合格，这样的理由是站不住脚的。与此形成对比的是，美国环境保护局2008年3月12日将臭氧含量标准从不高于 0.084×10^{-6} 改为不高于 0.075×10^{-6}。在新标准下，美国全国空气监测网络中的700多个县镇有多达345个不达标，而在旧标准下，只有85个县镇不达标。要想达到新的臭氧标

---

❶ 张式军："环境立法目的的批判、解析与重构"，载《浙江学刊》2011年第5期。

准，估计全美国需要每年投入76亿~85亿美元改善空气质量。❶但美国联邦环保局为了保护公众健康和环境，仍然坚持修改这一标准。可见，应根据科学技术发展成果，根据某一物质对公众健康和环境保护所起的作用，来制定相应的环境质量标准，而不是能够达标的城市和地区的数量。

（3）标准的修改制度不完善。虽然我国法律也规定了应及时修改质量标准，但没有具体的要求，因此我国标准的修改非常少见。如截至2010年，中国的空气质量标准仍然是最早的标准，中国除了在2000年放宽NO_2和O_3的空气质量标准，取消NOx限值外，没有再开展过任何修订工作。❷可见，我国不仅没有及时修改环境质量标准，而且还放宽了标准，这是非常不科学的。

2. 环境质量标准的制定程序存在缺陷

环境质量标准的制定是一件非常严肃的事件，既需要考虑到科学性，又需要考虑到民主性，通过法律来对其程序加以规范就显得十分必要。但由于我国行政程序的传统薄弱，在环境质量标准制定上存在误区，即认为这仅仅是一个专业技术问题。因而，标准制定和修改的程序存在着较多的问题。

（1）环境质量标准的制定程序问题。根据我国的法律规定，环境质量的程序也有相应的要求，但执行并不严格。例如，虽然PM2.5对人体健康的影响是毋庸置疑的，社会上也强烈呼吁应对之加以规范，环保部却一直没有将PM2.5纳入空气质量标准中，而当美国大使馆事件之后，短短两个月，环保部就迅速地将

---

❶ CRS Report for Congress, EPA Regulations: Too Much, Too Little, or On Track, 2012, P13.

❷ 王宗爽等: "中外环境空气质量标准比较"，载《环境科学研究》2010年第3期。

之纳入了标准之中。如果说以前的做法是一种顽固，那么以后的做法就显得极为仓促，两者都说明我国环境质量标准的制定程序是不符合理性要求的。

（2）公众参与的制度化不足。公众参与强调的是一种制度性的参与，即公众的参与能对行政行为产生足够的影响。在我国环境质量标准制定过程中，一是公众参与的制度化程度不足，是否参与，如何参与，往往根据行政机关的需要而定；二是公众意见在标准制定过程中只是一种参考，行政机关对之是否听取，为什么不听取，往往不需要足够的理由，公众意见并不能对行政机关的行为产生有效的约束；三是当行政机关不听取公众的意见时，公众并不能对行政机关的行为提出有效的挑战。

3. 环境质量标准制定的争议解决机制不够通畅

在我国的环境质量标准的制定和实施过程中，不仅公众参与明显不足，而且司法也没有发挥什么作用，环境质量标准往往由行政机关单方面进行决断。一旦发生争议，没有有效的解决机制来加以应对。在我国，环境质量标准属于抽象行政行为，是不能提起行政诉讼的，法院在标准制定的过程中不能发挥有效的作用，公众对制定标准的行为不服也没有任何制度化的方式来进行挑战，行政机关受到的约束较少。法院只能在一般的案件中对标准加以适用，由于标准具有专业技术性，我国的法院对之实行的是强尊重，只要标准是有法律依据的，法院对标准本身甚至其制定的程序都没有办法加以审查。这样，在环境质量标准制定方面就没有了司法的制约，司法的作用也就不能有效地得到发挥。而根据权力制约的原理，没有制约的权力，就会得到滥用，从而影响环境法治的实现。

（二）我国环境质量标准制度的完善

1. 明确环境质量标准制定的要求

为了保证行政机关制定科学合理的环境质量标准，就必须明确行政机关的职责及履行职责的要求。主要包括：一是环境质量标准应符合保护公众健康和环境的保护的要求；二是环境质量标准应反映最新科学技术发展的水平；三是环境质量标准应根据科学技术水平的发展而及时地进行修改。

2. 重视环境质量标准的制定程序

只有通过严格而科学的程序，才能保证环境质量标准制定的合法性和科学性。根据美国的经验，标准的制定程序分为正式程序和非正式程序，正式程序的成本较高，也可采用非正式程序，但无论是正式程序还是非正式程序，一般应包括以下几个方面的要求：

一是遵循必要的时限要求。在法律中应明确规定，环境质量标准的制定，应在一定的时限内作出，而且应在一定的时限内进行审查，并作出是否修改的决定。

二是必须有严格的公开评论机制。环境质量标准，不仅是一个技术问题，也是一个政策问题，需要专业人士和一般公众的参与，而要实现有效参与，行政机关必须将需要制定或修改的环境标准草案及其理由在社会上公开，以供社会公众加以评论并提出意见。

三是充分的理由说明。行政机关必须对公众参与中的有关问题进行解释和说明，说明其接受或者不接受公众意见的原因，制定环境质量标准的科学依据和政策选择的裁量依据。

四是公众参与的制度化。主要是保证公众参与的广泛性和有效性。就前者而言，应充分地公开，广泛地听取公众的意见，如果是正式的程序，应注意听证代表的广泛性和代表性，避免听证代表选择上的随意性和恶意。

3. 允许对环境质量标准进行司法审查

为了保证环境质量标准受到必要的约束，应允许通过行政诉讼的方式来对行政机关的行为进行监督和审查。目前我国制定标准的行为不属于行政诉讼的受案范围，我国应通过修改行政诉讼法，来扩展行政诉讼的受案范围。当然，如果行政诉讼法的修改不能在这方面有所突破，根据美国的经验，也可以在单独的环境法律中规定对环境质量标准的可诉性。通过行政诉讼，可以发挥司法的作用，形成行政机关、公众、法院三方面的合力，对环境质量标准的制定具有非常积极的作用。当然，由于环境质量标准的特点，司法审查方式就值得注意：在程序上，应保持较强的审查强度，而在实体上，应保持较弱的审查强度，尊重行政机关的决定。通过不同的审查强度，既可以发挥行政机关的专业技术性的优势，又可以促进公众参与，并发挥司法的监督作用。通过合力来制定科学合理的环境质量标准，以保护公众的健康和环境的保护。

总之，美国的环境质量标准制度，通过明确的法律规定和有效的诉讼机制来促使美国联邦环保局严格履行职责，保证了环境质量标准能得到及时而有效的制定和实施，从而可以更好地保护公众健康和环境。我国目前在环境质量标准制度上还存在着一系列的问题，今后需要在相关方面加以完善，使我国的环境质量制度能有效地发挥作用，以更好地保护公众健康和环境。

第四节　环境国家赔偿诉讼

一、环境国家赔偿概述

国家赔偿，是国家对于国家机关及其工作人员的行为造成公民、法人和其他组织的人身、财产损害的行为而承担的赔偿责任。这是现代国家普遍建立的一种制度，通过这一制度，不仅可以弥补受害人的损失，也体现了现代责任政府的基本要求，即当政府的行为造成公众的不当损失时，也要承担相应的责任。这一制度促使政府在履行职责过程中，不仅应严格认真，而且要时刻考虑其后果。

我国1994年制定了《国家赔偿法》，使宪法的相关规定得以实现，使国家赔偿制度有法可依。但由于该法还存在一些不完善之处，在实施过程中出现了较多的问题，全国人大常委会在2010年对之进行了修改，修改后的国家赔偿制度弥补了过去法律中的不足，更有利于保护受到国家行为损害的公民、法人和其他组织及时有效地得到赔偿。

国家赔偿制度是现代法治的一项重要制度，在环境法治中也具有重要的作用。在环境问题日益严重的今天，行政机关及其工作人员的在环境上的行为（作为与不作为）造成环境污染和损害，给公民的人身和财产造成损失的情况也大量出现，及时对受到损害的公民、法人和其他组织给予国家赔偿，也体现了国家赔偿制度的价值。因此，本书中如果没有特别的说明，国家赔偿责任指的是政府的环境赔偿责任，即各级行政机关的行为造成环境污染或损害而导致的国家赔偿责任，并不是所有的与环境有关的国家赔偿责任，例如，如果相对人申请企业许可，行政机关以企业的生产可以造成环境损害而不予许可，相对人认为行政机关的行为违法而要求国家赔偿的，就不是本书所言的环境国家赔偿，而是一般的国家赔偿责任；但如果因为行政机关违法批准了企业的许可，企业生产后导致了环境污染，受害人要求国家赔偿的，如果符合国家赔偿的构成要件，就是本书所言的环境国家赔偿责任。

在环境法中，国家赔偿的原因比一般的国家赔偿要更加复杂。因为在环境国家赔偿制度中，往往存在第三方的污染行为，行政机关并不直接产生损害，即使是行政机关的直接行为产生了损害，也具有非常复杂的因果关系和政策判断，此时国家赔偿的构成要件就比一般的国家赔偿更为复杂。因此，在理论上探索环境国家赔偿的原因，可以全面认识到环境国家赔偿责任的特点，具有非常强的理论意义：

一是政府的积极行为导致环境损害的行为。在我国1994年的《国家赔偿法》中曾规定国家赔偿是国家机关及其工作人员违法行使职权而导致损害的，才给予赔偿。这曾被认为是要求国家要有积极的行为才构成国家赔偿，消极行为不构成国家赔偿。但在现实生活中，还存在大量的消极行为的国家赔偿制度，修改后的《国家赔偿法》将"违法"两字去掉，但这种修改并不意味着违法归责原则不再是国家赔偿的原则，只是不再是唯一的归责原则。在行政赔偿领域仍然实行单一的违法责任原则。违法行为包括积极作为的违法和消极不作为的违法。积极作为的违法的情形主要包括：国家的行政规划行为违法导致环境污染、国家的行政许可行为违法导致的环境污染、国家的其他行为违法而导致的环境污染。

这种积极的行为，是指国家行使权力过程中违法而造成了公民法人和其他组织的损害应承担的法律责任。但如前所述，在这些行为中，行政机关的行为并不直接针对受害人，因此在判断上具有困难性和复杂性。例如，因违法的规划行为而造成污染的，受害人要求行政机关承担国家赔偿责任的，就存在着非常多的法律障碍：一是我国目前规划行为是不可诉的，因为相对人提起诉讼的资格问题就是一个障碍；二是规划行为与污染之间的因果关系的判定，也会成为国家赔偿的一个重要障碍；三是规划行为的合法与否的判断，具有较强的政策性与科学性，这也是一个重要的障碍。

二是政府的消极行为而导致的环境污染的国家赔偿责任。在环境法中，行政机关负有大量的环境管理职责，因而，需要其积极地履行职责，如果没有履行环境职责，或者没有完全履行环境职责，并且造成了相对人的损害，即应承担国家赔偿责任。行政机关没有履行环境监管职责的情形又分为两种：第一，相对人的人身财产受到环境污染的损害或者可能时，相对人请求行政机关履行保护职责，行政机关没有履行或者没有完全履行这一职责的情形。行政机关负有相应的职责来保护公民法人和其他组织的合法权益。如果没有履行这一职责，而造成了相对人的损害，则应承担相应的国家赔偿责任。第二，在环境监管过程中存在不正确履行监管职责的国家赔偿责任，行政机关也负有直接的环境监管职责，这一职责范围非常广，需要行政机关积极地严格地依法来履行职责，防止环境受到损害或者相对人的人身和财产因环境污染而受到损害。如果行政机关没有履行这一职责，或者没有完全履行好这一职责，也需要承担国家赔偿责任。

三是公共公有设施导致的污染而产生的责任。由于历史的原因和环境问题的高度技术性，一些污染已经找不到污染者或者污染者已经破产和主体资格不存在了，还有一些是根据当时的科学技术无法发现缺陷的产品造成的损害，根据《产品责任法》，这些产品的生产者应该是免责的，但受害人受到的损害却是需要赔偿的。

在这些情况下，政府是否需要承担国家赔偿责任更加复杂。如前所述，在现代国家赔偿法体系中，也需要政府的行为是违法的，但上述情况下，政府的行为不存在违法性，根据一般原理，并不应该承担国家赔偿责任。而这与现代法治精神并不相符，特别是不利于保护受害人的利益，此时如何利用国家赔偿原理进行解释也是一个棘手的问题。

此时，公共公有设施赔偿理论是一个非常好的思路，即"公物污染导致的国家赔偿"。在现代社会，行政机关拥有大量的公共公有设施，这些设施一般称为公物，当然，也可以比公物的范围更广，因为，像河流湖泊等也可以以公共公有设施来对待。这些设施，特别是河流湖泊，在现代社会中，由于污染，可能会导致大量的损害，而直接污染人又无法找到，或者根本没有。这样，国家作为这些公共公有设施的所有者，应承担相应的赔偿责任。在许多国家和地区都存在这一制度，如我国台湾地区和日本。另外，也存在着公共公有设施污染而导致的国家污染赔偿案件，如日本就有因为公路上大量车辆行驶造成污染而引起的国家赔偿诉讼。

在日本，对于此类损害赔偿，是根据《国家赔偿法》第2条及《民事特别法》第2条中公共营造物或土地工作物的"瑕疵"责任而提出的。不管在哪个案件中，都明确规定了作为公共事业和设施及军事基地的事业者、管理者的国家、国有铁路和道路公团等的法律责任，其意义巨大。❶

在日本的一些案件中，只要对河流、港湾等自然公物（公共财产）产生环境损害时，自然公物的管理者就构成不法行为，这一观点特别值得注意。它为以下法理提供了依据，即对于带来环境损害的原因者来说，不仅要规定经济性赔偿责任，为了净化环境，也要追究恢复原状的责任。而且，在侵害的是何种权利方面，与其说是侵害了公物管理权，不如直接说是构成了"环境

---

❶ 梅泠、付黎旭："日本环境法的新发展——《环境法的新展开》译评"，载韩德培编：《环境资源法论丛（第2卷）》，法律出版社2002年版，第207页。

第六章　政府环境法律责任

权"的侵害更符合问题的本质。❶

但在我国的环境法治中，因行政机关的行为违法而导致的环境污染，相对人要求进行国家赔偿的案件非常少。原因主要有以下几个方面：

一是对我国的公共公有设施造成的损害还不属于国家赔偿的范围。在我国，对于公共公有设施造成损害的国家赔偿问题的研究还非常不够，对于一般的公共公有设施的损害是按照民事赔偿的方式来进行的，还没有对此类损害来进行国家赔偿的事例。对于河流湖泊污染造成损害的国家赔偿案例，理论上的探讨仍非常罕见，更不用说实务上的案例。

二是对于行政机关积极行为或者消极行为导致污染造成损害，也很少有进行国家赔偿的实例。因为在环境污染案件中，即使行政机关行为存在违法而造成了相对人的损失，但由于环境污染一般都存在直接导致损害的企业，即使要给予赔偿，也是由企业进行民事赔偿而不是对受害者给予国家赔偿。

但这样的状态是不正常的，因为国家赔偿和民事赔偿的性质和作用、范围都是不同的，国家赔偿不仅体现了国家和公民在地位上的平等，也会促进行政机关的工作人员勤勉、全面地履行职责，同时国家的赔偿能力也高于一般的企业，通过国家赔偿可以保证受害人的损失能得到相应的弥补。因此，研究环境法中的国家赔偿就是一个非常有意义的问题。

由于在环境法中的国家赔偿责任有其特殊性，一般国家不是直接的侵权者，因而，需要在其特殊性上多加研究，而不是局限于国家赔偿的一般性研究。本部分主要研究行政不作为导致的环

---

❶ 梅泠、付黎旭："日本环境法的新发展——《环境法的新展开》译评"，载韩德培编：《环境资源法论丛（第2卷）》，法律出版社2002年版，第207页。

境污染的国家赔偿问题，从依申请不作为和依职权不作为的角度来对环境法中的国家赔偿进行研究。

至于公共公有设施的国家赔偿，由于这只是一个是否由国家来承担责任的问题，并没有实施上的特别性，因而，本部分就不研究这一问题。另外，由于在环境法中的管制性征收也涉及大量的法律问题，是值得今后予以更多的关注的，但本书也不进行专门研究。

因而，本部分主要从环境监管中的不作为来研究环境法中的国家赔偿。之所以从这一视角来研究环境法中的国家赔偿，是因为行政机关的其他环境管理行为违法而导致的国家赔偿，与一般国家赔偿的共性大于个性，因而，本部分就不加以研究。

二、行政不作为的研究现状

行政不作为是我国行政法学研究的一个热点，因为行政不作为具有形式上的复杂性，非常难以判断，我国目前官僚主义和腐败盛行，存在大量的行政不作为，这不仅给行政机关的形象造成了损害，也对相对人的权利和社会秩序造成了损害。因而，需要在这方面加以深入的研究。我国学界在一直在关注行政不作为问题，并在这一领域形成了大量的成果。

（一）行政不作为的不同界定

在我国，对于行政机关不履行职责或者不完全履行职责的情形，有不同的界定，有的将其称为"行政不作为"，有的将其称为"怠于履行行政义务"，还有的将其称为"怠于履行法定职责"等。

1. 行政不作为

就当前中国学界对行政不作为违法的界定概括起来主要有下列观点：第一种，行政不作为是指行政主体依行政相对人的合法申请，应当履行也有可能履行相应的法定职责，但却不履行或者拖延履行的行为形式。第二种，行政不作为是行政机关不履行法定职责的行为。第三种，行政不作为是行政主体负有作为的法定义务而在程序上消极的不为状态。第四种，行政不作为违法是指行政机关在方式或内容上有积极作为的义务，但其不为的状态。❶

还有的认为：行政不作为违法是指行政主体有积极实施法定行政作为的义务，并且能够履行而未履行（包括没有正确履行，下同）的状态。❷

2. 怠于履行行政义务

有的学者认为，不履行法定职责或不作为，不能准确概括这些现象的本质特征，不能全面包括诸如不按照标准作为、不尽心尽责、漫不经心、敷衍了事走过场、官僚主义等违法渎职失职的赔偿责任。因此他认为：能够概括这些现象的应当是怠于履行行政义务的法律概念，因为它所表达的是一个程度意思，而且有客观与主观的双重性质。❸

该学者的理由是：不作为，只是指没有实施积极的有形的"行为"，而怠于履行义务，则既包括没有实施有形"行为"的不作为，也包括虽然实施了有形"行为"但仍然不够的作为情形；不作为，是以法律上的一个行为为"单元"计算的，而怠于履行义务，则既可以以一个行为为"单元"，也可以以行为中的部分内容为"单元"计算；不作为概念所反映出来的要求，

---

❶ 朱新力："论行政不作为违法"，载《法学研究》1998年第2期。
❷ 同上。
❸ 杨小军："怠于履行行政义务及其赔偿责任"，载《中国法学》2003年第6期。

是一个"粗糙"的标准,是起码的最低要求,而怠于履行义务概念所反映出来的要求,则是一个"细密"的标准,是高要求标准,更符合严格规范行政、保护公民、法人、其他组织合法权益的宗旨;不作为概念是一个纯粹的客观标准,它是以是否有客观行为作判断的,而怠于履行义务概念则不然,既具有客观性质(义务或要求的客观性),也具有主观性质(注意义务的要求),是一个主客观结合的法律概念。❶

3. 怠于履行法定职责

最近学界出现了一个新的趋向,即以"怠于履行法定职责"来指称原来的行政不作为概念。❷

而我国台湾主要是以"怠于执行职务"来进行界定的。

由于不作为是一种习惯的用法,所以本文还是以不作为来指称,但这种不作为是一种广义的,包括怠于履行行政义务和怠于履行法定职责这几种情况在内。

(二) 对行政不作为义务来源的界定

行政不作为,是以行政义务为前提的,而行政义务来源于何处,也需要进行分析。一般地说,行政义务的来源是法定的职责,但法定职责也是一个不确定的概念,需要加以界定。我国学者在这方面也进行了研究。

如朱新力认为行政机关的职责来源主要有:法律直接规定的行政作为义务、法律间接体现的行政作为义务,所有授权性法律规范均隐含相应的行政职责,其中很大一部分是行政作为义务、

---

❶ 杨小军:"怠于履行行政义务及其赔偿责任",载《中国法学》2003年第6期。

❷ 林卉:"怠于履行公共职能的国家赔偿责任",载《法学研究》2010年第3期。

行政法规、行政规章以外的行政规范性文件规定的行政作为义务、先行行为引起的行政作为义务、合同行为引起的作为义务。另外，不成文法规范也应当是行政作为义务的产生根据。❶ 而杨小君认为：来源于立法、来源于行政职责、来源于行政机关的自我约束性规定、来源于行政约定、来源于行政机关的（先前违法——引者注）行为、来源于（有权机关——引者注）决定。❷

应该说，两位学者对于行政机关的职责的来源界定是准确的，即行政机关的职责来源于法律规定、法定的职责、行政机关的自我约束性规定、承诺、先前行为等。可知，行政机关的义务来源是较多的。这些职责主要有两种：一是有权机关的决定；二是行政机关的约定，当然这种约定也不能违反法律规定。如果违反了，其效力也是存在问题的。

（三）对不作为形式的界定

杨小君教授认为：行政不作为的形式应当包括未作为、拖延作为、拒绝作为、不予答复、假作为、弱作为等6种行政不作为形式。❸

另外，也有学者认为不作为包括：❹ 一是未尽合理注意义务。合理注意义务是指行政机关在作出行为时尽注意义务，当然这种注意义务是"根据当时社会的通念或者常识，在能够认定

---

❶ 朱新力："行政不作为违法之国家赔偿责任"，载《浙江大学学报》（人文社科版）2001年第2期。

❷ 杨小军："怠于履行行政义务及其赔偿责任"，载《中国法学》2003年第6期。

❸ 杨小君："行政不作为形式及其违法性"，载《重庆工学院学报》（社会科学版）2009年第1期。

❹ 以下三个方面参见：林卉："怠于履行公共职能的国家赔偿责任"，载《法学研究》2010年第3期。

存在一般意义上的危险可能时，就要求行政机关应当对此作出预见。"[1]

二是行为上的懈怠。包括裁量懈怠与行为懈怠。前者指的是在行政机关在行使自由裁量时，不行使裁量权情形；后者指行政机关指在履行职责过程中，没有尽到勤勉的义务，没有认真履行职责，从而导致污染的发生，这在环境污染案件中也是大量存在的。

三是未实现法律期待的公共职能。法律所期待的公共职能，指的是立法者制定法律时所要体现的目的和要求。未实现法律期待的公共职能，指行政机关虽然作出了一定的行为，但是行为的效果并没有达到法律的期待的程度。

应该说，上述的两种概括各有其合理性，杨小君教授的理论更为具体、形象，更容易进行判断，而后者的概括理论性更强一些，当然，其包容性也更强一些，更具有理论性。因而，本文主要采用后者的观点，即行政不作为的形式有：未尽合理注意义务、行为上的懈怠和未实现法律期待的公共职能这三种。当然，也可以结合杨小君的观点来对之进行详细的解释，从而使其更容易让一般的公众和社会对行政不作为的表现形式加以理解。

三、环境监管不作为的分类

环境行政不作为是指在环境法语境下的一种不作为，环境法涉及大量的行政法律关系，在这种行政法律关系中，也存在着行政不作为。特别是在我国忽视环境保护的制度背景下，环境行政不作为更是大量呈现，给社会带来了巨大的危害。通过行政不作

---

[1] 胡建淼、杜仪方：“依职权行政不作为赔偿的违法判断标准——基于日本判例的钩沉”，载《中国法学》2010年第1期。

第六章　政府环境法律责任

为的分类可以更好地理解环境行政不作为的表现形式，并针对各种行政不作为来处理国家赔偿的问题。从行政行为的发起程序来看，行政不作为可以分为应申请的环境行政不作为与依职权的环境行政不作为。下面就这两种情况分别来进行论述：

（一）应申请的环境行政不作为

应申请的不作为，是指当相对人向行政机关提出相应的申请时，行政机关没有采取相应的行为或者采取的行为没有达到法律的期待的要求的情形。这类不作为是以相对人对相对人的申请为前提的，如果没有相对人的申请，一般是不存在不作为的。这也是行政法学界的通说。

但也有一个前提性的问题：谁有权利提出申请，这就是一个非常复杂的问题。根据法律的一般原理，可以提出申请的前提是申请人具有法律的依据，而法律的相关规定是为了保护相对人的合法权益，而且这一规定是明确的。这样就将申请人的范围限制在法律直接而明确地规定保护其合法权益的情形，如在环境影响评价制度中，《环境影响评价法》第21条第1款规定："除国家规定需要保密的情形外，对环境可能造成重大影响、应当编制环境影响报告书的建设项目，建设单位应当在报批建设项目环境影响报告书前，举行论证会、听证会，或者采取其他形式，征求有关单位、专家和公众的意见。"而《行政许可法》第36条规定："行政机关对行政许可申请进行审查时，发现行政许可事项直接关系他人重大利益的，应当告知该利害关系人。申请人、利害关系人有权进行陈述和申辩。行政机关应当听取申请人、利害关系人的意见。"结合两部法律可知，可能受到环境许可项目影响的利害关系人有权利对拟许可的建设项目听证。

但如果法律规定的是保护一定的社会秩序和社会公共利益的话，那么，申请人的申请性质就会发生变化，即此时申请人只是作为行政机关发起行政程序的一个线索，而不是一个明确的权利主张。

因此，应申请的行政行为是以法律明确规定了相对人的权利为前提的。

（二）依职权的环境不作为

这主要是指环境监管中的怠于履行法定职责，即行政机关应该主动履行法定职责而未能主动履行的情形。在现代行政法中，行政机关具有大量的需要主动履行职责的情形。在环境法中，更需要行政机关主动履行职责，如果行政机关没有主动履行职责，就构成了环境监管的不作为。在环境法中，需要行政机关主动履行环境监管职责的情形主要有：一是制定良好的政策，将法律的规定或者法律规定的死线加以落实的职责。

如《深圳经济特区环境保护规定》第83条规定："本条例规定应当另行制定具体实施办法的，市政府或者有关部门应当在本条例施行之日起六个月内制定。"这是关于政府及职能部门在制定环境规则中的责任，最有特色的就是《条例》规定了行政机关制定环境规则的期限，即6个月。这也是具有很强的现实意义的。因为我国的环境法律往往比较原则化，因而需要授权行政机关制定实施细则或者办法，但由于没有规定制定实施细则或办法的期限，导致许多环境法律需要制定的细则或办法长期处于空缺的状态，从而使环境法律的内容无法实施。有学者指出，截至2010年，"例如，《循环经济法》需要有关部门制定十多个配套的规章，但现在一个也没有出台。再如，《固体废物污染环境防治法》于1996年颁布，该法规定了'危险废物许可经营权'，即危险废物的储存、收集等需要许可证才能经营，但《危险废

第六章 政府环境法律责任

物经营许可证管理办法》10年后才出台。"❶ 这一现状无疑极大地影响了环境保护事业的进行,而且也是对法律权威的极大损害。行政机关在立法和制定规则方面的不作为,国外也是存在的,但也有一定的应对之法。如美国环境法律中就有所谓"死线"制度来防止行政机关的在制定立法或者规则上的迟延,所谓"死线",指的是国会在制定环境立法时,需要行政机关通过制定规则的方式来加以实施,为了防止行政机关在制定规则时的迟延,就在授权行政机关制定规则的同时,明确规定行政机关必须在特定的期日前必须实施特定的行为(规则制定等)。❷ 通过这样的做法,议会可以对行政机关的行为加以有效的制约,防止行政机关的不作为。

二是制定相应的环境标准,我国法律中对于环境标准的问题,也规定了应及时地进行修订,但在现实生活中,环境标准的制定和修改却不尽如人意,这其实也是一种行政机关没有履行环境职责的表现。

三是履行环境监察职责,对企业的环境法律事项进行检查监督。环境监察又指环境当场执法,是对指环境执法机关依法对造成或可能造成环境污染或生态破坏的行为进行现场监督、检查、处理以及执行其他公务的活动。❸ 环境监察的主要特点是进行现场的检查,以便发现问题,并对相关问题进行处理。环境监察这种执法活动是非常重要的,因为,没有严格的执法,就不会有法律的实施,也没有企业的守法,更没有整体环境的保护。因而,

---

❶ 王灿发:"中国环境执法困境及破解",载《世界环境》2010年第2期。
❷ 黑川哲志:《环境行政的法理与方法》,肖军译,中国法制出版社2008年版,第43页。
❸ 汪劲:《环境法学》,北京大学出版社2006年版,第240页。

各国都非常重视环境监察问题，特别是加强各国的环境执法能力的建设。环境监察是一种典型的依职权履行职责的活动。如果行政机关在环境监察中没有认真地履行职责，则构成一种依职权行政行为的不作为。环境监察不仅需要行政机关的作为，而且也需要行政机关的有效的行为，即前文所谓的法律所期待的公共职能。应该说，这样的界定是非常必要的，因为，我国目前的环境事故不断发生，与监管中的不作为存在着密切的联系。而监管中的不作为，并不是指行政机关没有采取任何行为，而主要是指行政机关的行为，没有达到法律的目的，实现法律的期待。特别是现实生活中的行政机关对于企业的环境违法采取的是变相的纵容的态度，从而导致大量的环境违法和环境事故的发生。

四是积极地采取其他方式保护环境。除了上述的几种行为外，行政机关还有许多的行政监管职责，所以这里只用其他方式来加以界定。因为，除了法定的明确要求外，行政机关还有其他的方式和手段来对环境保护采取相应的行动。比如，通过行政指导，引导整个社会采取各种行为来促进环境的改善与保护。如家电回收和集中处理制度就是一个典型的事例。在现代各国，通过柔性或者说弹性的方式对环境进行监管，从而达到保护环境的目的是一种大的趋势和潮流，如"经济合作与发展组织"（OECD）就指出过相应的建议，而美国和日本的环境协议也是一种有效的方式。在这样的大背景下，发展中国家也大量采取这样的方式来对环境进行监管。当然，由于各国的国情不同，发达国家和发展中国家的效果并不相同，但无论如何，这也是政府应采取行动的职责所在。

我国目前环境问题十分严重，环境污染事件频繁发生，严重侵害了公众的人身和财产权利。以重金属污染为例，近年重金属污染呈现高发态势，仅仅 2010 年就相继发生了江苏大丰、四川隆昌、湖南嘉禾、甘肃瓜州、湖北崇阳、安徽怀宁等9起血铅事件。这些污染案件，有受害者人数众多，检查与治疗费用巨大的特点。我国目前对于此类案件的处理一般是由政府来支付受害者的检查与治疗及其他的赔偿费用，由污染企业直接承担全部赔偿责任的事例很少，污染企业承担的责任主要是行政处罚，如罚款、停业整顿甚至是关闭，等等。

针对这一现象，有人认为政府没有理由为企业的污染行为买单，因为企业才是真正的污染者。但这只是问题的一个方面，其实政府在这类的环境侵权案件中也存在监管不作为的违法情形。这就提出了一个问题，当政府存在环境监管不作为并造成环境污染时，是否应进行国家赔偿呢？如果政府承担国家赔偿责任，这种责任的性质是什么，限度是什么？这些问题就是本书的研究目的。

四、环境监管不作为的国家赔偿

目前，我国每年都发生大量环境污染事件，而这些事件往往又与政府的环境监管不作为密切相关。例如，据中央电视台2013年1月26日《焦点访谈》报道：河南省永城市为了发展本地经济，违反2009年国务院《关于抑制部分行业产能过剩和重复建设引导产业健康发展若干意见的通知》的规定，将112公顷土地分成11批次报批（目的是将每次征地的面积都控制在省级批准权限内），让原先的一个小钢铁厂急剧扩张，并且没有经过环境影响评价就让该企业从事生产。经过扩建的钢铁厂，给周围几个几个村庄的农民造成了连续三年烟霾污染和噪音污染。在这一事件中，环境监管不作为与当地的污染就有着直接的关系。

当环境监管不作为是导致污染的原因时，弥补受害者的损失，可以有三种方式：一是追究企业的环境侵权责任，因为企业是直接的侵权人；二是实行国家补偿，因为企业生产行为是一种有益社会的正当性行为，因此可以利用国家财政对受害者进行赔偿，即由国家承担补偿责任，特别是找不到具体的污染企业时，更是如此❶；三是实行国家赔偿，因为行政机关的环境监管不作为是一种违法行为，符合国家赔偿的条件。这三种责任形式，各有其利弊：第一种方式可以有效地追究企业的责任，体现了环境责任原则，即污染者付费，但这种责任形式没有追究行政机关的不作为责任，同时，如果企业没有赔偿能力，受害者的损失就不能得到充足补救；第二种形式可以使受害者得到充足赔偿，但不能体现污染企业和国家应承担的责任；第三种形式可以弥补前两者的不足，同时也可以有效地体现公平原则，国际上许多国家都采用这样的赔偿原则，当然也存在着具体责任追究程序的实现问题。

环境监管不作为造成的环境污染赔偿，涉及污染企业、行政机关和受害者这三个主体，企业是直接侵权人，行政机关只是间接的侵权人，但由于环境监管不作为在环境污染中也起到了一定的作用，因此要求行政机关承担国家赔偿责任，既符合公平原则，也可以促使行政机关积极履行职责。

（一）环境监管不作为国家赔偿原理

在行政法治发展的早期，国家是"夜警国家"，只承担有限的社会职能，此时的行政不作为赔偿，主要是一种国家没有履行保护公民人身和财产的职责而导致损害的赔偿。随着社会的发展，现代行政向着积极行政发展，国家由过去消极地维护社会秩序、保证国民安全变成了积极地为社会提供各种福利和公共物品。在环境保护方面，政府负有保证社会基本环境质量、提供环

---

❶ 陈德敏：《环境法原理专论》，法律出版社2008年版，第324页。

境公共物品的职责，行政机关应对企业的环境利用行为进行监管，保证其遵守国家环境法律，避免环境污染的发生。当行政机关没有尽到职责造成环境污染时，不仅企业存在着侵权责任，行政机关也存在着侵权责任。因此，当存在环境监管不作为造成环境污染时，行政机关承担国家赔偿责任是符合现代法治要求的。

1. 体现了现代政府的风险规制责任

随着社会的发展，社会风险大量出现，我们正处于"风险社会"，例如在食品安全、道路交通和环境污染等方面都存在大量风险，这些风险个人无法抗拒，也无法依靠个人的力量来预防，此时就需要国家对风险进行统一的规制，政府需要承担大量的规制职责。政府应认真履行风险规制职责，当履行职责存在着违法性时，就要承担相应的责任。"政府规制已经普遍渗透到了我们社会生活的方方面面……要是政府未能对风险进行规制，出现了风险事故，人们就会将责任归咎到政府头上，要政府承担责任，让政府对相关的权利被侵害者给予救济。"❶ 可见，政府没有能够履行风险规制职责，就应承担国家赔偿责任，这是现代政府权责一致性的基本要求。

2. 保证受害者得到足够的赔偿

按照侵权责任原理，在环境污染事件中，受害者的损失应由污染企业承担，这体现了自己责任原则。但由于目前我国属于环境问题的高发期，环境污染事件大量出现，而环境污染造成的损失往往十分巨大，加上我国还没有实行环境责任保险制度，一些企业赔偿能力有限，往往无力对受害者进行足够的赔偿。这不仅对受害者是不公平的，也不利于社会稳定。

---

❶ [英]卡罗尔·哈洛：《国家责任：以侵权法为中心展开》，涂永前、马佳昌译，北京大学出版社2009年版，第16~17页。

当企业不能赔偿其污染损失时，如何对受害者损失进行弥补，是现代法律需要解决的一个重要问题。现代许多国家有对受害者进行补偿的制度，如刑事犯罪受害者补偿制度，但那是在国家没有过错情况下的补偿制度，完全是为了保证受害者及其亲属的正常生活。而在环境监管不作为造成污染时，由国家承担一定的赔偿责任体现了现代侵权法的作用，正如学者所言：侵权行为法在衰退的福利服务中发挥最后防线的作用，即"侵权行为法已成为福利国家的最后一个岗哨"❶。由国家承担环境污染的侵权责任，可以有效地保证受害者得到足够的赔偿。

3. 抑制政府在环境监管方面的消极不行为

政府负有监督企业的环境利用行为，制裁其环境违法行为，保证本区域环境质量的基本职责。但在我国现阶段，环境问题具有非常明显的独特性，即"信仰发展主义的政府（特别是基层政府）与能够带动 GDP 扩张的污染企业之间的密切结合，以及普遍存在的地方政府保护污染企业的现实。"❷ 由于地方政府对于经济发展的渴望，普遍存在着重经济发展而轻环境保护的倾向，一些地方甚至存在着打击群众自发地维护环境权益的行为。这样，政府环境监管不作为就成为一种较为普遍的现象。通过追究环境监管不作为的国家赔偿责任，一方面要政府承担一定的经济赔偿责任，另一方面可以因此追究相关工作人员的行政责任。这样，可以遏制地方政府重经济发展轻环境保护的趋向，促使他们履行环境保护的职责，减少环境污染行为的发生。

---

❶ ［英］卡罗尔·哈洛：《国家责任：以侵权法为中心展开》，涂永前、马佳昌译，北京大学出版社 2009 年版，第 15 页。

❷ 张玉林："社会科学领域的中国环境问题研究"，载《浙江学刊》2008 第 4 期，第 27~33 页。

第六章 政府环境法律责任

(二) 环境监管不作为国家赔偿的依据

我国的国家赔偿制度,经历了一个发展过程,即从开始的追究行政机关违法的积极作为责任,到追究行政机关应申请的消极不作为责任,再到追究行政机关的依职权消极不作为责任。虽然环境监管方面并没有专门的法律规定和案例,但其他方面的国家赔偿法律规定和案例也对我们理解环境监管不作为的国家赔偿具有重要意义。

1. 环境监管不作为的赔偿依据

(1) 环境监管不行为赔偿的法律依据。根据《国家赔偿法》规定:国家机关和国家机关工作人员行使职权,有本法规定的侵犯公民、法人和其他组织合法权益的情形,造成损害的,应对受害人予以国家赔偿。这是环境监管不作为国家赔偿的最直接的法律依据。值得注意的是,关于国家赔偿的归责要件,修改前的《国家赔偿法》将国家赔偿的行为要件界定为"国家机关和国家机关工作人员违法行使职权",修改后《国家赔偿法》将"违法"二字去掉,这似乎是将原来的违法归责原则改为了多元化的归责原则。但正如一些学者指出的:"倘若就行政赔偿而言,结合该法第2条第1款和第3、4条关于行政赔偿范围的表述,修正后的国家赔偿法在行政赔偿领域仍然实行单一的违法责任原则。"[1] 这种见解是十分正确的。在这一立法背景下,如果能够认定环境监管不作为是一种违法行为,在违法责任原则下,如果同时符合其他条件,环境监管不作为的国家赔偿符合《国家赔偿法》规定,要求监管主体承担国家赔偿责任具有《国家赔偿法》的依据。

---

[1] 林卉:"怠于履行公共职能的国家赔偿责任",载《法学研究》2010年第3期,第163~174页。

(2) 环境监管不作为赔偿的司法解释依据。我国原《国家赔偿法》并没有规定不作为行为的国家赔偿责任，2001年最高法院在《最高人民法院关于公安机关不履行法定行政职责是否承担行政赔偿责任问题的批复》（法释〔2001〕23号）中指出："由于公安机关不履行法定行政职责，致使公民、法人和其他组织的合法权益遭受损害的，应当承担行政赔偿责任。"从司法解释中可以明确：一、不履行法定职责的行为，确属行政赔偿范围；二、不行使职权或怠于行使职权的不作为行为也属于"行使职权"行为的范围。❶这一司法解释在实践中发挥了积极作用，得到了理论界的支持，加上修改后的《国家赔偿法》也只将"行使职权"作为国家赔偿的条件，因而，结合《国家赔偿法》和司法解释，环境监管不作为造成公民损害的，应该给予国家赔偿。

　　当然，上述的司法解释针对的是应申请的行政不作为的情形。对于依职权的行政不作为的国家赔偿问题，1999年《最高人民法院关于劳动教养管理所不履行法定职责是否承担行政赔偿责任问题的批复》认为："重庆市西山坪劳动教养管理所未尽监管职责的行为属于不履行法定职责，对刘元林在劳动教养期间被同监室人员殴打致死，应当承担行政赔偿责任。"就是对于行政机关依职权不作为，导致受害人死亡的情况应承担国家赔偿责任的规定。这一司法解释，实际上也解决了依职权不作为的国家赔偿问题。

　　从现有的法律规定和司法解释可知，对于不履行职责而导致受害人遭受损害的，如果也符合其他的条件，行政机关是应承担

---

❶ 杨小军："怠于履行行政义务及其赔偿责任"，载《中国法学》2003年第6期，第49～55页。

相应的国家赔偿责任的。在环境污染侵权纠纷中，大量存在的环境监管不作为，只要符合国家赔偿的其他条件，受害者就可以要求行政机关承担相应的国家赔偿责任。

2. 我国国家赔偿的司法实践

虽然我国因环境监管不作为导致的污染事件较多，但还没有行政机关因此承担国家赔偿责任的案例。我国目前对此类污染事件的处理的通行做法是：当出现了环境污染事件，特别是这些事件成为公共事件时，各级政府一般会承担受害者的检查和治疗费用，或者各级政府要求企业承担相关费用，当企业无力承担时再由政府承担相关的费用。但由政府承担的检查和治疗费用的性质是什么，并没有明确的界定。但我国在其他方面，因行政不作为而导致的国家赔偿案例，对环境监管不作为的国家赔偿具有参考价值。

因行政不作为而出现的赔偿案件中，主要的典型案件有：一是在丁卫义诉临海市公安局不作为行政赔偿案中，台州市中级人民法院认为公安局在被害人被打伤过程中负次要责任，承担40％的赔偿责任；二是在尹琛琰诉卢氏县公安局110报警不作为行政赔偿案中，卢氏县人民法院认为，原告没有派人值班或照看对被盗财产也负有责任，因此被告公安局承担50％的赔偿责任；三是在李尚英等诉广饶县交通局不履行法定职责行政赔偿上诉案中，针对常德明驾驶摩托车送儿子常康宁上学，途中摩托车在公路堆放的猪粪上滑倒，被随后驶来的小型拖拉机碾压，父子皆亡的案情，法院认为被告没有未尽到管理责任，但主要的侵权责任应归于小型拖拉机，因此被告应承担5％的赔偿责任。

在上面的三个案件中，有一个共同的特点，即"法院根据行政机关的责任大小，按照一定比例（或50％，或40％，或

5%）确定国家赔偿的数额。"❶ 可见，我国的司法实践对于行政不作为造成的损害，是要求行政机关根据一定比例给予国家赔偿的。

3. 我国现行司法实践存在的问题

从我国的司法解释及相关案件来看，环境监管不作为国家赔偿制度存在问题主要有：一是环境监管不作为国家赔偿案件较少。从现有的案件来看，我国目前还没有因环境监管不作为而造成的环境污染要求国家赔偿的案件。虽然我国的一些环境污染事件是由政府承担一定的检查和治疗费用，但这只是为了维护社会稳定和消除外部的不满而采取的临时性措施，并不是正式的制度安排。二是对于行政不作为国家赔偿性质的界定和比例的划分问题。我国目前是将此类国家赔偿定性为连带责任之债，并根据行政机关不作为在侵权中的作用按比例来进行赔偿，这样就将国家赔偿的责任比例加以了划分。而就环境监管不作为造成的环境污染而言，行政机关的行为与企业的行为主要是一种不真正连带责任，很难按比例来划分其责任的。三是当行政机关承担国家赔偿责任后，其是否可以对污染企业进行追偿，以及如何追偿的问题。由于我国的国家赔偿是按一定比例来承担的，并不存在对污染企业的追偿问题。而这在环境监管不作为国家赔偿中是非常重要的，一方面是污染企业是直接的侵权者，不向其追偿而用国库的资金来赔偿受害者损失，对纳税人是不公平的；另一方面，由于环境污染的赔偿数额一般较大，对国库资金也会有较大的压力。因此，对企业进行追偿是非常必要的。

---

❶ 王贵松：" 危险防止型行政不作为的赔偿责任承担"，载《学习与探索》2009 年第 6 期，第 109~113 页。

（三）环境监管不作为的判断

环境监管不作为造成的环境污染中，首先是要判断其不作为的界定，然后在此基础上来判断其具体的表现形式。

1. 环境监管不作为的界定

行政不作为，包括应申请的不作为和依职权的不作为。环境监管不作为，主要是一种依职权的不作为，即环境监管机关应该对企业行为进行有效的环境监管，但却没有履行其职责或没有完全履行其职责而导致环境污染，对相关公众产生损害的情形。一些公众在受到污染损害或有污染损害之虞时，向环境监管机关举报，要求其查处企业的行为，而环境监管机关没有查处或者查处没有达到相应的标准，也是一种不作为，但这种不作为仍然是一种依职权的不作为而不是应申请的不作为。

我国理论界将不作为分为完全不作为与不完全作为，完全不作为是指行政机关没有采取任何行为，这比较容易判断；而不完全作为，是指行政机关虽然采取了一定行为，但这种行为没有达到法律的要求、没有实现法律的目的，属于形式作为而实质不作为的行政行为，即"行政主体虽然启动了行政程序但是并未实质性地履行法定义务的行为。其主要表现为行政主体方法、措施、手段不当，或者未尽到注意义务，或者根本就未进行实质性行为。"[1]

在环境监管过程中，判断这类行为是否构成环境监管不作为比较困难。因为，环境污染具有具有综合性和积累性的特点，是由哪一个污染者和排放污染引起的，往往不容易判断，因而也不容易判断环境监管机关是否履行了监管职责。但我们可以通过环

---

[1] 黄学贤：“形式作为而实质不作为行政行为探讨——行政不作为的新视角”，载《中国法学》2009年第5期，第41~52页。

境监管机关在环境许可和环境监察中的表现,以及对待环境违法的态度等方面来判断环境监管机关是否履行了环境监管之职。因此,研究环境监管不作为的表现就非常必要。环境监管不作为可以从以下几个方面来认识:

2. 环境监管不作为的表现

(1) 环境许可阶段。通过行政许可,可以对可能造成的污染进行事前预防,从而起到保护环境、避免污染的作用,因此,需要环境监管部门在这一环节就依法履行好监管职责。环境监管不作为在这一环节的表现主要有:

一是没有经过环境影响评价就许可企业从事生产活动。环境影响评价是新建、改建和扩建设企业许可的必经程序,如果监管机关批准没有经过环境影响评价的企业的生产经营活动,就是明显的行为不作为。当然,由于我国《环境影响评价法》规定可以事后补充环境影响评价报告,如果企业没有向环境保护部门申请直接从事生产活动,环境监管部门不构成不作为,但其他审批部门构成了不作为。

二是行政许可未尽合理注意义务。合理注意义务是指行政机关在作出行为时尽注意义务,这种注意义务是"根据当时社会的通念或者常识,在能够认定存在一般意义上的危险可能时,就要求行政机关应当对此作出预见。"❶ 要求环境监管机关在进行环境许可时,必须全面把握法律规定和相应技术标准,以减少可能造成的污染损害。在我国发生的一些重金属环境污染案件中,行政机关就没有尽到注意义务。如在山东省超威电源有限公司导致山东宁阳县罡城镇吴家林村村民集体血铅超标案中,超威电源

---

❶ 胡建淼、杜仪方:"依职权行政不作为赔偿的违法判断标准——基于日本判例的钩沉",载《中国法学》2010 年第 1 期,第 39~49 页。

第六章 政府环境法律责任

公司与吴家林村最短距离不足 200 米，低于国家《铅蓄电池厂卫生防护距离标准》标准要求；而在安徽省安庆市污染案件中，"工业园距离住宅区只有一条马路之隔，最多就几十米远。"❶ 作为具有专业知识和法律知识的行政机关，应注意到国家的这一标准而没有注意，造成了大量村民的铅中毒，这就是未尽注意义务。

三是我国还有一类比较特殊的不作为。即政府为了发展本地经济，不顾国家环境标准的要求，引进发达地区淘汰的产业或设备。环境监管机关没有依法对这类企业进行环境许可的审查，而这些企业对环境会产生直接的损害，这也构成了许可阶段的不作为。

（2）日常监管阶段。除了环境许可阶段外，日常环境监管更容易出现各种行政不作为，主要包括：

一是执法的薄弱。只有严格执法，才能促使企业遵守环境法律。环境执法主要通过环境监察和环境处罚来实现环境法的目的。如果环境监管机关在环境监察和环境处罚时，对于企业的违法行为不予纠正和制裁，就会导致环境执法不力，不能实现环境法律的目的。这在我国环境执法中也是大量存在的现象，一些地方的环境监管机关对于企业的环境违法采取"象征性执法"，使环境法的执行效果大大削弱。甚至在受害者不断举报污染企业的时候，也对污染企业的违法行为听之任之，从而导致各种污染后果。如我国 2011 年发生的紫金矿业的污染事件就是典型事例，紫金矿业的环境违法极为严重，但当地的行政机关只是一般性地加以处罚而已，并没有从根本上消除其环境违法的隐患，最终导

---

❶ 吴杰："安徽'血铅超标'调查：政府为经济纵容污染企业"，载《南方周末》2011 年 1 月 7 日，第 7 版。

致了严重的污染，给当地和周边地区的民众造成了巨大的损害。

二是执法的懈怠。包括裁量懈怠与行为懈怠，前者指的是在行政机关在应该行使自由裁量权时，不正确行使裁量权情形；后者指行政机关在履行职责过程中，没有尽到勤勉的义务，没有认真履行职责，从而导致污染的发生。如在湖南省浏阳市的镉污染案件中，镉污染持续了三年，但当地的环保部门竟然没有发现，这就是行为上的懈怠。

3. 环境监管不作为侵犯的权利的性质

行政不作为的国家赔偿需要满足一定的要求，即只有行政不作为侵犯了公民权利，行政机关才承担国家赔偿责任，也就是说，行政不作为必须侵犯公民的权利才需要赔偿。

例如在欧盟，成员国的不作为存在以下情形时，就要承担责任：（1）相关指令旨在授予权利给个体者；（2）权利的内容明确规定在指令当中；（3）没有执行指令与因此导致的损害之间存在因果联系。❶ 而在日本，行政不作为满足以下四项判断标准要件，行政机关也应当为此承担国家赔偿责任：（1）行政机关对于损害结果具有预见可能性；（2）行政机关具有避免损害发生的可能性；（3）行政相对人对于行政机关的行为具有期待可能性；（4）受损法益具有重大性。❷

可见，在欧盟，只有行政不作为侵犯了欧盟指令中明确规定的公民权利，成员国才需要承担国家赔偿责任；而在日本，关于行政相对人的期待可能性和受损法益的重大性，其实也是对公民

---

❶ ［英］卡罗尔·哈洛：《国家责任：以侵权法为中心展开》，涂永前、马佳昌译，北京大学出版社2009年版，第79页。

❷ 胡建淼、杜仪方："依职权行政不作为赔偿的违法判断标准——基于日本判例的钩沉"，载《中国法学》2010年第1期。

权利的一种要求，即：行政不作为侵犯的公民权利属于法律应予以保障的范围。这些都说明，受到不作为侵犯的权利是有条件的。

要判断公民的权利受保障的范围，需要考虑设定行政职责的目的，行政机关职责的设立有不同的目的：一是直接维护公民的权益；二是纯粹地维护一定的公共利益；三是在维护公共利益的同时也具有维护公民权益的目的。第一种情况，公民具有赔偿请求权是明确的；第二种情况，如《规划环境影响评估条例》，其根本目的是为了保证事先预防，以最大限度地减少污染的发生，此时行政机关的职责是为了维护公共利益，并不具有保障一般公众权益的目的，此时，如果行政存在监管不作为造成了损害，相关公众并不具有赔偿请求权；第三种情况，如《大气污染防治法》，行政机关的职责不仅具有维护社会公共利益的目的，如保护整个社会的大气环境，促进经济社会发展的使命；也具有保障特定公民权益的目的，即保护公民身体健康的使命，此时如果行政机关存在着监管不作为的情形，受害者也就享有国家赔偿请求权。

从上面的分析可知，当存在环境监管不作为，且这种不作为造成的环境污染侵犯了公众受法律保护的权益时，就符合环境监管不作为国家赔偿的条件，行政机关就应承担相应赔偿责任。

（四）环境监管不作为国家赔偿责任的承担

《最高人民法院关于公安机关不履行法定行政职责是否承担行政赔偿责任问题的批复》（法释〔2001〕23号）在关于公安机关承担行政赔偿责任数额时，指出："在确定赔偿的数额时，应当考虑该不履行法定职责的行为在损害发生过程和结果中所起的作用等因素。"根据这一解释，因行政不作为导致的国家赔偿，应根据行政机关在侵权中的作用来认定其应承担的国家赔偿责任。要追究环境监管不作为的国家赔偿责任，就必须判定行政不作为在环境侵权中的作用，并根据这一作用来确定行政机关的国家赔偿责任。

1. 环境监管不作为在环境污染中的作用

既然行政不作为的作用决定了行政机关在国家赔偿中的具体责任，判断环境监管不作为在环境污染中的作用就是一个前提性的问题。环境监管不作为在环境污染中起到的作用可以分为以下两类：

（1）环境监管不作为的消极懈怠作用。一般而言，环境污染侵权是由于企业的排污行为而导致的，环境监管不作为并不是直接原因，而是间接原因。在环境污染中，存在着污染者和行政机关这两者的侵权，但行政机关的作用是间接的，污染者的作用才是导致环境污染的直接因素。行政机关的懈怠行为不是直接造成环境污染的原因，但增加了侵权结果发生的概率。❶

（2）环境监管不作为的积极促进作用。在这种情况下，行政机关的行为对环境污染起到了推动作用，是一种主动放弃职权的行为。主要表现在两个方面：一是当地区政府引进不符合法定标准的企业时，环境监管机关对此没有采取任何措施来防止，甚至帮助企业对上级机关进行欺骗，如在前文中央电视台焦点访谈中河南省永城市的事例就是一个典型；二是当环境监管机关，明知企业存在违法情形时，却不采取有效的措施，或者仅仅采取"象征性执法"的方式来应付民众的不满或上级的检查。此时，环境监管不作为对企业的环境违法实际上起到了纵容的作用。

---

❶ 甘文："风险侵权的行政赔偿责任"，罗豪才主编：《行政法论丛》，第13卷，法律出版社2011年版，第137页。

第六章 政府环境法律责任

2. 环境监管不作为国家赔偿的责任类型

由于环境监管不作为所起的作用不同,因此他们承担的国家赔偿责任也是不同的,主要有两种责任形式,即:

(1) 补充责任。当环境监管不作为对环境污染起到的是消极懈怠作用时,此时,"行政机关的责任与直接加害者的责任是不同层次的,即使在事实层面上认可其关联共同性,也应该否定共同不法行为的成立。"❶ 因而,行政机关虽然和污染者承担连带责任,但是先由污染者承担民事赔偿责任,只有污染者不能承担责任时,才由国家承担剩余的赔偿责任;而当国家先承担赔偿责任后,可以向直接的污染者进行追偿。所以,如果污染者有赔偿能力的话,行政机关实际上是不承担赔偿责任的。

(2) 比例责任。当环境监管不作为对环境污染起到了积极促进作用时,此时,行政机关应承担一定的独立责任,即"当国家不只是单纯地懈怠监督,而是被认为积极作用于损害发生时,就应独立承担一部分责任。"❷ 此时,环境监管不作为与企业的行为对环境污染都具有一定的直接性,环境监管不作为是造成污染的一种独立原因。此时,行政机关就应当按照实际损失的一定比例来承担。在日本,曾经出现过法院判决行政机关承担损失的三分之一和四分之一责任的案例,我国法院也主要按一定的比例来要求行政机关来承担国家赔偿责任。这种情况下,即使污染者有赔偿能力,行政机关仍然要承担一定的赔偿责任。

(3) 两种责任的比较。将环境监管不作为的赔偿责任分为补充责任和比例责任,区分了行政不作为在环境污染中的不同作

---

❶ [日]黑川哲志:《环境行政的法理与方法》,肖军译,中国法制出版社 2008 年版,第 244 页。

❷ 同上书,第 247 页。

用，符合侵权法的原理，也符合我国相关司法解释的宗旨。但这样的责任界定也存在一定问题，补充责任可以保证受害者获得足够的赔偿，但如果企业能足额赔偿时，受害者就不会追究行政机关不作为的责任，对类似的环境监管不作为就没有足够的威慑作用；而比例责任虽然可以对行政机关的不作为作出一定的评判，却突破了共同侵权界限，从理论上说，环境监管不作为国家赔偿责任应是一种不真正连带责任，如果要求污染企业和存在环境监管不作为的机关按一定比例来承担责任，实际上可能不利于受害者获得足够的赔偿，因为一般企业承担的比例较高，当企业没有足够的赔偿能力时，受害者的损失就可能得不到充分赔偿。

3. 环境监管不作为国家赔偿的程序

（1）我国现有的赔偿程序。目前我国还没有形成成熟的此类共同侵权的赔偿方式，现有的环境侵权赔偿程序或是采取民事诉讼的方式，或是采取行政诉讼的方式，当事人存在一定的选择，法院也没有固定的做法。主要的方式有：

一是民事诉讼程序先行：受害者先提起民事诉讼，要求企业承担民事赔偿责任；当企业不能承担全部责任时，再对存在环境监管不作为的机关提起国家赔偿诉讼；

二是行政诉讼程序先行：受害者直接提起国家赔偿诉讼，要求行政机关承担国家赔偿责任，法院判定行政机关承担一定比例的赔偿责任；剩余的责任，再由受害者通过民事诉讼要求污染企业给予赔偿。

这两种方式各有优劣，第一种程序有利于减轻国家负担，体现了环境责任原则；但当企业有充足的赔偿能力时，往往又缺乏对环境监管不作为法律上的评价，不利于监督行政机关加强环境监管；第二种程序有利于保证受害者获得完全的赔偿，但这会加重国家的财政负担，而且如何确定国家赔偿责任的数额也是一个复杂的问题,如果适用比例赔偿责任,会造成共同侵权理论适用上的混乱。

(2)环境监管不作为国家赔偿程序的选择。在目前情况下,为了避免国家财政的过度负担,我国应将环境监管不作为国家赔偿责任主要界定为企业的环境污染责任,当企业不能承担责任时,才由行政机关承担相应的责任,即行政机关以补充赔偿责任为主。

为了保证受害者获得充分的赔偿,并对行政机关的环境监管起到有效的推动作用,可以根据环境监管机关在环境污染中的不同作用来采取不同的程序:当行政机关在环境污染中仅仅起到消极懈怠作用时,受害者应先提起民事诉讼,只有企业无法赔偿时,行政机关才承担补充责任;当行政机关在环境污染中起到了积极促进作用时,可以由受害者选择提起民事诉讼还是行政诉讼,如果是民事诉讼,处理和上面相同;如果是行政诉讼,则由行政机关先行赔偿,行政机关赔偿后,可以向污染企业进行追偿。

4. 相应制度的完善

上面的做法,将污染企业的民事赔偿和行政不作为的国家赔偿加以区分,反映了不同性质侵权和不同性质赔偿之间的区别,也体现了保护受害者权利的思想。但上面的做法,也需要进一步加以完善。一方面应建立企业的环境责任保险制度,保证企业的赔偿能力,以使受害者获得充分的赔偿;另一方面,对于因环境监管不作为造成环境污染的,即使通过民事诉讼已经获得了赔偿,也应允许相对人提起行政诉讼,请求法院作出判决,确认行政机关存在环境监管不作为违法,以便有权机关追究相应工作人员的责任。

经过以上的制度完善,既可以保护受害者获得足够的赔偿,也加强了对环境监管不作为的监督,可以更好保护环境资源和广大公众的环境权益。

第七章 我国现实政府环境责任存在的问题及发展方向

第一节 我国的环境现状与政府环境责任的关系

我国目前环境问题十分严重,可以说是制约中国未来发展的一个瓶颈。环境问题不仅对中国现在的经济和社会发展产生了影响,而且也对中国的未来产生了潜在的影响。据统计,中国目前仅因环境造成的经济损失就已经占到了 GDP 的 3%～5%,如果再考虑到未来的一些损失的话,那么环境造成的经济损失所占的比例将会更高。而中国环境问题的严重性与政府在环境责任上存在的问题是分不开的,可以说,正是政府没有尽到环境责任才造成了中国目前日益严重的环境问题。

一、存在的问题

1. 政府行为对环境产生了潜在的危害

政府的不当行为对环境的危害不亚于企业或者公民的危害,甚至会更加严重。在我国,政府对整个社会的影响力是巨大的,在环境上更是如此。政府的行为对环境的影响主要有:

一是经济发展计划中的决策行为会对环境产生潜在的危害。由于认识的不足,我国在对工业布局上存在着许多不合理的因素,从而造成了极大的环境问题。例如,2005 年原国家环保总局副局长王玉庆在国家环保总局召开的全国环境污染事故应急电视电话会议指出：当前中国已进入了环境污染事故高发期，形成这样一个特定时期的部分原因是，在中国重化工业发展过程中，有相当一部分企业建在大江大河附近，或是一些城市中心区，一旦突发环境污染事故就会造成重大影响。❶现在，我国的一些工业园区和经济开发区在规划上也存在严重的环境隐患。

二是政府在发展经济时忽视其潜在的环境问题。政府在发展经济时，只重视经济发展，而忽视了对环境的保护，最典型的是一些地方在招商引资过程中，忽视环境保护，对于有严重环境隐患的企业也予以引进，从而造成当地的环境隐患。

三是未能重视预警原则的运用，对于有重要环境影响的决策不够谨慎。最典型的是大型水力发电站的建设，由于过于重视当地经济的发展，各地非常急迫地希望在本地兴建大型水力发电站，但对建设水力发电站可能的环境损害却不够重视，如怒江流域兴建水电站计划，虽然经过民间人士的抗议斗争而停止了，但政府对于环境保护与经济发展的不同态度是非常明显的。

2. 政府没有采取有效的办法来解决已经的严重的环境问题

我国目前面临着全方位的环境问题，政府在这方面也一直在努力采取一些措施，但效果却并不明显。最典型的是我国的大江大河的污染治理。我国目前江河和湖泊的全面污染，政府下过很大的决心治理，也作过庄严的承诺，如"10年使淮河水变清"、"滇池水变清"，并作了大量工作。但实际效果并不理想，这当然与环境治理的特殊性有关，但政府未能采取有效的流域治理方法与治理决心不坚定也是重要原因。

---

❶ "中国大江大河沿岸重化工企业密布埋隐患"，见http://finance.sina.com.cn，2005年12月02日 12∶33 新华网。

3. 政府未能及时制裁大量的环境违法

如果说，对于大江大河的治理本来是非常困难的事情，治理效果达不到预期的效果是一种正常的现象，那么，面对大量的环境违法，政府却不采取有效的行为来加以制裁，则是一种明显不履行职责的行为。我国目前环境违法严重，各地都存在大量的环境违法，很多学者认为我国法律规定的处罚较轻，起不到威慑作用，但更可悲的是，即使这种轻微的处罚，也没有得到很好的实施。环境违法现象大量地、持续地存在，一些污染单位的污染行为竟然能存在若干年甚至是几十年，这是政府纵容环境违法的结果，是典型的政府不履行职责的表现。

4. 大量的政府违法没有得到追究

在企业和相对人存在环境违法的同时，政府自身也存在着较多的环境违法，而且这种环境违法也没有得到有权机关的追究。政府的环境违法包括自身没有履行职责的行为和自身采取的对环境有害的行为。可以说，这些都应该受到法律的追究的，应承担相应的法律或政治责任，但现实情况却是政府的这些违法行为并没有得到有效的追究。

5. 没有切实保障公民的环境权益

保障公民权利是一个政府的职责，也是法定义务，但我国在这一方面却存在着巨大的落差。比如在环境影响评价制度、环境听证方面，政府往往不重视相对人权利的保护。特别是当公民的环境权益受到严重侵害请求政府对此加以处理时，我国政府却往往偏袒污染者，反而对受害人进行打击压制。这样，公民的环境权益就得不到应有的保护。而如果出现了严重的环境问题，受害民众向政府提出要求或者向企业进行抗争（即进行环境自力救济）时，政府反而压制正当的要求，造成了矛盾的激化，并产生了新的矛盾。

二、存在问题的主观方面和客观方面原因

我国出现如此多的环境问题,与政府未能履行相应的环境职责是分不开的。而政府不履行环境职责的原因是多方面的,既有主观方面的问题,也有客观方面的问题。作为环境法的研究,必须对这些问题进行全面的分析,使其更符合中国的实际。正如吕忠梅教授所说的,在我国目前的环境法研究中,对于中国问题的重视程度不够,还存在着坐在书斋里研究一些假问题、空问题的现象,容易使环境法学偏离社会的需要,从而形成了空谈之学。"我们潜心构筑的环境法理论面对严酷的环境问题解释力不足,我们精心设计的法律条文面对复杂的环境社会关系执行力不够,我们倾心引进的外国环境法制度面对中国的环境保护国情适应性不强。在面对当代社会严重的环境问题时,我们观察问题'隔岸观火',分析问题'隔靴搔痒',解决问题'隔山打牛'。"❶这说明,研究中国的环境问题,需要对我国的国情有个清醒的认识,对于客观和主观方面都加以分析,从而为问题的解决提供良好的思路。

(一) 客观方面

1. 发展经济的迫切性和财政体制方面给各地方政府造成的压力,导致地方政府在经济发展上的竞争激烈。改革开放后,整个中国社会都急切地追求财富的增长,就地方政府而言,这种追求在财税体制改变后,变得更加迫切。全国出现了一个新现象,即地方政府之间在经济发展方面的激烈竞争,一些地区通过招商引资来拉拢投资方,而这种经济的发展往往是以其他方面的牺牲

---

❶ 吕忠梅:"环境法学研究的转身——以环境与健康法律问题调查为例",载《中国地质大学学报》(社会科学版) 2010 年第 4 期。

为代价的，一些地区出现了所谓的"零地价、零环保、零劳动保障"等这样的许诺，即出现了在环境保护方面的"向下的竞争"(race to bottom，逐底竞争)，以致清华大学教授秦晖有一个著名的结论，即中国的发展是和过去的南非发展一样，属于一种"低人权的发展"，这样的发展势必会影响到环境保护。以致在苏北一些地方的领导发出了"宁可被毒死，也不愿被穷死"的"豪言壮语"。诚然，现代政府有保证经济和社会发展的天然使命，正如日本环境法学家原田尚彦所言："确保经济增长，保持人们雇用、就业的机会，对于人类社会来说是一种至上的命令。"❶ 但如果将经济的增长与环境保护对立起来，特别是以牺牲环境来保证经济的增长，那么必然会造成严重的环境破坏。

2. 由于经济行为对环境的危害存在着不确定性，因而政府在决策时没有充分的动力控制经济行为。一般来说，如果在经济发展过程中，不注意环境保护，没有严格地按照法律的规定来对经济发展行为来进行调控，那么，产生环境的后果是明显的、必然的，但这种必然性指的是总体的趋势，环境破坏何时发生、如何发生、发生的损害是多大等，又存在一定的不确定性，而发展经济所能获得的收益是可以计量、可以直接得到的，在这不确定性与确定性之间，政府自然会选择经济发展。从经济人假说和外部性理论的角度看，政府也更愿意重视经济发展而忽视环境保护。从经济人假说来看，政府官员也会追求自身的利益，发展经济对其的仕途和其他方面都存在确定的利益，而保护环境则没有相应的利益，因此，政府官员更愿意发展经济而不是保护环境。就外部性理论而言，一个地方发展经济的利益归于本地，有利于本地甚至是一些官员的发展，而环境破坏的损害却是他人或者是

---

❶ [日] 原田尚彦：《环境法》，于敏译，法律出版社1999年版，第1页。

共同的承担，如果没有更高一级政府或者机构来予以协调，一些地区的政府当然是重视发展本地的经济而不是保护共同的环境。

环境政策之决定，涉及了高度的科技背景与专业性考量，不管是环境问题的掌握与认识，或是国家介入时点之决定与管制措施之抉择，皆与科学知识的掌握息息相关。首先，环境问题在因果关系的认定上格外困难，时常牵涉到科学上的极限，难以有一明确的答案以作为认定责任或采行相对措施的依据。再者，既有的环境保护制度，如环境质量的认定、环境影响的评估等，亦涉及科技水平的考量，而科技与信息上的未定状态，无形中增加了环境决策过程的"风险性格"，况且，科技本身实际上也难以精确掌握在每个具体的开发案件中，其所容许风险的界限为何，甚至是完全排除潜在的风险。简言之，环境议题高度的专业性与科技背景关连，升高了行政机关决策的风险与变数，在时间的压力与特定的时空条件下，只能决策于科技的未知之中，而此一"风险性格"一方面提高了环境决策的政治性，另一方面也容易形成以专业与科技为权威导向的迷思。❶

（二）主观方面

1. 以经济发展代替了环境保护

中国是有着悠久历史的古国，在长期的世界历史进程中，都处于世界发展的前列，甚至是远远先进于其他国家。但进入近代以来，中国面临着西方列强的欺凌，这种欺凌往往被认为中国的贫穷和落后，因而，近代中国的富国强兵的心情十分迫切，这是一些没有类似经历的国家很难体会到的。特别是改革开放以来，

---

❶ 黄丞仪、林子伦："环境管制之风险评估、公民参与及行政判断——以近期行政法院相关判决为核心"，（中国台湾）中央研究院法律研究所"2010行政管制与行政争讼"会议论文。

发展中国经济是全社会的最大共识。但由于经济的发展与环境增长是存在一定矛盾的，特别是中国的粗放型的经济增长模式，对于环境的压力是巨大的，而且是明显的。虽然我国的《宪法》和《环境保护法》中对于经济增长和环境保护的关系作出了明确的规定。但这样的规定并不具有强制力，被认为是一种政策宣言式的规定。

面临着经济发展和环境保护这一双重的任务，我国的各级政府特别是地方政府在经济发展和环境保护方面采取了几乎一边倒的态度，即先发展经济，环境问题可以放一放，最多是先污染后治理。在这一指导思想下，各地都出现了经济发展和环境保护拉锯的现象，而结果当然是确立经济发展的优先地位。

2. 合法性的焦虑

在当代社会，政府随时会受到合法性的挑战，如何对合法性问题加以应对，从而作出相应的措施，是各国政府不可回避的任务。在我国，政府同样也面临着合法性的挑战，而我国政府的回应就是通过经济的发展来应对合法性危机。所以，各级政府将经济的发展置于环境保护之上，特别是上下级政府之间几乎形成了一种默契，即下级政府发展经济就是对上级政府的最大的支持，上级政府会对由此造成的不法后果积极地加以处理，实际上对下级政府的不法行为起到了保护作用。这种上下级之间的合谋就是将经济发展作为解决政府合法性的主要甚至是唯一的来源的观念在作祟。

三、制度层面存在问题的原因

如果说，上面的原因是一些主观和客观的原因，但仍然没有说到关键之处，最根本的还是制度上对于政府的要求低了，或者说没有对政府的行为形成一种制度性的约束力量。原因在于制度缺陷,即我国的环境法律没有为预防和遏制这种片面追求经济发展而忽视环境保护行为确定有效的监督和制约制度。监督和制约是一种必不可少的制度,是可以促使政府官员保持勤政和清廉的外部力量。如果没有来自外部的监督和制约,政府官员往往选择懈怠。在有的情况下,甚至选择寻租和腐败。在缺乏监督和制约制度的情况下,上述"积极"的和"消极"的"政府失灵"只会愈演愈烈。❶

可见,我国政府不履行其基本环境责任,导致环境问题的日趋严重,最根本的是缺乏一定的制度来促使政府履行保护环境的职责,这种制度就是一种压力,既包括外在的压力,也包括内在的压力。就我国而言,我国目前在环境上的政府责任没有落实,制度方面的原因主要有:

(一)我国法律对政府的环境责任规定不严格,有关政府环境法律责任条款几乎成为软法,因而政府没有执行环境法律的压力和动力

我国环境法律中对于政府的环境责任规定不够,大部分是对相对人违法行为的规定,而对于政府的违法该如何处理却远远没有规定得那么全。如蔡守秋教授所言:政府环境责任的缺陷和不足,是环境保护领域政府失灵、环境法律失灵的一个重要原因。我国政府环境责任的缺陷主要体现在"重政府经济责任,轻政府环境责任"、"重企业环境义务和追究企业环境责任,轻政府环境义务和追究政府环境责任"、"重政府环境权力,轻政府环境义务"等八个方面。❷ 这些责任的虚化和弱化对于政府严格执

---

❶ 王曦:"论新时期完善我国环境法制的战略突破口",载《上海交通大学学报》2009年第2期。

❷ 蔡守秋:"论政府环境责任的缺陷与健全",载《河北法学》2008年第3期。

行环境法律没有形成足够的威慑，因而政府执行环境法律的动力就明显地不足了。

（二）立法机关对于行政机关的环境责任的追究存在不足

在我国，行政机关是立法机关的执行机关，立法机关有权力对其执法行为进行监督，同时也有权作出决定，要求行政机关执行，并对行政机关的执行效果进行监督。而在我国，立法机关对于行政机关的行为的监督较少较弱，立法机关的监督存在弱化的特点，这与国外国会对于行政机关的环境行为进行严格地监督的做法是完全不同的。如在日本，议会在20世纪70年代被认为是"公害议会"，因为当时的议会将应对日本公害问题作为其工作的重点。议会对于行政机关在环境治理方面进行了强有力的监督，这种监督不仅通过立法和决议的方式来进行，而且也强化了对行政机关具体行政行为的监督。这在我国目前是较难做到的。

（三）行政机关内部的责任追究未能落实

行政机关是一个整体，其必须要考虑到整体的利益和形象，因而，行政机关的内部也形成了一整套的监督体系，具有内部的责任追究规定。而且这种监督和制约与立法机关、司法机关与行政机关的监督比较起来更具有优势，主要体现在：

行政的自我控制与一般的外部控制相比的优势在于：

（1）与司法机关的控制相比较。司法机关的控制主要是在诉讼过程中，由于司法权具有被动性、消极性的特点，司法机关不能主动对行政机关的活动进行审查；司法机关的审查活动只针对个案进行，不能解决一些具有普遍性的问题；司法机关只进行合法性审查，对合理性问题不能进行审查，而且也没有相应的审查能力；司法的监督审查注重程序性，耗费的时间和精力非常多，而行政机关的自控可以克服这些缺陷，可以做到及时有效地进行监控。

(2) 与立法机关的控制相比较。立法机关是权力机关，对行政机关的控制是多方面的。包括人事控制、财政控制、抽象行政行为（行政立法）的控制等，这些控制具有重要的作用。但这些控制与行政机关的自控相比，也有其不足之处。首先是立法机关的控制是静态的，不能进行长期的控制，而行政机关的自控是动态的、持续性的；立法机关的控制是外部的，并且往往缺乏必要的专业性技术性，行政机关的自控可以克服这一点；立法机关的控制是个案监督的，而行政机关可以对许多事物进行全面的控制。所以，"代议机关的立法或监督往往是迟缓的，且效果不佳"❶，行政机关的自制却是及时有效的。

总之，立法的监督侧重于事前的控制，司法的监督侧重于事后的控制，都忽视了事中的控制，而且这两种控制往往是个案的控制，可是由于现代行政由于含有大量的自由裁量的成分，仅仅靠事前和事后的监督，其监督效果是有限的，所以促进依法行政的发展，就必须重视行政机关的自我控制。有学者曾言："行政内部监督凸显的是行政权的自我控制机制，虽然它在独立性与客观性方面可能逊于其他形式的监督，但无论是在监督内容的广泛性和全面性上，还是在监督方式的灵活多样与迅速及时上，都较其他监督形式更胜一筹。"❷ 这是专门就行政监督而言的，但作为一般的行政控制，行政机关对下级、行政首长对本部门的控制与上述的行政监督原理是一致的，其优势也是相同的。所以，保持行政机关的自我控制是必要的，这是建立责任政府，保证行政权力在负责任的范围内运行的必要条件。"行政权的自我控制是

---

❶ 杨伟东：《权力结构中的行政诉讼》，北京大学出版社2008年版，第10页。
❷ 成志刚、唐俊辉："保持行政监督制度与权力格局的动态平衡——控制行政权的一条规律"，载《中国行政管理》2008年第5期。

要在行政系统建立一种高度负责的政府机制……责任型的政府必然是有高度自控能力的政府，能够高度自我控制的行政权也必然是对社会具有强烈责任感的行政权力。"❶

但是，在我国目前，由于政府对于环境保护的不重视，导致政府的内部监督机制也不能充分发挥作用。当然，在"十一五"期间，我国的环境责任制基本建立起来了，这是一个良好的尝试。

（四）行政机关的环境执法能力存在问题

政府执行力，"它既不同于传统行政法上的行政行为执行力，也不同于党的执政能力，而是行政机关及其工作人员实施法律法规、方针政策、战略决策以及执行行政命令和处理行政事务的能力。"政府执行力是政府内在构成的核心要素，是政府履行职责、提高自身存在合法性的重要前提。❷

1. 执法权限方面

在现代法治社会，政府的执法必须要有充分的法律依据，没有充分的法律依据，政府的行为就会受到相对人的挑战，从而存在着行政行为违法的问题。因而，在现代环境法中，必须赋予环境保护机关的必须的法定权限，否则要其履行职责就是不可能的。政府履行职责的权限包括各级人民政府的权限和环境保护部门的权限，两者之间是存在着区别的。由于环境保护机关是环境保护的经常性机关，环境保护的主要职责是由其履行的，因而，其权限的规定在环境法中就显得尤为重要。但我国的环境保护部门的法定权限却是存在着问题的，这严重影响其履行环境保护的

---

❶ 关保英："论行政权的自我控制"，载《华东师范大学学报》2003年第1期。
❷ 张建伟："关于政府环境责任科学设定的若干思考"，载《中国人口·资源与环境》2008年第1期。

第七章 我国现实政府环境责任存在的问题及发展方向

职责。

（1）在环境行政制裁上，对于处罚的力度较小，一些具有威慑力的制裁方式没有在法律中加以规定，影响了法律的效果，特别是对于环境保护的作用，如对于连续的违法行为，没有按"日"来处罚的条文，这导致许多环境违法长期存在。在法学中，有一个基本的原理，即不能让违法者从违法行为中获利。因为，如果让违法者在违法行为中获利，实际上是鼓励了违法行为，这样就不能对违法行为起到遏制作用。由于环境法规定的处罚力度较小，在我国形成了企业宁可违法也不遵守环境法律的局面。这对环境保护是非常不利的。

（2）缺乏对违反行政决定的制裁规定。由于环境保护行为在环境法中具有重要的作用，一些国家为了维护行政机关行为的权威，就在法律中规定，违反行政行为导致环境破坏的行为是一种犯罪，这样对于环境违法的威慑力要大得多。不仅可以提高行政行为在环境保护上的效率，而且也有效地提高了环境保护机关对环境的保护。因而，环境法中的行政机关对于环境保护具有重要的作用。

（3）没有形成有效的纠正环境负外部性的制度。负外部性的存在在环境法中是普遍的现象，也对环境保护起到了严重的负面影响。因而，必须建立一系列的制度来纠正负外部性的影响。最典型的是我国的流域制度中，建立相应的流域之间责任认定和损害补偿制度，由于我国的幅员辽阔，流域之间的环境保护与经济发展之间的矛盾和冲突尤为突出，这样就必须要建立相应的制度来明确流域之间的责任问题，做到赏罚分明，从而避免地区之间的外部性，也加强了各地政府之间的环境保护责任。但目前，我国在这方面的工作还没有正式开展，其中如何认定责任的问题就显得非常棘手，因而，需要对此采取相应的措施，从而避免地区之间的负外部性。

2. 执法的物质力量

政府要提高执法能力，除了相应的法定权限外，毫无疑问，也需要必需的执法力量。没有相应的物质力量，就不可以完成相应的执法任务。尤其是环境保护职能部门的执法物质力量在我国目前还存在着严重的不足。如人员的配置、设备的配置、经费的保证等方面都需要进行加强，而且由于我国在环保技术上面还存在着许多欠账，因而，环保技术上也存在着严重的不足。比如，在线监测系统，我国许多地方的配置率就非常低，这对于环境执法会造成严重的影响。因而，需要在环保上的总投入大大增加，从而为整个的环境执法提供有效的物质保证。

3. 执法的协调能力

有了执法权限和物质力量的保证外，我国还存在着执法力量之间的不协调问题。因为我国目前还存在着多头执法的问题，对于环境资源的管理存在着不同的执法主体，而不同的主体之间的权力之间存在着协调的问题。就环境保护部门而言，须进行纵向之间的协调和横向之间的协调。纵向协调是指环保部门与其同级的人民政府之间的协调，由于环保部门隶属于同级人民政府，人民政府的决定对于环保部门无疑是具有强制力的，而在我国环境保护的理念没有落实的情况下，地方人民政府往往会对环境保护起干扰和阻碍作用，这样其环境保护的能力就不能得到发挥，因而，需要对此加以协调；而横向的协调主要是指环保部门与同级人民政府的其他部门之间的协调，由于环境保护部门与其他部门存在着互相配合的情况，特别是环境保护需要其他部门的协助，因而，其作用的发挥就需要加以协调。在国外，往往通过建立综合性的协调委员会来对各部门的环境事务作出决定，避免各部门之间的权限冲突，特别是避免其他部门对环境保护施加的不利影响。

(五) 司法力量的不足

在环境法上,司法的力量是非常重要的一个分支,其作用的发挥对于环境法治的实现无疑是重要的。但就我国而言,司法机关在环境保护上的作用发挥并不明显,主要体现在对于环境诉讼的裁决水平和裁决数量都存在着不足。之所以会发生这样的状况,是因为环境法在司法上的多重特点决定的:一是环境法本身的技术性强,法院存在着能力不足的问题,应该说,我国过去的环境问题没有大量涌现,对于环境法也不够重视,因而法官中的环境法水平和审理能力不强,法官对于环境案件,无论是民事案件、行政案件还是刑事案件都存在着能力上的欠缺;二是环境法本身的政治性强,环境损害往往会涉及大量的人群,其对于社会来说具有相当的敏感性,因而,在我国强调稳定的现状下,往往会有着政治性的压力;三是环境案件往往会受到政府的压力,且不说,行政案件本身就具有敏感性,往往会受到政府的压制,即使是民事与刑事案件,也由于其存在的特殊性而会受到各种的压力。这样,法院对于环境纠纷的解决就存在一定的不足。这些问题在我国尤其明显。

另外,在环境法中,环境纠纷还存在另外的形态,即群体性事件。由于群体性事件存在着即时性和规模性的特点,甚至根本没有进入法院进行审理的机会,因为司法具有被动性,实行"不告不理",当群体性环境事件没有进入法院时,也不存在法院审理的情形。我国目前的环境纠纷,进入法院的比例较低,因而,从这些方面来说,法院对于环境法制建设也存在着不足。

(六) 社会力量受到法律和行政的双重挤压,不能发挥其作用

社会力量在环境保护中具有举足轻重的地位,这不仅在环境

法实践中得到证明，而且也为国际条约和各国的国内立法所承认。就前者而言，西方社会之所以在 20 世纪的六七十年代迅速形成了环境法，而且形成了严格执法的氛围，就是因为在西方民众对于环境恶化表现出了极大的不满，举行了大规模的抗议活动，这种活动从美国到欧洲、从欧洲到日本，可以说发达国家无一幸免。正是这样的社会力量的运动，才对各国政府、议会、法院形成了强大的压力，迫使这些机关采取行动来保护环境。就后者而言，国际条约早就形成了共识，要求各国政府和国际社会保证公民的环境参与，从而形成良好的政府与公众互动的局面。

就我国而言，虽然我国政府现在已经认识到了必须保护公众的参与，但其实对于环境保护组织的参与是一种矛盾的心态，一方面，环保组织的参与可以帮助政府实施一定的行为，这是政府所乐于看到的，也是积极支持的；另一方面，对于环保组织对于环境保护的热情，政府又持保留的态度，甚至采取限制的态度，害怕环保组织对政府的行为形成制约。因而，有些地方的政府对于环保组织的参与是不欢迎的。这样，环保组织的作用并没有得到发挥。另外，我国的环保组织发展历史短暂，没有独立的经费，人数也较少，特别是在发展过程中受到了一定程度的掠夺，这样就不利于其发挥作用。

除此之外，政府也特别担心一般的社会力量对自己的权威和政权形成挑战，因而，利用各种方式来限制社会力量的发展。这是社会力量难以得到发展，特别是在环境问题上，社会力量作用较小的重要原因。由于社会力量较小，对政府形成的压力也较小，政府履行环境责任的压力和动力也就较小了。

（七）公民权利在救济上的法律依据和救济能力上存在不足

由于我国法律对于公众的环境权益的保护并不周全，因而，公民自身的切身利益（而不是主观性的公共利益）受到侵犯或者可能受到侵犯时，他们也没有较多的法律手段来进行救济。另外，由于我国民众的经济和文化方面原因的局限，他们的救济手段和救济能力都是不足的，因而，对于政府的行为进行制约的能力也就远远不够了。

以上是我国政府环境责任方面存在的问题及原因，至于如何解决已经存在的问题，我国著名环境法学家蔡守秋先生认为："中国环境问题的主因在政府或'政府失灵'，在依法行政的条件下，政府环境失灵的实质是环境法律失灵，普遍性环境执法不力的内在原因是有关环境执法的立法出了问题，因而从法律上健全政府环境责任是解决'政府失灵'的基本途径。"❶

可以说，蔡守秋先生的认识是深刻的，"政府失灵"是目前我国环境问题的主要症结，而环境执法的不力是"政府失灵"的一个重要方面。解决"政府失灵"涉及不同方面，有的问题已经在本书其他部分进行了讨论，下面主要从环境执法的角度进行讨论，将从提高行政执法能力、加强相对人的配合和发挥公众在环境法实施方面的作用等几个方面来进行研究我国政府环境责任制度的完善问题。

第二节　增强我国环境执法能力

环境执法，又称"环境行政执法"，是指国家环境保护行政机关的执法机构以环境相关法律法规为依据，为保证实现环境保护目标、保护生态环境以及公众健康而实施的监督检查、行政处罚以及行政强制等一系列行政行为。环境执法有别于立法、司法

---

❶ 蔡守秋："论政府环境责任的缺陷与健全"，载《河北法学》2008年第3期。

行为，是由国家行政机关实施的一种行政行为。❶

从这一角度来理解环境执法，主要着眼于行政机关的行政行为，而且主要是一种具体行政行为。因为行政行为可以分为具体行政行为和抽象行政行为，当然，有时在环境执法中具体行政行为与抽象行政行为之间并没有严格的界限，如环境保护机关为了执行法律，将法律中的一些规定加以细化，这也是为了更好地完成法律规定的任务，这也可以理解为环境执法。现在在各地普遍试点的制定"环境自由裁量基准"的工作，就是一种典型的抽象行政行为，但这种抽象行政行为是为了保证具体的环境执法活动的准确和统一而制定的，又具有执法的功能，本书也将其作为环境执法来对待。

另外，环境执法与一般的环境执政也是不同的，环境执政能力是执政党应对、处理环境问题的能力的总称，它涉及经济、政治、社会、外交等方面。从其总体结构上看，环境执政能力应当包含五大要素：环境决策能力、环境行政执行能力、环境管理能力、环境应急能力、环境技术能力。"❷ 当然，也有从治理的角度上看，对环境执政作广义上的理解的，如："环境执政是正式或非正式的，由社会用来解决污染问题，促进污染控制和预防、保护自然、管理自然资源的机制。与关注点为政府机构和行动者的术语'政府'不同，'执政'的概念指政府控制或协调社会经济活动、达到社会目标、处理政策问题的过程。一般的理解是，环境执政不仅包括各种政府常用来规范行为的自上而下机制，同时还包括其他非规范性质的手段，如志愿手段、市场机制和教育

---

❶ 陆新元等："中国环境行政执法能力建设现状调查与问题分析"，载《中国环境科学》第19卷增刊。
❷ 杨展里："试论中国环境执政能力建设"，载《中国环境科学》第19卷增刊。

手段。另外，环境执政还涉及政府与市场各有关方面、公民社会和科研教育各方的关系。目前'执政'渐渐表现出影响社会向预期方向变化的机制和手段的全面性。"❶

本部分主要是从行政机关执法法律的角度来谈的，因而是狭义的。

一、我国环境执法的研究现状

重视环境执法的建设，在环境法治中就具有重要的意义，同时，也是政府实现环境责任的必要条件之一，因为政府要实现环境责任，就必须具有相应的机构，而相应的机构又必须具备相应的能力，这样，就在政府的环境责任上与环境执法紧密联系起来了。我国目前在环境执法上存在的问题主要有：

（一）行政机关的执法权限存在不足

在强调建设法治国家的今天，行政机关的行为必须要有法律上的依据，无法律无行政是传统行政的起码要求，在现代行政法中也是基本同样适用的。

但在环境法领域，由于我国法律自身存在着一定的问题，因而，环境法对于环境权限的规定就存在着不足。主要体现为：

1. 环境法制定时要求行政机关制定实施细则，但行政机关没有及时制定实施细则，导致法律的规定没有办法实施。

中国制定的环境法律往往比较原则化，许多方面都授权国务院或者有关部门制定实施办法。例如，《循环经济法》需要有关部门制定十多个配套的规章，但现在一个也没有出台。再如，《固体废物污染环境防治法》于1996年颁布，该法规定了"危

---

❶ Miranda Schreurs："国际环境执政理论研究进展透视"，载《中国环境科学》第19卷增刊。

险废物许可经营权",即危险废物的储存、收集等需要许可证才能经营,但《危险废物经营许可证管理办法》10年后才出台,这期间,生产企业在处理危险废物时,不收集违法,收集了也违法,因为他们没有危险废物经营许可证。这种状况持续了10多年。由于没有具体的规定,环保部门也无权去执法。[1]

2. 法定的处罚权限不足以对环境破坏行为产生威慑力。如前所述,我国对于企业的环境违法行为的处罚是较轻的,导致企业因违法行为而受到的处罚与其获得的利益不成比例,违反了"不得从违法中获利"的基本法理。而且,对于因违法而造成损失的行为而承担的法律责任也远远低于环境污染造成的损失,从而在一定程度上对于违法行为是一种纵容。这仅仅是严格按照法律规定来进行处罚的情况,如果算上没有严格执法的行为,那么,企业因违法行为而受到的处罚就会更轻。

3. 缺少对产生环境破坏的行为的强制性的预防性的措施。在强制污染源停止排污方面,目前,环保部门无权强制污染企业立即停止排污,而只能作出处罚决定;如果当事人不服处罚决定,可申请行政复议;对复议不服还可再提起行政诉讼。这期间(至少6个多月)污染受害者只能一直忍受污染带来的危害。尽管《行政处罚法》规定了行政复议和行政诉讼期间不停止执行处罚,但最高法院的司法解释规定,提起行政诉讼的一般停止执行处罚,必须要向立即执行的执行部门提供相关担保。尽管司法解释和《行政处罚法》的原则相悖,但实际中执行的却是司法解释的规定。这往往导致被处罚者通过行政复议、诉讼来拖延时间,如果半年或者一年时间过去了,排污项目也基本建成,最后连排污者也找不到。此外,对于扣押和没收违法设备、工具的问

---

[1] 王灿发:"中国环境执法困境及破解",载《世界环境》2010年第2期。

题，现有的环境立法中，也没有授权环保部门对环境违法设备、工具可以扣押、没收的权力，而污染物的排放又需要马上停止，否则就会造成严重的后果。因此，使得环保部门束手无策。❶

（二）执法机关的职能规定不利于环境执法

我国现有的环境管理体制的立法，在授予有关部门环境管理的职能时往往忽略了科学管理职能分工的原则，从而使监督管理的效果大打折扣，甚至形同虚设。

具体表现为：

1. 某些统管部门的职权不适宜赋予分管部门。例如，民航和铁道部门分别负责航空器噪声和铁路噪声的监管，而该两个部门又同时享有民用航空器和铁路的经营权（随着2013年中国铁道部被撤销后，这一现象会有所缓解——引者注），一旦发生环境噪声污染，这两个部门势必全力维护本部门的利益，不可能监督所属企业投巨资治理污染。因此就产生了一些机场周围的居民不堪忍受飞机噪声而到政府门前静坐示威，受铁路影响的居民投诉不断却永远得不到解决的现象。又如，《环境噪声污染防治法》将防治生活环境污染的职能授予公安部门，也属于授权不当。因为公安部门有很重的社会治安任务，连各种犯罪还打击不完，更无暇顾及居民的生活噪声污染问题。

2. 某些专业管理部门行使了综合决策性管理部门的职权。例如，国家计划发展委员会农村经济发展司被授予"编制和实施全国生态环境建设规划"的职能，而这一机构对生态环境保护和建设这一专门事务并不十分专业，远没有让国家环保总局的自然保护司编制生态环境建设规划更专业。又如，资源综合利用，淘汰严重污染环境的落后工艺和设备，环保产业发展的监督

---

❶ 王灿发："中国环境执法困境及破解"，载《世界环境》2010年第2期。

管理职能都授权给了国家经济贸易委员会,而该委员会又负责管理这些企业的生产,这样也产生了生产管理与环境保护监督管理的矛盾。

3. 某些综合决策部门行使了专业管理部门的职权。比如原由国务院环境保护委员会承担的研究、审定、组织贯彻国家环境保护的重大方针、政策和措施,组织协调、检查和推动全国环境保护工作的职责划给了国家环境保护部,并使其具有协调解决各地方、各部门以及跨地区、跨流域的重大环境问题的职能。而实际上,环保部门很难担此重任,因为它无权给有关部门和地区拨款、无权决定给有关部门和地区优惠政策或进行国家投资建设等,并且当有关部门和地区不理会环保总局的协调时,环保部门也没有任何强制性的手段可以让有关部门和地区服从其协调。[1]

(三) 现有的执法资源不足以应对环境管理

行政执法也是需要成本的,由于环境执法中存在着较多的技术性的要求,因而,在环境执法中对于环境机关的执法的资源要求是很高的。主要包括以下几个方面:

1. 环境执法人员的配置、经费的配置和设备的配置要能满足环境执法的需要。要保证环境执法的顺利进行,首先必须具备基本的物质基础,其中包括在人口配置、经费配置和设备配置上满足基本的要求。而实际情况却不容乐观。以辽宁省的统计为例就可以看出我国环境执法物质条件的不足:(辽宁省)环境执法监督机构设置不完善,执法人员数量较少,与工作量严重不匹配。绝大多数市县和城市远郊区环境监察机构执法能力薄弱,执法车辆和现场取证设备明显不足。已经安装在线监控设备的污染

---

[1] 何燕:"析中国环境执法的现状与完善",载《中国人口·资源与环境》2010年第5期。

第七章 我国现实政府环境责任存在的问题及发展方向

源企业不足国控重点污染源的10%，并且大部分设备运转不正常，或已接近报废年限。绝大部分污染源仍然依靠监测人员手工监测，污染源监测的人员、设备、经费均明显不足。机动车尾气的怠速法检测，不能真实反映机动车的排污状况，简易工况法检测维修管理体系尚未健全。全省危险废物整体监管能力薄弱，远不能满足我省39类、上千种废物的现场监测需要。❶

而以上各方面的配置都需要一定的投入，根据国际标准，只有一个国家的环保经费达到国民生产总值的1%~1.5%时，才可以保证环境不恶化，而我国的环境投入长期处于一个较低的水准，一般只达到了0.7%左右，近年虽然达到了1%，但也存在着大量的经费没有用到环境保护中去的情况，实际的费用还是远远低于表面的数字。这样，在环境上的投入较低的状况，必然会影响到环境保护的力度，使环境保护行政机关心有余而力不足，从而出现了环境恶化的趋势。

2. 环境执法受到各级政府的不法干预。由于环境保护部门都是属于各级人民政府的职能部门，基于行政层级中的命令服从关系，各级人民政府对于环境保护部门都有指挥命令权，而现在我国的各级政府在经济发展和环境保护方面的认识是不到位的，往往将经济的发展置于环境保护之上。这样就很容易造成对环境执法的不当干预。如在安徽省固镇县发生的一个案件就是一个典型的政府机关影响环境执法的事例。导致我国普遍出现了环保部门"顶得住的站不住，站得住的顶不住"的怪现象。

在预防环境污染和破坏问题的发生方面，政府工作的重点应当放在注重对开发行为的规划和审批环节上，应当通过有效的规

---

❶ 辽宁省环境保护局、辽宁省财政厅、辽宁省发展和改革委员会："辽宁省'十一五'环境监管能力建设规划"，2007年8月。

划环境影响评价制度保障各类规划决策的正当性以及合理性与合法性。环境行政执法困难以及政府主管部门不作为的内在原因依旧是环保执法权受制于上级地方政府主要领导者的行政权力，即地方政府主要领导权力的影响力远远大于法律赋予政府主管部门的执法权力。此外，环保部门为了部门利益也会因消极不作为而出现违法不究的现象。❶

（四）我国的执法监督不到位

行政执法也是一种重要的行政权，根据权力自身的规律，任何权力都应该受到监督。但在我国现行的法律规定和实际动作过程中，环境执法受到的监督是较少的，法律规定中关于行政执法权力的监督基本没有规定，只是说违反法律的追究责任，直至追究其刑事责任。但如何追究，在法律中没有规定。这就是蔡守秋先生在文章中指出的问题："重企业环境义务和追究企业环境责任，轻政府环境义务和追究政府环境责任"、"重政府环境权力，轻政府环境义务"。❷

如在环境影响评价制度中，由于法律规定对可能造成不良环境影响并直接涉及公众环境权益的规划，应当在该规划草案报送审批前，举行论证会、听证会，或者采取其他形式，征求有关单位、专家和公众对环境影响报告书草案的意见。就是在这些笼统的规定中，征求公众的意见并没有单列作为一项必经程序，而政府部门更习惯的办法是以专家座谈会取代公众意见。❸

由于轻视政府的环境法律责任，环境执法中的责任问题也没

---

❶ 汪劲："我国环保法律实施面临的问题：国家司法机关工作人员的认识"，载《中外法学》2007年第6期。
❷ 蔡守秋："论政府环境责任的缺陷与健全"，载《河北法学》2008年第3期。
❸ 蔡定剑：《公众参与：风险社会的制度建设》，法律出版社2009年版，第22页。

有相关的规定，对其监督也存在明显不足。如果说法律中的不足可以通过文件的形式来加以弥补的话，也可以解决政府在环境执法中存在的问题，但可惜的是，我国的执法责任追究方面还存在着对环境更加不利的现象。即各级人民政府对于环境执法还存在着违法干预的现象。在安徽省固镇县的案件中，如果没有新闻媒体的曝光，那么受到处理的执法人员受到的处理是不可能得到纠正的。正是由于这种社会监督，才能使政府受到有效的制约，从而保证环境执法的顺利进行。

二、我国执法存在问题的原因分析

在我国的执法中存在的原因是复杂的，具体而言有以下几个方面：

（一）立法自身的问题

首先，由于我国环境法律发展时间不长，特别是环境法学研究也处于初级的阶段，对于环境法律在环境保护中的作用认识还存在不足，因而，在法律规定中就存在着规定不够完善的地方，如在对于环境违法的处罚数额方面；其次，环境法律存在碎片化的问题，由于环境法律体系十分庞大，我国环境法律中出现了冲突矛盾之处；再次，我国法律的适用不够成熟，对于法律存在的问题没有办法及时加以纠正，特别是通过案例的方式来纠正，这样存在的问题只有通过下次修改来进行解决；最后，立法中存在着回避矛盾的问题，如果说我国的法律制定中存在的"宜粗不宜细"倾向对于法律规定的运用存在着一定的困难的话，那么我国法律在制定过程中还有一个特点不利于环境法律的实施，即如果不成熟或者争议大的条款就采取搁置的策略，等争议减少时再加以规定，但这样环境法律解决问题的能力就会减弱，即"虽没有大害，也没有大用"的局面，对整个法律的运行产生了直接的影响。正如学者所言:"环境立法应关注社会实践,着眼于满足环境保护和资源开发、利用的实践需要。但是,现实中多部门立法的情况普遍存在,各个部门为了维护本部门的利益,在起草或者审议事关全局的重要环境法律时,一遇到争议,就采取回避矛盾的态度,使制定出来的环境法规往往因回避了重大问题而'无用'"。❶

(二) 政府不重视环境保护

这是政府在法律实施过程中普遍存在的心理,由于行政机关是环境法律最主要的实施机关,没有行政机关主动积极地实施环境法律,环境法律只能是"纸面上的法",而不是"行动中的法"。而在环境法律中,政府对于环境法律的执行实际上持一种消极的态度,甚至会出现阻挠环境法实施的现象,如上方中提到的安徽省固镇县事件。导致这种情况出现的直接原因就是对经济发展与环境保护的态度不同、价值取向不同。同时,由于政府的责任追究机制不足,导致政府促进经济发展有激励,而保护环境不仅没有激励,而且由于保护环境导致经济发展的受损会使自身的政绩受到影响。虽然在一般文本意义上,各级政府也会将环境保护提高到较高的层次上,但在实际的动作中环境保护自然而然地处于一种次要的地位。

(三) 没有正确认识环境保护中的特殊性

环境法是一种特殊的法律,其特殊性体现在环境法的科技性和不确定性,需要采取特殊预防的方式来进行保护。这就与过去传统的法律产生了重大的区别。在传统的行政法要求下,行政机关必须在有明确的依据和证据的情况下才能采取一定的行动,否

---

❶ 黄锡生、王江:"中国环境执法的障碍与破解",载《重庆大学学报》2009年第1期。

第七章 我国现实政府环境责任存在的问题及发展方向

则就可能构成违法行政，但在环境法制中，由于环境危害行为的不确定性和科学认识的不确定性，在环境法治中需要针对不同的风险来进行风险预防，这种预防有时是在没有明确的依据的情况下采取的，这就形成了环境法的一大特色，对依法行政提出了新的要求。"传统的规制方法的特征是针对不同的已证明了有害的物质设定规制基准并强制其遵守，尽管存在许多潜在的有害物质，在有害性被证明之前，原则上不能行使强制力制约企业活动。但是，在不确定性包围的状态下，为保护人的生命、健康等，人们期待行政机关能够通过某种形式予以处理。"❶ 另外，环境法制也存在着取证难的情形，一般来说，行政机关掌握大量的信息，能够作出相应的行为，但在环境法制中却不尽然，因为现代企业特别是大型企业，在技术上可能还要优于环境执法机关；同时，现代企业在污染方面掌握了单方面的信息，这样就处于优势地位，因而，对于环境执法就提出了更高的要求。另外，还存在着因为环境违法案件特性导致了执法难的问题，如一些环境改变对人类及其他生物的影响可能很长一段时间才能体现，而届时肇事主体可能已经不存在（破产、退出该市场）；同一环境违法案件的犯罪主体有很多，如何界定责任及追求赔偿；环境诉讼时间长，取证困难等。❷

从这些方面来说，环境法治具有特殊性，不仅要求行政机关在法律权限上有特殊的要求，而且对于其执法的方式和对行政相对人的要求等方面都要有特殊的要求，由于这些方面我国的行政机关还不完全具备，因而，其执法效果就会受到影响。

---

❶ 黑川哲志：《环境行政的法理与方法》，肖军译，中国法制出版社2008年版，第70页。

❷ 贺凯："环境执法之几例"，载《世界环境》2010年第2期。

（四）对于执法的监督重视不够

对于整个行政权力的监督重视不够的。这与我国的目前整体的法治状况是联系在一起的。我国目前腐败严重，主要原因是权力的监督出现了问题。不仅是在环境法制一个方面，整个社会的权力系统也受到了污染。环保机关也不例外。当然，由于受到经济发展模式的影响，一些地方采取的片面发展经济而限制环境执法的做法，表面上是一种为公的行为，但这种行为也是一种破坏法制的现象，但由于这样的行为在全社会都受到了同情，因而还会形成一定的市场。在整个社会的大背景没有改变的时候，特别是没有发动社会的监督力量来进行监督的时候，指望单方面在环境法制方面的突破是不可能的。

三、完善我国环境执法的路径

我国的环境执法体制存在着问题，除了立法原因外，根本上是由于我国的权力结构存在着问题。在这一思路下，我们需要从改变权力的结构入手，通过加强对行政权力的监督来改变环境执法的效果。

（1）通过立法来明确行政机关的环境责任，并加大对企业违法行为的处罚力度。在政府的环境责任方面，要规定政府在环境保护方面的职责，并规定其没有完成职责而应承担的不利法律后果，特别是规定各级地方人民政府的环境保护责任，促使其履行环境保护职能，避免地方保护主义；在企业的环境责任方面，主要是加重企业违法行为造成环境损害时的法律后果，由于我国环境法律责任较轻，使一些企业形成"宁可受罚也不愿治污"的行为习惯，甚至出现"屡罚屡排"的不法行径。如根据现有的法律，如果企业的排污行为"造成重大经济损失的，按照直接损失的30%计算罚款，但是最高不得超过100万元"。成都川化集团造成的四川沱江特大污染事件,造成经济损失约2亿元。但是最后罚款和赔偿共约1200万。污染环境的代价低,正是企业不重视环保的症结所在。❶ 因此,必须增强环境法律责任的规定,强化环境法律的威慑力,从而促进企业遵守法律,促进我国环境的保护与改善。

（2）通过开放环境舆论来提高全社会的环境意识。随着社会的发展,环境问题越来越严重,而人们的环境意识也会越来越强。这种环境意识可以形成一种舆论力量,通过舆论的力量对行政机关产生压力,促进其执法,这是目前成本较小的加强环境执法的路径。现在存在大量的媒体,媒体之间存在竞争,会有环境报道的动力,不需要增加另外的社会成本。而通过媒体,一是可以提供违法线索,减少查处的成本;二是可以可以通过媒体的报道来向社会公开环境信息,减少下级机关隐瞒信息的可能,提高环境信息的透明度,减少上级机关发现相关信息的成本;三是形成全社会的舆论压力,对行政机关形成压力和提供动力。

（3）强化公众参与来形成制度化的力量来保护环境。公众参与一方面可以通过参与防止违法和不恰当的环境决策,从而提高决策的科学性和正当性;另一方面可以通过参与来防止政府不行政职权,滥用职权。对此必须加以重视,"私人在法之目的的实现当中承担着并不亚于政府的重要角色。无论在政治上,还是在法律上,民主主义均不得缺少公民的积极参与,私人积极运用法律对于合理规制社会生活具有重要意义。"❷

---

　　❶ 张向永:"治污成本高违法成本低谁还守法？亟须'加大惩治力度'",载《市场报》2007年6月6日,第5版。
　　❷ [日]田中英夫、竹内昭夫:"私人在法实现中的作用",李薇译,载梁慧星主编:《民商法论丛》第10卷,法律出版社1998年版,第400页。

（4）通过改变国家权力结构来完善环境执法。一是加强人大对行政机关的监督，这一方面目前还存在着明显的不足；二是改善行政机关的责任追究和政绩评价体系，特别是中央政府要强化对地方政府的履行环境职责的监督；三是加强法院对行政行为的审查的广度和强度，通过司法强化对行政机关的监督。

（5）改变执法方式。我国的环境执法方式单一，效率较低，需要加以革新，以适应新的时代的需要：

一是可以通过柔性的执法来实现环境保护目的。柔性执法，主要是采取对相对人说服、协商、劝导的方式来进行的执法活动，对相对人采取的是尊重的态度，也综合考虑了相对人的具体情况，可以提高相对人守法的自觉性，从而提高执法效果。如行政指导、行政奖励、协商机制这样的柔性执法方式。

二是综合违法者各方面情况来执法。在我国的环境执法中，也会考虑到违法者的各方面情况来进行，如我国各地环保机关制定了行政裁量基准，就是对于违法行为的多种方面的考虑。今后还要在这方面进行新的探索，如违法者在违法行为发生后，如果能及时报告，可以减轻其处罚，反之，则加重处罚；根据违法者的主观态度和防治污染的能力有区别地执法等。

三是通过经济手段及其他的方式，采取多种形式执法。应引入"经济刺激"机制和"社会评价"机制，采用"税收减免、税收抵扣、融资便利、环保保证金提取与奖励、出口补贴、环境信用评估等手段，进行环境综合执法。"❶通过改善执法手段来加强相对人的配合，提高执法效率，促进环境保护。

---

❶ 黄锡生、王江："中国环境执法的障碍与破解"，载《重庆大学学报》2009年第1期。

第七章 我国现实政府环境责任存在的问题及发展方向

第三节 促进环境监察中相对人的协助

环境监察对于实施环境法律，打击环境违法行为，改善生态环境和保护社会公众的环境权益具有重要的作用。在环境监察过程中，相对人具有一定的协助义务，没有相对人的协助，环境监察的效率将会受到严重的影响。在我国的环境监察实务中，还存在着相对人不履行协助义务的情形，甚至有些相对人对环境监察进行公然拒绝和阻挠，这对于环境监察和环境保护都有着非常不利的影响。而如何认定相对人是否履行了协助义务，保证环境监察的效果，又不对相对人造成过重的负担，在环境法学界尚没有研究，本书希望通过对此的研究来深化对相对人协助义务的认识，为环境监察提供理论上的参考。

一、相对人协助义务的法理

我国许多环境法律都规定了在环境监察中，相对人具有协助的义务，并对相对人拒绝环境监察的行为规定了法律责任。如《环境保护法》第14条规定："县级以上人民政府环境保护行政主管部门或者其他依照法律规定行使环境监督管理权的部门，有权对管辖范围内的排污单位进行现场检查。被检查的单位应当如实反映情况，提供必要的资料。"《水污染防治法》第27条和《环境噪声污染防治法》第21条及其他环境法律法规中都有类似的规定。

在环境法律中要求相对人提供配合，履行协助的义务，是因为在现代社会中，相对人对环境的影响行为是复杂的，即使具有强大的人力、物力优势的行政机关也不能完全了解相对人的环境影响行为，只有通过相对人的协助，才能保证环境监察活动的顺

利进行并保证环境监察的效果。主要理由如下:

1. 现代行政管理的要求

在现代行政中,行政机关需要掌握大量的信息,只有这样才能对社会进行有效的管理,但由于行政机关自身的人力和物力也是有限的,行政机关对涉及相对人自身的有关信息的掌握并没有充分的优势。因而,现代国家的法律都规定了相对人应承担准备法定资料,并提供给行政机关以接受检查的义务。如法律对现代企业档案的制作作出了明确的规定,在美国,判例认定这种档案的所有权属于国家。如美国"在夏皮罗案件中确定的一个原则就是:只要是法律规定要保存的档案,事实上就是公共文件。"❶这些档案不能因为是私人企业制作的而享受特免权,"特免权是对保护私人文件而言的,不能特免法律规定需要保存的档案。"❷从中可见,企业有记载法定档案并提供给行政机关的义务。同样,在环境法中,企业依法也需要制定大量的法定文件,这些文件对于行政机关了解掌握相关的环境信息具有重要的作用,也是行政机关进行环境监管的依据。因而,企业必须对影响环境的行为依法进行记载,准备相关的档案,在环境监察中,当行政机关需要企业提供时,企业就必须向行政机关提供,而不能拒绝和拖延,更不能伪造。

2. 提高行政效率的要求

效率是行政的生命,在行政程序中,行政机关必须要考虑到效率的要求,"良好的行政程序不仅必须公正,而且需要效率,必须同时兼顾行政利益、当事人利益甚至还有第三人利益。"❸

---

❶ 伯纳德·施瓦茨:《行政法》,徐炳译,群众出版社1986年版,第86页。
❷ 同上。
❸ 王名扬:《美国行政法》,中国法制出版社1995年版,第409页。

而要提高行政效率，相对人的配合协助就是不可缺少的。就社会整体而言，提高行政效率也有助于减少行政成本，从而有利于全社会的利益。因而，法律往往规定，当行政机关进行检查时，相对人就需要提供相应的协助，从而有利于行政机关提高效率。在环境监察过程中，更加需要相对人的协助，只有这样才能提高行政环境监察的效率。主要包括两个原因：一是如果企业不履行协助义务，即可能使得环境监察不能真正发挥作用。如在水污染环境监察中，从环境执法人员在工厂门口登记、进厂到进入污水处理现场需要一定时间，企业有较充足的时间启动污水处理设施。这样，环境监察查处违法行为的目的就不能实现；二是在环境监察中获得企业的协助具有提高行政效率，更好地了解企业环境保护现状的作用。如在对水污染源进行环境监察时，要核实企业的污水排放量，如果企业有流量计和污染源监控设备的，要检查运行记录，有给水计量装置的或有上水消耗凭证的，按排放系数计算；没有计量数据的，就需要排污者提供有效的用水量的凭证等等。❶ 在这些情况下，只有企业予以相应的协助，才能提高环境监察的效率。因此，国家通过法律对相对人的协助义务加以明确，从而有利于环境监察活动的顺利进行。

3. 现代企业在技术上的优势

环境监察的主要对象是企业，许多企业在技术上具有较强的优势，这种优势甚至是环境监察机关也不能比拟的。而且企业生产过程中的排污情况、企业设备的运行情况和企业的环境影响情况等，只有企业自身是最清楚的，行政机关并不具有优势。这就是在环境管理中的"信息不对称"问题，"信息不对称也可能在环境政策的设计和执行中出现，因为公司一般不会主动把全部真

---

❶ 陆新元：《环境监察》，中国环境科学出版社2008年版，第127页。

相透露给管理者。"❶ 为了克服这种信息不对称，法律因而规定了企业的协助义务。同时根据证据法上的范围理论，即"若无法查明真相之事实发生在某当事人的生活、支配、组织或范围内，该当事人即应承担此项事实真相不明的不利益。"❷ 企业离证据更近，这时就应该由企业来提供证据，所以企业应承担协助义务。

二、相对人协助义务的内容

在环境监察中，环境监察人员需要检查的事项非常多。根据协助义务的不同要求，相对人的协助义务又可以分为积极作为的义务和消极不作为的义务。

（一）相对人的积极作为义务

所谓相对人的积极作为义务，是指相对人在行政机关进行环境监察时，应通过积极的行动去配合行政机关的监察行为，从而履行相应的法律义务。

1. 允许监察机关的人员进入企业的场地的义务。环境监察是对现场所作的检查，因此，环境监察人员需要对现场的状况进行了解。环境监察人员要进入的现场包括：企业的经营场所、企业有关环境设施的运行场所、企业的排污设施场所等，这时企业必须予以配合，不得以任何理由拒绝监察人员进入相关场所和相关的设施场所，这是相对人履行协助义务的最起码要求。

2. 制作相应资料的义务。根据法律规定，相对人必须准备相关的环境档案，这些档案的设置是相对人的法定义务，也是行

---

❶ 托马斯·思德纳：《环境与自然资源管理的政策工具》，张蔚文、黄祖辉译，上海三联书店、上海人民出版社2005年版，第45页。

❷ 朱新力：《司法审查的基准》，法律出版社2005年版，第53页。

政监察的一项重要内容。因而，相对人有义务准备相应的资料，以备监察人员的检查。

3. 提供相应资料的义务。环境监察需要对企业的环境档案进行调取并进行分析，如果没有这些档案，监察人员很难判断企业的行为是否存在着违法的情形。当监察人员根据法律的规定向企业提出调取环境资料的要求时，企业必须配合，提供所有的环境资料，如"污染物排放情况；污染物处理设施的操作、运行和管理情况；监测仪器、设备的型号和规格以及校验情况；采用的监测分析方法和监测记录；限制治理执行情况；事故情况及有关纪录；与污染有关的生产工艺、原材料使用方面的资料；其他与环境污染防治有关的情况和资料。"❶ 当然，如果涉及企业商业秘密的，企业可以向环境监察人员提出，要求监察人员为其保密。

4. 回答环境监察人员询问的义务。当监察人员需要对企业的环境行为进一步了解时，可以对企业的相关人员进行询问，这时企业的人员就有义务真实地回答相关询问，以便监察人员对相关的环境问题及资料有全面而透彻的了解。

（二）相对人的消极不作为义务

所谓消极不作为的义务，是指在行政机关进行环境监察时，相对人不能作出一定行为的义务，如果作出了一些行为，就要承担相应的不利后果。

1. 不得阻挠监察人员进入相关场所。当监察人员需要进入企业的经营场所、企业有关环境设施的运行场所、企业的排污设施场所时，企业的任何人员都不得加以阻挠，否则则违反了法定的消极义务。如修改后的《水污染防治法》第70条，规定了拒

---

❶ 周珂：《环境与资源保护法》，中国人民大学出版社2007年版，第276页。

绝环境保护主管部门及其他负有行使监督管理权的部门的监督检查，或在接受监督检查时弄虚作假的情况下的责任。有学者认为修改后的《水污染防治法》"对何谓拒绝检查界定不清，没有回答拖延检查算不算拒绝检查。"❶ 本文认为，这完全可以通过相应的法律解释来解决。所谓拒绝检查，是明确地提出拒绝主张；如果相对人没有明确地拒绝，但通过推诿或拖延的方式也可能构成拒绝，如提出需要企业主管同意，而企业主管不在，或者提出相关的负责人员不在不能检查相应的设备等理由时，监察人员可以进行说服，提出法律的理由和后果，在规定的时间内仍不接受检查就可以构成拒绝检查，从而违反了消极不作为的义务。

2. 不得提供虚假资料或进行虚假回答。当监察人员要求企业提供相关的环境资料或者当监察人员需要向有关人员询问相关的环境问题时，企业应该按时提交资料或者回答监察人员的提问。至于在什么情形属于"拒绝"，也可以参照上面的理解进行，即如果明确拒绝的提供材料，或者提供了虚假材料、提供虚假回答的，可以认定为虚假提供资料或虚假回答行为；而如果通过推诿、拖延的方式来应付的，就是一种拒绝提供资料或者拒绝回答的行为。

3. 不得破坏相应的设施。随着技术的发展，现代企业安装了大量的环境监测设备，这些设备的安装运行对于环境监测和环境监察具有重要的作用。但在现实生活中，许多企业为了减少成本，常常人为地干扰环境监测设备的运行，甚至破坏各种监测设备。因而，在环境监察中，如果企业存在着破坏环境监测设施情形的，监察人员可以认定其构成了违法。另外，在现实中还存在

---

❶ 李丹："新《水污染防治法》打破环境监察执法瓶颈"，载《环境经济》2008年第7期。

许多企业平时不运行治污设施，而在环境监察过程中立刻运行相应设施的行为，这也应被认为是一种违法行为。

三、相对人不履行协助义务的现象及原因

（一）由于我国法律对于相对人不履行环境监察协助义务规定的责任较轻，加上各地政府对于环境执法的干扰较多，许多相对人的环境守法较差，在环境监察中相对人不履行协助义务的情况很多。主要表现在：

1. 公然拒绝环境监察行为。一些相对人在遇到环境监察时，因为存在着较多的环境违法，往往会公然拒绝环境人员的检查员。如在一次环境监察活动中，河南省安阳市环保局在检查一家已被政府明令关闭的小漂染厂时发现，厂区灯火通明。环境执法人员要进厂检查，厂方拒绝开门，并熄灭了车间电灯。❶ 这样公然拒绝履行环境协助义务的行为，在现实生活中还有不少。这种行为，不仅严重影响了国家行政机关履行职责，侵犯了国家行政机关的权威性，而且也会对环境产生严重的损害。

2. 拖延和变相拒绝环境监察行为。有些相对人虽然不是公然拒绝环境监察，但是采取拖延的办法来应付环境监察，这也是一种不履行协助义务的行为。如某造纸厂远离市区，生产过程中产生的污水经污水沉淀池处理后重复使用，有人举报该企业存在暗排污水的行为，但资料显示这家造纸厂的污水为零排放。在环境监察过程中，环境执法人员从距离工厂围墙 70 余米以外明渠发现了一些废纸浆的废弃物，经过分析，可以推断是由这家工厂排放污水所致。在随后的几天，环境执法人员又去了这家工厂两次，工厂的主要领导总是以外出开会为由拒不露面。在几次碰壁

---

❶ 睢晓康："零点夜查"，载《中国环境报》2010年3月29日第3版。

之后，环境执法人员明确了执法必须采取与厂领导面谈和现场监察相结合的方式进行。在与厂领导初次见面时，当环境执法人员询问明渠旁边出现一些废纸浆的废弃物问题时，厂领导作出了表面合理的解释。但经过环境执法人员再次对现场进行排查，终于在距工厂80米处的明渠水流下方发现3根污水管道正在排放着未经处理的污水，从而认定企业存在通过暗管排放污水的违法行为。❶ 这一案例中相对人不履行协助义务的方式主要有两种：一是采取拖延的方法，即主要领导以外出开会为由拒不露面，这是一种消极的拒绝履行协助义务的行为，正是由于这样的行为，导致了在环境监察过程中，执法人员不能及时地与企业的负责人进行直接的交谈，延误了时间，降低了环境执法的效率。在现实生活中也存在着大量的类似现象，如说主要负责人不在企业，而监察人员要检查需要主要负责人的批准等，虽然没有对环境监察加以明确的拒绝，但对环境监察的工作效率产生了不利的影响。二是采取隐瞒真相的方法，该企业明显在偷排未经处理的污水，但就是拒不承认，对相关情况也不加以说明，这样就阻碍了环境监察活动的顺利进行，对环境也造成了危害。在现实中类似的现象主要有：伪造监控设备的运行数据、偷偷地运行已经停止的治污设施、伪造其他数据等，这些都给环境监察带来了不利的影响。

  3. 弄虚作假行为。现代企业依法需要制定大量的环境档案文件，同时也要保证治污设施的正常运行，但在现实中许多企业为了减少治污的成本，往往会减少治污设施的运行时间，同时，也会伪造一些环境档案文件，掩盖自己的违法行为。如在以上的案例中，就存在着弄虚作假的行为，如果没有在排污资料上的弄

---

❶ 饶兵："环境执法也要研究点心理学"，载《中国环境报》2009年10月13日，第3版。

虚作假，就可以直接从排放量上看出来，但企业为了避免其行为被发现，就采取在排放资料上的弄虚作假的形式来逃避检查，导致妨碍环境监察的结果。

(二) 相对人不履行协助义务的原因

应该说，在我国还存在着大量的环境违法行为，在环境监察中相对人不履行协助义务的情况还是较多的，其原因主要有：

(1) 行政干预严重。由于各地政府将经济发展置于首要地位，认为环境保护应该为经济发展让路，经常干涉环境监察活动，企业在这种氛围的影响下必然会对环境监察行为有抵触情绪，不履行协助义务。

(2) 环境执法不规范。在受到法外干扰的同时，环保部门没有严格执法也会对相对人的协助行为产生影响，一方面是在执法过程中不严格按照法定程序进行，自身行为还存在着违法性，从而行为无效或被撤销，而且也会引起相对人对行政机关的不信任，从而使相对人不履行协助义务；二是环保部门在执法过程中，受经济利益的驱动，对违法行为只是罚款了之，从而变相地鼓励了相对人不履行协助义务。

(3) 相对人不履行协助义务的责任较轻。我国环境法律对于不履行协助义务企业的法律责任规定较轻，而且对于环境监察部门的强制措施没有加以规定，对于企业的威慑作用不强，因而企业履行法定义务的积极性不高。如我国《海洋环境保护法》第75条规定："违反本法第19条第2款的规定，拒绝现场检查，或者在被检查时弄虚作假的，由依照本法规定行使海洋环境监督管理权的部门予以警告，并处二万元以下的罚款。"但企业如果存在着其他的违法情形，其可能受到的处罚要高得多。因而，企业也就有动力不履行协助义务了。

四、促进相对人履行协助义务的途径

从上面的分析可知，相对人不履行协助义务，既有法律本身的不完善，也有各级政府的行政干预和环保部门执法的问题。对于行政机关的问题，主要是通过强化对行政机关的法律监督着手，而本文主要研究如何针对相对人不履行协助义务的法律责任问题来加以完善。

（一）设立对于拒绝监察行为的强制检查措施

关于环境监察，我国主要是在《环境保护法》和其他单行法律中加以规定，这些法律中都规定了拒绝或拖延或弄虚作假行为的法律责任。但如果相对人公然拒绝后，依据现行法律，监察人员只能进行说服教育，向相对人指出拒绝行为的后果，并没有其他的手段来完成环境监察活动，更不能强行闯入企业的生产经营场所进行检查，只能进行行政处罚，或采取下一步的措施，而行政处罚的责任很轻，很难产生威慑力量，但在采取下一步措施之前，企业的环境污染和破坏行为将延续，而且也可能采取措施来掩盖自身的违法行为，这样就可能影响到环境监察的效果。因而，法律应该规定环境监察的强制措施，如查封、强行进入，并有请求当地公安机关协助监察的权力，而一旦相对人阻挠监察人员的强行进入，就构成妨碍公务，这样对于相对人的威慑力就会强得多。

（二）加强法律责任

在环境监察中，当相对人违反协助义务时，应承担相应的责任，主要包括行政责任和刑事责任。

1. 我国现有行政责任的规定

我国法律中行政责任的依据主要是《环境保护法》和其他的环境法律法规。如《环境保护法》第35条的规定，《海洋环

境保护法》第75条的规定，《水污染防治法》第70条和《大气污染防治法》第46条的规定等。

从这些法律法规中可见，相对人拒绝协助义务的行政责任有：

一是改正违法行为，履行协助义务，即法律中规定"责令改正"的这一法律形式。责令改正在我国的法律法规中有大量的规定，如前述的法律中大部分都有责令改正的要求。在我国新实施的《环境行政处罚办法》，是将"责令停产整顿；责令停产、停业、关闭"作为行政处罚的种类，但对在拒绝环境监察行为的法律责任中的"责令改正"是哪一类的行政行为没有规定，只是在第12条出了这样的规定，从中可以看出，《环境行政处罚办法》是将责令改正作为行政命令来对待的。这是与理论上的观点相一致的，有学者认为："责令改正符合行政命令的内涵和外延特征，是行政命令的一种形式。但责令改正与其他行政命令不同的是，责令改正实施的前提是相对人违反了行政法律管理规范或者没有履行行政法律规范所设定的法律义务，且其本身具有独立的法律意义，可以单独适用。"[1] 从这一点可以看出，责令改正不是行政处罚，而只是一种行政命令。但这种行政命令有其独立的意义，如果没有履行行政命令的要求，就会承担新的不利的法律后果，即各种行政处罚。

二是行政处罚。即当相对人存在着不协助的情形，且这种情形已经违反了环境法律的要求，构成了环境行政违法，行政机关对相对人作出的给予行政处罚的决定。根据我国法律法规的规定，拒绝环境监察而应受到的处罚主要有警告和罚款。

---

[1] 李孝猛："责令改正的法律属性及其适用"，载《法学》2005年第2期。

2. 对现有行政责任的完善

从法律规定来看，相对人在环境监察中未能履行协助义务将要承担一定的行政责任。但在实务中经常出现的情况是，相对人宁愿接受因拒绝协助义务而受到的警告和罚款，因为如果履行协助义务被行政机关查出了违法行为，将受到较重的处罚，而拒绝环境监察，最高罚款额也就是 10 万元，这样的罚款与因真正违法行为而受到的罚款相比是微乎其微的。可见，我国法律规定的法律责任较轻。为了强化环境监察的权威，保证环境监察的效果，可以对法律责任作如下的完善：

一是可以在责令改正命令上加以完善，当监察人员对相对人作出责令改正的决定后，如果相对人仍然继续拒绝或者拖延履行协助义务，那么，可以作为一种新的违法来处理，甚至可以作为一种环境犯罪来处理，这在国外已经有许多的立法了。随着环境法制的发展，在国外还出现了利用刑法保护环境的新趋势，即将违反一定具体行政行为的环境违法行为确定为犯罪，正如美国学者 Susan F. Mandiberg 等提出的："无论在美国，还是欧洲，大部分环境犯罪的立法关注的是惩罚对行政规则和行政命令违反的行为，大部分立法并不要求有实际的危害甚至是危害的威胁。"❶

二是在罚款处罚上的改进。由于我国法律规定的不履行协助义务的法律责任较轻，而且环保机关只能对相对人持续不履行协助义务的行为作为一次违法行为来加以处罚，这样许多相对人可能宁愿持续违法，也不愿意遵守法律的规定，这样受到的处罚与其获得的利益相比是微乎其微的。为了提高环境监察的效果，可以借鉴一些国家和地区的做法，实行"按日连续处罚"，"许多

---

❶ Susan. F. Mandiberg: A Graduated Punishment Approach to Environmental crimes, 34. Columbia Journal of Environmental Law. 447 (2009).

第七章　我国现实政府环境责任存在的问题及发展方向

国家和地区已经在环境立法中建立起了'按日连续处罚'制，对于持续性的环境违法行为，每持续一天就视为一次单独的违法行为，并进行处罚。这提高了违法成本，从而可以有效地遏制违法者的违法冲动。"❶

3. 刑事责任

在环境监察中，我国并没有追究环境刑事责任的规定。当然，相对人的拒绝环境监察的行为符合《刑法》第277条规定的"妨碍公务罪"要件的除外。可见，仅仅是一般的违反环境监察法律的行为并不构成犯罪。

这里我们应该反思我国的环境刑法的不足，刑法是维护社会秩序的最后手段，应具有谦抑性，"危害环境行为入罪化的谦抑性决定了刑法的有限性和补充性。"❷但刑法也是最有威慑力的一种手段，以之为后盾可以增强法律的效果、提高法律的威慑力。

国外的环境法律可以给我们相当的启发。据研究，在国外有一类"违反防治污染义务的犯罪，排污的法人和有关部门依法负有预防、控制和治理污染的义务，任何违反该法定义务者均可构成犯罪。"其中包括："违背如实提供有关资料义务的犯罪。在环境保护法规所要求的任何申请、记录、报告、计划、档案等文件中，故意作虚假陈述，或者伪造、篡改、故意提供错误的检验污染物的方法等行为，均被认为构成犯罪。"和"违背接受合法检查和命令之义务的犯罪。指排污者拒绝接受合法检查或抗拒

---

❶ 汪劲、严厚福：《构建我国环境立法中的按日连续处罚制——以〈水污染防治法〉的修改为例》，载《法学》2007年第12期。

❷ 张建伟：《政府环境责任论》，中国环境科学出版社2008年版，第223页。

主管机关合法命令的行为。"❶

从国外的经验可知，如果在环境监察中，相对人拒绝行政机关要求其配合检查，进入生产经营场所进行检查的命令时，这种拒绝行为也应构成犯罪，这样的惩戒力度就会得到极大的提高，对于相对人履行协助义务无疑具有重要的促进作用。

（三）对拒绝监察行为和其他环境违法行为进行合并处罚

在环境监察中，相对人不履行协助义务，往往是因为其存在着其他的违法情形，因而不敢也不愿意协助，宁愿接受不履行协助义务行为的处罚而不愿意配合环保部门的监察活动。所以，此时环境部门应针对相对人的这种心理，坚持对相对人的生产经营场所进行检查，如果发现了其他违法行为，就要根据相关的法律法规来给予处罚。即既要处罚其不履行协助义务的行为，也要处罚其他的环境违法行为。这样的处罚，是对两种或两种以上行为的处罚，并不违背"一事不再罚"原则。通过这样的处罚，可以加强对违法者的制裁，对于其履行协助义务也是一种推动。

五、相对人协助义务的限度

在环境监察中，相对人履行协助义务是必要的，也是符合现代行政法治的要求的。但根据行政法的基本原理，行政相对人在行政法律关系中处于十分重要的地位，他们并不是消极的客体，而是有着独立的法律地位的主体，因而必须重视行政相对人的权利，不能仅仅强调其义务。因而，在环境监察中，也要重视相对人协助义务的界限问题，这种的界限就是相对人的权利。

1. 环境监察中享有的权利

相对人在环境监察中享有的权利主要包括：一是要求行政主

---

❶ 刘仁文："国外的环境犯罪与立法"，载《外国法译评》1995 年第 1 期。

体工作人员出示证件的权利,环境监察人员必须出示相关的证件,并不得少于两人才能行使监察活动,否则相对人可以拒绝,这种拒绝并不构成违法;二是享有陈述和申辩的权利,相对人在接受监察的同时,有权利对相关问题进行陈述,并提出自己的申辩,这种陈述和申辩权是法定的,监察人员不仅要告知相对人的陈述申辩权,并且不能因为这种陈述和申辩而加重对相对人的处罚或者因而刁难相对人。

2. 不得自证其罪的权利

所谓不得自证其罪,指的是相对人不能因为要履行协助的义务提供材料而导致被追究刑事责任。虽然我国的法律中并没有不得自证其罪的规定,但不得自证其罪是各国法律都认可的一项原则,如美国的宪法修正案第5条对不得自证其罪有明确的规定。如在前述美国夏皮罗案件中,虽然相对人对于国家法律规定的档案有提交的义务,但这种义务并不能扩展到已经构成犯罪的那些档案,即"夏皮罗案例只能限制适用于法律规定应当保存的应受管理的活动相当的那种档案,它不能适用于非正常记载的涉及犯罪活动的那种档案。"❶ 因而,当相对人在履行协助义务时,如果其履行义务的行为可能会导致犯罪时,就可以不履行这一义务。当然,如果不履行义务,依法还是应该受到相应的处罚的。

总之,在环境监察过程中,相对人应履行协助的义务,如果没有履行这一义务,将导致不利的法律后果。但履行协助义务也是有一定的边界的,首先是行政机关必须保证相对人的权利,其次是相对人履行义务的行为不能导致其被追究其刑事责任。

---

❶ 伯纳德·施瓦茨:《行政法》,徐炳译,群众出版社1986年版,第87页。

第七章　我国现实政府环境责任存在的问题及发展方向

第四节　扩展环境法的私人实施

　　法的实施是指法律在社会实际生活中的具体运用和实现，包括执法、司法和守法。❶ 传统法理学认为，国家机关在法律实施中的角色是执法和司法，而公民、法人和其他组织（这里简称为"私人"）在法律实施中的角色是守法。但现代法理学则认为，法的实施（此处侧重执法和司法）包括法的公共实施和私人实施，法的公共实施是由国家行政机关和司法机关对法律的实施，而法的私人实施是指由私人来对法律规定加以运用和实现。法律的私人实施的英文是"private enforcement of law"，直译为"法律的私人执行"。为了强调该制度在现代社会中的作用，特别是私人在公共生活中的积极作用，我国著名学者徐昕将之译为"私人执法"。❷ 我国在竞争法学领域一般将这一术语译作"法律的私人执行"或"法律的私人实施"。为了与我国现行的主流理论保持一致，本文还是使用"法的私人实施"这样的概念。

　　在环境法领域，国外关于环境法私人实施的研究成果十分丰富。环境法上的私人实施有广义和狭义之分，狭义的环境法的私人实施，指私人通过向法院提起诉讼的方式来保证环境法律的实现，这也是我国目前环境法学界的研究热点——环境公益诉讼；而广义的环境法的私人实施，包括范围更广，如学者 Ayers 和 Braithwaite 认为：私人实施包括为规制机关实施环境法而提供信

---

❶　沈宗灵：《法理学》，高等教育出版社1994年版，第340页。
❷　徐昕："法律的私人执行"，载《法学研究》2004年第1期。

息、参与环境协商、诉讼与控告，这些可以称作"三方机制"。❶

与国外研究相比，我国环境法学的研究重点是环境公益诉讼，即狭义的环境法的私人实施，对于广义的环境法的私人实施研究尚不足。本文将主要研究这一问题，以全面认识环境法的私人实施问题，对我国的环境法制建设提供一定的借鉴。

一、环境法私人实施的理论基础

进入近代后，国家垄断了合法行使暴力的权力，法律依赖国家公权力的实施。但在环境法领域，人们认识到环境法的实效性不仅依赖于公共实施，也非常需要私人实施，例如美国20世纪70年代后在大量的环境法律中专门规定了公民诉讼条款，就是希望借助于私人对环境法的实施来加强环境法律的实效性。环境法私人实施的理论基础包括政治方面和经济方面，政治方面是公众参与理论，而经济方面是成本效益理论。现分别进行阐述：

（一）公众参与理论

在人类发展史上，代议制民主的出现具有划时代的意义，但到了20世纪60年代后，代议制民主出现了危机。主要体现在："人民和政府的权力不可以平衡，选民在民主社会中的公民身份，只能在偶尔的选举中体现。"❷ 当选举结束后，公民对于政府的行为的有效约束就会很弱，从而导致了社会的不满。正是在这种背景下，旨在扩大民众直接参与政治、直接参与社会管理的参与式民主于20世纪六七十年代逐渐兴起，它试图通过重新强

---

❶ Law Society of Ireland, Enforcement of Environmental Law: The case for reform, 2006.

❷ 蔡定剑主编：《公众参与：欧洲的制度和经验》，法律出版社2009年版，第3页。

调积极参与、直接参与，推动民众参与公共事务的决策，而非仅仅参与投票。❶ 到了20世纪90年代，西方理论界更是兴起了审议民主的理论。❷ 公众参与就是这些民主理论下的实践形态，强调的是公众对社会事务的参与。

在环境法领域，公众参与也非常受重视。在众多国际环境协议中，都特别强调了公众参与对环境治理的价值，如1972年联合国在第一次人类环境会议通过的《人类环境宣言》第7条提出："为实现这一环境目标（保护环境——引者注），将要求公民和团体以及企业和各级机关承担责任，大家平等地从事共同的努力"。1992年联合国召开的环境与发展大会通过了《关于环境与发展的里约宣言》，其中的"原则10"也明确提出："环境问题最好是在全体有关市民的参与下，在有关级别上加以处理。在国家一级，每一个人都应能适当地获得公共当局所持的关于环境资料，包括关于在其社区内的危险物质和活动的资料，并应有机会参与各项决策进程。各国应通过广泛提供资料来便利及鼓励公众的认识和参与，应让人人都能有效地使用司法和行政程序，包括补偿和补救程序。"❸ 其后的一系列国际环境协议都有关于环境保护公众参与的内容，最著名的是欧洲通过的《环境问题上获得信息公众参与决策和诉诸法律的公约》（"奥胡斯公约"）。

在这些理论和国际环境协议的影响下，各国都强调了环境治理的公众参与，将私人对环境法的实施作为公众参与的一个重要内容。例如，美国最早在1970年的《清洁空气法》中加入了公

---

❶ 王周户：《马克思主义群众观视野下的中国公众参与制度建构》，西北大学2011年博士学位论文，第11页。

❷ 谈火生：《民主审议与政治合法性》，法律出版社2007年版，第12页。

❸ 李艳芳："公众参与与环境保护的法律制度建设"，载《浙江社会科学》2004年第2期。

民诉讼条款，赋予民众借助联邦法院督促执法的权利，使民众不仅能参与环境决策，更能积极地介入法令的执行。❶ 又如卡尔弗特·克利夫协调委员会诉美国原子能委员会案就是私人对监督行政机关实施环境法的良好事例，该案中原告认为被告行为没有充分考虑环境因素，向法院提起诉讼，这是一起典型的环境公益诉讼。美国联邦最高法院的斯凯利·赖特（Wright）在判决中说了一句名言，说明了环境公益诉讼在监督行政机关对环境法实施的重要性，"我们的职责（指法院——引者注），就是保证国会大厅中宣布的重要立法目的不至于在联邦官僚机构庞大的动作过程中迷失方向或者是误入歧途。"❷ 可见，通过私人实施，可以促进环境法律目的的实现。

在欧洲国家，也规定了多种形式来鼓励公众参与来实施环境法，从而使环境法走上了公共实施与私人实施相结合的道路，为环境法的有效实施开辟了新的天地。

（二）成本效益理论

也有大量学者从成本效益的角度来研究环境法私人实施的问题，认为法律的公共实施存在成本过高和能力不足的问题。

1. 法律的公共实施成本过高

从法律实施的成本来说，公共执法体制有几个方面的缺陷：第一，由于腐败、监督执法者、支付高额效率工资等成本，公共执法体制的社会经济成本较高；第二，政府资源有限，政府机构执法的范围通常也只限于公法的一部分，从而法律的实施往往不

---

❶ 叶俊荣：《环境政策与法律》，中国政法大学出版社2003年版，第225页。
❷ 汪劲：《环境正义：丧钟为谁而鸣》，北京大学出版社2007年版，第99页。

能充分。❶ 因而，从成本效益方面考虑，法律的私人实施是公共实施的有效补充，法律的私人实施不仅可以对公共实施进行有效的监督和促进，而且也能减少公共开支，减少环境法律实施的成本。

2. 行政机关的规制能力不足

由于法律的公共实施需要大量的成本，这将会导致其规制能力不足。主要原因有：一是由于企业的数量众多，而规制人员的数量有限；二是由于企业与规制者的信息不对称，规制者与企业相比，也存在信息劣势的可能；三是公法实施过程中，法律的要求很高，一些规制者为了避免在未来的诉讼中失败而不愿对没有把握的案件采取行动。"公共机构与私人法律实施者不同，它是在预算约束条件下运行的。一个预算约束很紧的公共机构可能不会对任何疑难案件起诉。"❷ 可见，行政机关的规制能力问题，也是一个规制成本的问题，环境法的公共实施需要大量的成本，这限制了行政机关的规制能力。私人主体具有广泛性，发现环境违法的成本较低，通过私人实施，可以弥补行政机关规制能力的不足。

从立法上看，在1970年制定《清洁空气法》时，美国参议院公共工作委员会认为：建立公民诉讼制度是为了促进法律实施，保证联邦和各州的行政机关积极履行职责，并且补充其资源的不足。❸ 这最后一条其实就是从成本收益的角度考虑的。而从实践上看，美国环境法上的私人实施对公共实施起到了良好的补

---

❶ 李波：《公共执法与私人执法的经济比较》，北京大学出版社2008年版，第23页。

❷ 波斯纳：《法律的经济分析》，蒋兆康译，中国大百科全书出版社1997年版，第789页。

❸ 汪劲：《环境正义：丧钟为谁而鸣》，北京大学出版社2007年版，第47页。

充作用。例如，在20世纪80年代，在里根主义指导下，国家有意识地减弱了环境法的实施强度，但公民诉讼制度兴盛起来，补充了环境法公共实施的不足，"当政府的实施完全时，所有的污染者都会守法，公民诉讼也就无用武之地。而在20世纪80年代，当公共实施减弱时，私人实施数量增加。宽松的公共实施成为了公民诉讼增加的关键因素。"❶ 可见，从实施效益上看，当公共实施不足时，私人实施就可以发挥有效的作用。

二、国外环境法的私人实施方式

环境法的私人实施方式具有多种形式，各种形式对于环境保护的效果及对公共实施的影响也是不同的，由于历史文化原因，各国的私人实施方式也不同。本文以美国和爱尔兰为例介绍西方发达国家环境法的私人实施方式，由于我国对美国的私人实施方式较为熟悉，本文对之进行简略的介绍，而对爱尔兰的实施方式加以详细的介绍。

（一）美国环境法的私人实施

美国法律非常重视私人对公共权力的监督，在法律中往往会规定一系列的私人实施机制，"近来，私人实施是立法有意设计的结果，此外，私人实施也是为了克服公众机构实现规制目标的有限性而设计的"。❷ 在环境法中尤为如此，美国环境法的私人实施机制是多种多样的，体现在环境法律实施的各个方面。

以污染控制法领域为例，美国的私人实施方面就具有不同的

---

❶ Wendy Naysnerski and Tom Tietenberg, Private Enforcement of Federal Environmental Law, Land Economics, Vol. 68, No. 1 (1992), p. 28~48.

❷ J. Maria Glover, The Structural Role of Private Enforcement Mechanisms in Public Law, 53. William & Mary Law Review. 1137 (2012).

表现。

（1）个人确认和报告违反法律的行为，通过举报违法行为而直接启动实施程序。由于受到各方面的限制，行政机关对许多环境违法没有能力发现，公民可以弥补这方面的不足。他们通过举报违法行为，向环境保护机关提供线索，从而启动公共实施。在美国，"为了增强公共参与和报告潜在的环境违法，联邦环保局的'守法与执法办公室'2006年建立了'国家违法报告'网站，这一网站提供了新的技术处理系统和投诉形式。"❶

（2）对联邦政府实施环境法的过程与对违法者的处理行为进行评论。政府的公共实施是否合法有效，需要进行评论，通过评论对政府的规制行为进行监督，以防止规制失灵。这也是一种有效的私人实施方式。

（3）个人如果认为联邦环保局没有履行联邦环境法中规定的无裁量权职权，也可以采取行动来挑战联邦环保局决定，主要的方式就是向法院提出诉讼，要求法院对行政机关的行为进行审查，以确定行政机关的规制权限行使的合法性。公民诉讼是一种最重要的私人实施方式，"国会希望通过公民诉讼来鞭策和补充政府的公共实施，公民诉讼震慑了违法者并取得了良好的目标。"❷

（二）爱尔兰环境法的私人实施

与上述美国的几种实施方式相比，爱尔兰环境法的私人实施范围更广。"爱尔兰法律改革委员会"在2006年作了一个环境

---

❶ CRS（Congressional Research Service）Report for Congress, Federal Pollution Control Laws: How Are They Enforced, 2010.

❷ David Hodas, Enforcement of Environmental Law in a Triangular Federal System: Can Three Not Be a Crowd WhenEnforcement Authority is Shared by the United States, the States, and Their Citizens?, 54. Maryland Law Review. 1552 (1995).

法私人执法的法律报告，详细地介绍了爱尔兰环境法的私人实施情况。爱尔兰环境法的私人实施方式主要有：公法的私人实施机制、私法的私人实施机制和其他非正式的实施机制等。下面就对这些机制作一个大致的介绍：❶

1. 公法上的私人实施

所谓公法上的私人实施，指的是应由国家机关来实施而不能实施或者实施行为没有达到法律要求时，由私人来对法律加以实施的机制。主要包括以下的几个方面：

（1）私人实施行为。私人实施行动，主要针对一般个人或企业违反环境法的行为，私人可以向法院起诉，请求法院作出判决，要求停止、减轻或者修复对环境的损害。例如，在1977年爱尔兰的《水污染法》第10条规定：任何人，不需要证明与水的利益关系，都可以向法院提出诉讼，请求法院发出命令，要求将正在引起或者已经引起、正在得到许可或者已经获得许可的污染物质排放到水体的人，停止、减轻对水体的污染或者修复已经产生的污染。法院可以命令污染者承担调查和清理污染的成本，也可以要求改善由于排放污染物而遭受破坏的环境。

（2）刑事起诉行为。爱尔兰的立法和判例中都赋予了公民刑事起诉权。在环境法中，有许多条款规定了公民对损害环境行为的刑事起诉权。例如，在1998年的《废物管理规则》第4条规定，任何人可以针对违反该法的行为提起简易的刑事诉讼。当然，由于对行为人的犯罪指控是一个非常重大的事件，实际上议会在立法中对此加以了限制，如《废物管理规则》的注释将这里的任何人解释为"环保局"；而与此相似的是，1990年的《水

---

❶ Law Society of Ireland, Enforcement of Environmental Law: The case for reform, 2006, p. 52~59.

污染法》的修改条款中,将刑事诉讼的起诉资格限定在:因行为人违反《水污染法》第3、4条而受到特别影响的人,实际上是限制了起诉的范围。

(3)第三方的行政复议和司法审查。这里的第三方指的是与争议行政行为没有直接利益关系的一方,即提起复议或诉讼的人不是我国行政法意义上的"行政相对人",而是爱尔兰法上规定的"任何人"。第三方可以对公共机构对环境有影响行政行为申请行政复议和司法审查,对争议行政行为的司法审查,即我国目前研究的热点问题——环境行政公益诉讼。

(4)法庭之友的法律理由书。在法院对环境案件的审理过程中,法庭之友可以向法院提供法律理由书。法院之友包括一般公众和NGO组织,他们可以通过法律理由书说明对法律的理解,从而对法院的判决施加影响。

(5)向规制机构投诉。规制机构主要包括环保局和当地政府,向规制机构的投诉被认为是引发规制机构行动的开关。这些行为包括:发出警告、进行调查、提供实施条例的注意事项、检举环境违法等等。当规制机构没有足够的资源来进行有效监督时,这些投诉行为对违法者也是一个有效的威慑。

2. 私法上的私人实施

所谓私法上的私人实施,是指私人对其他公民或法人等普通的民事主体违反环境法而造成自身的损害,向法院提起民事诉讼的一种方式。这种实施方式是私人利用侵权法来维护自身的私人利益,而不是为了实现环境保护和增进环境利益,不过这种行为对于加强环境保护也有相当的作用。

3. 非正式的私人实施

(1)检查与监督中的协助行为。检查与监督是环境规制机构的职责,作为普通的公民,并不承担这方面的正式的角色。但有学者认为,从UNEP（联合国环境署）的政府与市民的"本地社会契约"的观点出发,应提供公众在规制机构的检查监督中参与协助的作用。爱尔兰《废物管理法》第15条就规定：在规制机构的检查监督过程中,公众有参与检查监督的权利。

（2）向议会专员控告。即公众可以向独立议会专员投诉规制机构的行为,独立议会专员可以对投诉进行调查并作出处理。

4. 其他非正式的私人实施机制

其他环境法的私人实施方式也有很多,主要包括直接行为,如联合抵制某商品或企业的行为、使用媒体曝光违法者的行为、参与与企业遵守法律的协商行为、游说法律改革和广泛地接近信息的行为等。

（三）两国环境法私人实施的特点

从两国的环境法实施方式来看,两国的实施方式基本相同,主要包括：一是通过社会舆论对违法企业产生强大的社会压力,二是通过举报等形式向行政机关提供违法线索,三是通过公益诉讼要求行政机关履行规制职权。

但也有不同的方面,主要体现在爱尔兰的私人实施方式更多。有的是美国法律制度中不存在的制度,如美国没有独立议会专员制度,因而不存在向议会专员投诉的制度；还有的是美国法律中没有实行的制度,如私人的刑事诉讼制度和第三方行政复议制度。

除了这些不同外,美国和爱尔兰的私人实施的重点也是不同的。美国特别强调公民诉讼制度在私人实施中的作用,"在美国规制系统中,事后的私人实施居于首要地位,这是美国传统的规制设计的产物,即相对于事前的规制机构的不法行为,主要依赖

于普通法的原理而进行的诉讼。"❶

而爱尔兰不仅局限于公益诉讼的形式，还有其他的行政复议和行政协助行为，强调了行政在环境治理中的作用，更重视在行政过程中的参与。

三、私人实施环境法的优势和弊端

由行政机关来垄断环境法的实施存在一定的弊端，纠正这种弊端的一个重要方式是环境法的私人实施。通过环境法的私人实施，不仅可以促进和监督行政机关对环境法的实施，而且也可以弥补行政机关的执法能力不足。当然，环境法的私人实施具有一定的优势，但其自身也存在一定的弊端。需要对其优势和弊端有一个全面的了解。

（一）私人实施的优势

1. 监督行政机关的环境规制行为

虽然行政机关的环境规制是环境保护的基本要求，但现代社会中的规制俘获也是普遍的现象。所谓规制俘获，"是指在规制过程中，由于立法者和规制机构追求自身利益最大化，因而某些特殊利益集团（主要是被规制企业）通过俘获立法者或规制机构而使其提供有利于自身的规制。"❷ 规制既包括政策制定，又包括设计政策执行的各种机制。因此"规制俘获的后果就可能体现在两个层面：一是规制政策设计层面，即规制对象通过各种途径操纵规制政策的制定者，以便让规制政策符合其自身利益；二是规制政策执行层面，即规制对象通过俘获公共执法人员，弱

---

❶ J. Maria Glover, The Structural Role of Private Enforcement Mechanisms in Public Law, 53. William & Mary Law Review. 1137 (2012).

❷ 张忠华："降低环境规制俘获的对策研究"，载《学术交流》2010年第2期。

化现行规制法律的执行,以维护一己私利。"❶

由于规制俘获,企业可以在规制规则的制定阶段让政策制定者制定较宽松的规制要求;而在规制规则的执行阶段,企业可以要求执法人员弱化规制规则的执行,从而降低治污成本。这样就可能导致环境规制失效,造成环境的破坏和生态的恶化。

通过环境法的私人实施,私人不但能在规则制定阶段可以发挥作用,而且还可以对已经制定的规则的实施情况进行监督,向规制机关提供线索,要求规制机关执行已有的规则,直至自行向法院起诉规制机关或者违反规制要求的企业,从而促进环境的保护,避免了规制机关被俘获而造成的环境损害。

2. 弥补行政机关环境法实施的不足

在环境规制方面,行政机关除了会被俘获和懈怠外,还存在执法能力不足的问题。通过私人实施,可以弥补行政机关的执法能力的不足。如行政机关不可能发现所有的环境违法,私人的举报就可以有效提供环境违法的线索;当行政机关不能及时制止环境违法时,私人就可以向法院提起公益诉讼来要求行政机关采取一定的行动;私人甚至可以通过直接提起刑事诉讼的方式,要求追究违法者的刑事责任,如爱尔兰法律中私人刑事起诉行动。另外,私法上的私人实施行动,虽然其目的不是为了环境保护,但有时也会起到环境保护的作用,也是一种弥补行政机关能力不足的有效的手段。在现代社会,随着社会团体影响的增加,采用联合抵制行为和利用媒体的力量的行为,也可以弥补行政机关实施能力不足,或者在行政机关没有法律依据而不能实施一定行为时,对企业的影响环境的行为产生巨大的影响,这些也可以起到

---

❶ 余光辉、陈亮:"论我国环境执法机制的完善——从规制俘获的视角",载《法律科学》2010年第5期。

对环境的有效保护作用。

值得注意的是,当行政机关面临外在压力而无力或不能实施环境法时,私人对环境法的实施也会对行政机关起到支持作用,这种支持可以是舆论上的支持,也可以是私人直接进行诉讼,代替行政机关履行职责。如美国20世纪里根担任总统期间,采取自由放任的新自由主义经济政策,对于环境法的实施非常消极,许多公民直接向法院起诉,借助于法院来实施环境法,也起到了保护环境的作用。

3. 鼓励进行相应的法律创新

根据美国学者 Matthew C. Stephenson 的研究,这样的创新主要有:在诉讼过程中,由于私人原告比保守的行政机关更有动力去尝试新的方式,然后才被规制机关所采用。❶ 这一现象在现实中是大量存在的,普通公众所具有的环境保护意识,特别是一些环保组织所具有的环境保护意识,是一般的行政机关所不具备的。他们通过行政诉讼或其他的方式来实施环境法律,可以解决提供一些解决问题的新的思路,也为行政机关的规制提供了新方法。

有学者根据美国20世纪80年代美国公民诉讼的作用认为,虽然这些行动没有直接发展环境政策,但他们的行动发展了司法对立法的解释作用。❷ 这也是一种法律创新活动。

(二)私人实施的弊端

在提出私人实施的优势的同时,也应该注意,私人实施也是

---

❶ Matthew C. Stephenson, Public Regulation of Private Enforcement: The Case For Expanding The Role Of Administrative Agencies, 91. Virginia Law Review. 93 (2005).

❷ Jeffrey G. Miller&James A. Hopkins, The Standing of Citizens to Enforce against Violations of Environmental Statutes in the United States, Case Law Analysis, 12. Pace Law Faculty Publications. 370 (2000).

第七章 我国现实政府环境责任存在的问题及发展方向

存在一些弊端的，这些弊端也要加以注意并进行防范。国外学者对环境法的私人实施的弊端主要有以下几种观点：

有学者认为：首先，环境法的私人实施往往会使环境法过度实施，这种过度实施是低效的，会导致司法资源的浪费并产生对一些有益社会的环境影响行为的过度威慑；其次，私人的法律实施会直接干涉到公共机构的实施努力，扰乱政府环境执法的优先顺序，并破坏政府与被监管者之间的良好合作关系；再次，私人实施行动会产生对问责制的关注，因为私人原告并不受到选举产生的行政机关那样的责任制的追究。❶

也有学者认为，公民诉讼可能会阻碍遵守法律的努力，原因有：（1）公民诉讼授权给缺乏政策经验的法官来制定政策；（2）可能在不同的法院之间产生不一致和自相矛盾的原则；（3）削弱行政国家通过行政规制制定来表达清晰一致规制制度的能力；（4）侵占政府公诉人的自由裁量权；（5）扰乱政府与自愿守法者之间的合作关系；（6）削弱立法和行政部门的监督政策的实施；（7）缺乏民主的合法性和问责制。❷

可见，在环境法领域的私人实施，存在的弊端主要包括：

1. 干扰行政机关的自由裁量权

现代行政机关具有广泛的自由裁量权，这种裁量权是行政机关更好地履行职权所必须具备的条件。这种裁量权主要体现在行政机关可以选择在何时、何地、以何种方式来对法律规定加以实施，以及制定统一的实施计划。特别在强调柔性行政的背景下，

---

❶ Matthew C. Stephenson, Public Regulation of Private Enforcement: The Case For Expanding The Role Of Administrative Agencies, 91. Virginia Law Review. 93 （2005）.

❷ Stephen B. Burbank, Private Enforcement of Statutory and Administrative Law in the United States （and Other Common Law Countries）, http://ssrn.com/abstract=1781047.

行政机关还可以与相对人进行协商和签定自愿环境协议，这样的行政往往更加有效和节约，也可以更好地培育行政机关与企业之间的良好合作关系，有利于今后环境法的实施。但在私人环境法的实施过程中，这些因素往往会被忽视，甚至会受到私人实施的干扰和批评。因而，行政机关的环境自由裁量权往往会受到私人实施的影响和破坏。

2. 增加法院负担，拖延问题的解决

在私人实施过程中，大量的公民诉讼涌向法院，由法院进行裁决。但环境法的私人实施，往往涉及政策问题和技术问题，在这些问题的解决上，法院并不具有优势。当这些实施要求诉诸法院时，往往会受到法院的拒绝，或者拖延较长的时间，从而影响到环境法私人实施的效果。

3. 缺乏问责制会使私人实施产生随意性

私人在环境法的实施中，不受如行政机关存在的问责制的约束，私人实施环境法的随意性比较明显。主要表现在两个方面：一是私人实施往往只会关注大中型公司，而对于中小型公司的环境守法状态关注不够，对于整个的环境法律的实施问题也不会过度关注；二是私人对环境法律的实施动机复杂，甚至会基于不正当的目的而开展私人实施，如打击竞争对手、或者是其他的不良动机。

可见，环境法的私人实施，也是一个备受争议的问题，既有可以促进和弥补公共实施不足的优势，也有可能会干扰公共实施的自由裁量权的弊端。但私人实施的积极作用是毋庸置疑的，我们需要从加强公共实施和完善私人实施方面入手，以保证环境法律得到良好实施，实现环境善治。

四、加强我国环境法的私人实施

虽然环境法的私人实施存在一定的弊端，但整体而言，对社会的贡献远远大于其可能造成的不利后果。就我国而言，由于我国法律一直不重视私人实施，甚至加以排斥，造成了我国的私人实施不足的现象，因而我国今后应加强环境法的私人实施，以促进我国环境法制的良性发展。

（一）我国加强环境法私人实施的必要性

我国环境法主要还是依赖行政机关的实施，但环境法的实施效果并不理想，甚至我国有学者认为我国三十年的环境法治是失败的。行政机关实施效果不理想的原因，除了规制俘获、规制懈怠外，还有着我国环境法制发展过程中的明显特点：

1. 我国各级政府以经济发展为中心的发展思路

即各地以追求 GDP 的增长作为自己的至关重要的任务，将环境保护置于经济发展之下。我国各地政府往往重视经济发展，而忽视环境保护，对于环境法的实施非常消极。而环境保护机关，主要是环境局，处于各级人民政府的领导之下，各级人民政府对环境法实施的态度直接影响环境保护机关对环境法的实施。在这样的背景下，环境法得不到良好的实施也就在情理之中了。

2. 我国的环境保护机关的执法能力也存在不足

亚洲发展银行认为：良好的治理和能力发展是改善地区公共福利如环境质量的驱动力。❶ 这说明，环境保护机关的执法能力也是非常重要的。而在各级人民政府对环境法的实施持消极态度

---

❶ Asian Development Bank, Technical Assistance Report: Building Capacity for Environmental Prosecution, Adjudication, Dispute Resolution, Compliance, and Enforcement in Asia, December 2010, p.1.

的同时，我国环境保护机关的执法能力也存在着严重的不足，这些不足在人力、物力、财力等各方面都有明显的表现。据统计，我国的一些地方一名环保人员需要监管几百个企业，而有些地方县级环保机关连环保执法车都没有。在这样的条件下，即使要严格实施也没有起码的实施能力。

这两点是我国目前环境法公共实施的突出问题，当然，我国的环境监管的管制俘获也很严重。在这些阻碍环境法的公共实施的影响下，通过加强环境法的私人实施，可以对政府的行为进行有效的监督，同时也可以弥补行政机关能力的不足，从而促进各地的环境保护。

（二）我国环境法私人实施的现状

对比国外特别是爱尔兰的做法，可以发现，我国也存在一些环境法的私人实施制度。一是公法上的私人实施方面，我国主要有举报制度，如我国各地环保机关设立了环保举报电话12369，就是一种有效的私人实施，这样可以提供许多环境违法线索，不仅提高了行政机关的工作效率，也提高了打击环境违法的准确性；二是私法上的私人实施，我国也是具有的，即通过环境侵权诉讼来要求环境侵权者停止侵害、赔偿损失；三是非正式的私人实施中，我国环境法实施过程的检查监督，公众参与也具有法律依据；四是其他的私人实施，如联合抵制、诉诸媒体等，在我国也是完全可以的，也有过联合抵制环境违法企业的实践。

也有一些制度是没有的，如公法上的私人实施制度中：私人实施行动、刑事起诉、第三方的行政复议与行政诉讼、独立议会专员制度、法庭之友的法律意见书等。

与国外先进国家相比，我国环境法的私人实施制度中，最缺乏的是公法上的私人实施制度，这与我国的法律观念是密切相关的，即认为法的实施"是指国家司法、行政机关及执法人员依法定职权范围和程序将法律规范适用于现实的社会关系之活动，私人除作为执法对象和守法外，与执法毫无关联。"❶ 强调的是国家对国家权力甚至是社会权力的垄断，因而，私人在法律的实施中的作用被忽视甚至是压制。这种观念在我国环境法的私人实施方面的表现也特别明显。

（三）完善我国环境法的私人实施

我国要充分实施环境法律，也需要发挥私人实施制度，通过私人的积极作用来监督和促进国家行政机关的实施环境法的行为。因此，有必要借鉴国外的有关制度来完善我国环境法的私人实施。当然，国外的有些制度，与我国的法律传统不完全符合或者不太符合实际的要求，我国可以不加以引进，如刑事起诉制度，由于刑事犯罪的证明标准较高，私人一般并没有能力来进行举证，而且私人对环境犯罪的起诉权在爱尔兰也受到了严格的限制，这一制度我国可以不进行借鉴；同样的，如法庭之友向法院提供法律理由书的行动，与我国的司法制度冲突也较大，因而，也不需要借鉴这一制度。我国目前特别需要建立的是公益诉讼制度，至于其他制度，也可以在借鉴国外做法基础上，在我国加以建立并完善，从而为我国环境法的私人实施建立良好的基础。具体的做法如下：

1. 建立公益诉讼和公益复议制度

公益诉讼制度是我国目前学术界的研究热点，被认为是促进我国环境法制的一个重要的环节，并且我国的一些地方性法规已经作出了规定，如《贵阳市环境保护条例》对此进行了明确的规定；一些法院内部也有类似的规定，如最高人民法院的有关规定。但我国的理论界和实务界对环境公益诉讼的原告还是存在着

---

❶ 沈宗灵：《法理学》，高等教育出版社1994年版，第18页。

不同的规定的，对普通公民的公益诉讼的起诉资格限制较多，这与国际上建立公益诉讼制度的初衷与一般做法都是不符合的。如爱尔兰在公益诉讼的规定上是"任何人"，而不局限于组织或者行政机关。另外，在环境法的私人实施上，还存在一种环境公益行政复议制度，这是我国法学界和实务界都不曾注意的，但这一制度也是符合法律原理，并有存在的必要。

2. 建立广泛的环境信息公开制度

私人要实施环境法，需要了解充分的环境信息，只有在了解充分信息的基础上，才能实施有效的监督，保证私人实施的效果。当私人实施法律，发现和惩罚违法者时，他们相当于公共实施者，他们所需要的信息与国家机关也是一样的，因而应保证他们充分地接近有关环境信息。在我国应建立更广泛的环境信息公开制度，不仅要公开政府所掌握的环境信息，而且要公开企业的有关环境信息，满足公众的环境知情权，以便于他们有针对性地实施环境法。

3. 建立有效的环境投诉与处理制度

我国已经在全国的环保部门建立了环境投诉制度，但由于我国的环保部门自身在整个国家行政体系中的地位并不高，往往会受到同级人民政府的限制，同时，环保部门也会受到规制俘获，环境投诉的实效性还有待加强。因而，需要加强环境投诉的刚性，建立多种形式的投诉制度并保证投诉处理的客观公正性和公开性，这样不仅对环保部门的执法是一种支持，也是一种有效的制约。

4. 注意建立其他形式的环境法的私人实施制度

在加强上述三种私人实施机制的同时，也要重视私人实施机制的建立。在我国目前，包括鼓励支持环保组织建立、支持他们从事环保活动。环保组织和一般公众相比，更有能力来对环境法律的公共实施加以监督，也更有能力从事其他实施活动，因而，需要鼓励、扶持、支持环保组织；鼓励新闻媒体对环境违法行为的公开曝光，因为私人通过新闻媒体的曝光，发挥私人的参与，并促进环境问题的关注度，有利于环境法的公共实施；最后，应建立有效的公众参与制度，让私人在环境参与中实施环境法。

当然，在强调环境法的私人实施时，也要注意避免其不足，主要是防止有人利用这一机制来实施一些不正当的行为，如不正当竞争和敲诈行为、损害商业声誉的行为。

第八章 强化政府环境责任，促进环境治理——代结论

第一节 严峻的环境形势要求强化政府环境责任

虽然我国在节能减排工作上取得了一定的成效，但我们也应看到，我国在环境治理还面临着严峻的局面，2013年春天在我国东部地区出现的大面积雾霾天气就是我国环境问题的一个集中爆发。面对如此的严峻环境现状，我国应采取严格的措施来治理环境。加强政府环境责任是促进环境治理，改善环境质量的必备条件，这已经是学术界和实务界的共识。政府环境责任的确定与实施，直接关系到环境治理的成效，这从我国环境整体状况的发展与"十一五"期间节能减排的效果正反两个方面的对比可以清楚地看出。

（一）我国环境形势严峻

随着我国经济的发展，环境问题也越来越明显。我国属于追赶型的现代化模式，在经济发展过程中，忽视了经济发展可能带来的环境问题，造成了今天这样严峻的环境局面。我国目前的环境问题的严重程度，在本书中已经多次进行了描述，此处就不再多说。正如现任环保部部长周生贤在2013年提出的："发达国家一两百年出现的环境问题，在我国近30多年来的快速发展中集中显现，呈现明显的结构型、压缩型、复合型特点。老的环境问题尚未解决，新的环境问题接踵而至，环境质量改善与人民群众

第八章 强化政府环境责任,促进环境治理——代结论

的期待还有不小差距"。❶

值得注意的是,如果不采取积极而有效的措施,我国的环境问题还有恶化的趋势。

(二) 经济与社会的发展仍然会产生新的环境问题

虽然我国已经在经济上取得了巨大的成就,从库兹涅茨假说来看,我国今后的环境问题可能会得到一定的缓解。但这一假说是建立在整个社会重视环境治理的前提上的,如果对环境治理不给予足够的重视,环境问题仍然会继续存在。

值得注意的是,我国的环境问题仍然面临着新的挑战。

一是我国的经济和社会发展的不平衡,会导致不发达的中西部实施赶超战略,这样会引进一些在环境保护标准上不符合要求的技术和产业,造成新的污染和环境隐患。

二是我国的区域之间仍然存在着竞争,在竞争过程中也可能放松对环境的要求。目前我国已经形成了许多区域经济体,例如长三角经济区、珠三角经济区、环渤海经济区和内地也形成了一系列的经济区域,这些区域之间以及区域内部都存在着经济竞争,如果不在环境保护上实行严格的措施,就会导致区域之间或者区域内部在环境上通过降低环境标准来实现经济发展,从而造成新的环境问题。

三是就整个国家而言,我国仍然面临着与发达国家的竞争,在经济上的压力仍然是存在的,有时是非常激烈的。此时,在国家层面,也会面临着经济发展与环境保护的考量,如果不能坚持环境保护的政策,也会造成新的环境问题。

由于存在以上原因,如果不能坚持可持续发展观,就会放松

---

❶ 周生贤:"剖析中国环境形势与对策",载《经济日报》2013 年 7 月 10 日,第 2 版。

对环境保护的要求,从而产生新的环境问题。

（三）环境问题给我国带来了巨大的压力

由于环境问题的存在,整个国家面临着巨大的压力。主要体现如下几个方面：

一是环境问题,影响到了公众的生活质量,并且给一部分人的生存带来了危机,从而影响到了社会的稳定。

二是环境问题,影响到中国经济与社会发展所需要的资源供给,影响到整个中国的可持续发展,甚至会影响到整个国家的发展。

三是因为中国的环境问题而带来的国际压力也在不断增加。

（四）严峻的环境形势要求加强环境治理,强化政府的环境责任

面对如此的环境形势和国内外的压力,我们必须增强环境治理的紧迫感,通过有效的环境治理,可以减少环境污染和破坏,同时也可以整治与恢复已经形成的环境污染和破坏。通过这样的增量与减量的双重效应,使环境朝着改善的方向发展,从而实现环境善治。要实现环境善治,需要全社会在全方位采取共同的行动,并且要利用多种手段进行治理。其中一个重要的方面就是强化政府的环境责任,通过强化政府的环境责任来增强政府治理环境的意识和行动,避免政府在环境治理上的消极态度。

从我国改革开放以来环境演变的规律来看,加强政府的环境责任是保证环境治理成效的重要途径。我国在历年的"国民经济和社会发展五年规划（计划）"中,都有对环境治理的相关要求,但由于这些要求只是一些"预期性指标"而不是"约束性指标"，因此,各级人民政府对环境治理的指标完成的积极性不高,而在"十一五"期间,我国将节能减排指标作为约束性指标,要求各级人民政府必须完成,上级政府与下级政府、各级政

府与相关的企业都签署了责任书，并且国务院和各部委每年都对节能减排工作进行严格的检查。通过这些明确而严厉的要求，我国终于在环境治理中首次完成了预定的环境治理指标，实行了一次突破。

可见，通过加强政府环境责任，对于环境治理的效果是非常有效的。这一方面是因为环境治理需要发挥行政监管的作用，另一方面也是与我国的国情相适应的，在我国，由于行政机关在社会生活中具有突出的地位，政府的行为对于整个社会的影响巨大，如果改变政府的行为模式，就会对整个社会的发展方向起到有效的作用，因此，通过加强政府环境责任来改进环境治理，是不二的选择。

第二节 强化政府的环境责任的要求

要强化政府的环境责任，需要在一系列方面来加强相关制度的建设。只有具备了相应的条件，才可以真正地保证政府环境责任的实施。

（一）树立生态文明观念，改变政府政绩评定指标

在强调政府的环境责任时，首先应从观念上加以改变，树立生态文明观念。生态文明是一种全新的文明，要求在经济和社会发展中，必须重视环境保护，重视可持续发展。胡锦涛在十八大报告中指出：面对资源约束趋紧、环境污染严重、生态系统退化的严峻形势，必须树立尊重自然、顺应自然、保护自然的生态文明理念，也就是要坚持节约资源和保护环境的基本国策，坚持节约优先、保护优先、自然恢复为主的方针，着力推进绿色发展、循环发展、低碳发展，形成节约资源和保护环境的空间格局、产业结构、生产方式、生活方式，从源头上扭转生态环境恶化趋

势，为人民创造良好生产生活环境，为全球生态安全作出贡献。

生态文明与传统的文明具有完全不同的观念和要求。贯彻生态文明的理念，需要政府在其行为中形成尊重自然、顺应自然、保护自然的理念，并将之作为一项制度而落实。例如，我国目前对于官员的考核制度是一项引导各级政府官员行为的重要的风向标，因此，需要加强对政府官员政绩考核中生态文明要求，将生态文明建设作为一项硬性指标纳入考核内容。正如在节能减排制度中的考核一样，只有这样，才能保证政府的行为时刻考虑到环境。

当然，政府也是生活在整个社会中的，在强调政府的生态文明观念时，也应该强调整个社会的生态文明意识的培养，从而形成一定的整体社会氛围。

（二）明确政府的环境责任

在树立一定的观念后，就需要明确政府的环境责任，只有明确其责任，明确政府应该做什么、不应该做什么，才可以更好地让政府履行其责任，从而保证政府环境责任的实现，实行环境的善治。如前如述，政府的环境责任主要是一种环境职责，主要的职责有：

1. 政府的环境质量责任

根据环境权理论，人们有在具备一定质量的环境中生活的权利，虽然这种权利并不具有客观法的效果，但作为一项重要的权利，也对政府的相应职责提出了一定的要求。因此，政府应努力保证环境质量，对于已经受到了破坏的环境，政府有责任对其进行恢复，当政府对其不能恢复时，有责任对相关的居民进行移民。这就是政府的环境质量责任。当然，这种责任如何判断是非常困难的。

第八章　强化政府环境责任，促进环境治理——代结论

2. 政府的环境绩效责任

"绩效行为主体的工作和活动所取得了的成就或产生的积极效果"。❶ 政府的环境绩效责任是指政府在环境治理上应达到的目标，政府的环境目标有许多，我国"十一五规划"中的节能减排就是一种典型的绩效责任，通过确定政府在节能减排上的目标，明确其责任，不仅可以促进政府履行职责，也为今后的责任追究奠定基础。我国的环境绩效目标还有许多，例如"十二五规划"我国继续将节能减排任务作为约束性指标、在一些雾霾严重的地区明确今后要达到的减少 PM2.5 的数量，以及在流域治理，如太湖流域和淮河流域各行政区域的治理目标等，都是一种绩效责任。这些绩效责任的确定，对于各级人民政府的环境意识和环境治理的决心起到了非常良好的效果。

3. 政府的环境执法责任

政府的环境执法责任，指的是对政府在环境执法过程中应承担的责任。环境治理的一个重要环节就是大量的环境执法，环境执法工作的优劣直接决定了环境治理的效果。在环境执法中，往往存在执法不足和执法滥权的现象，通过环境执法责任，可以避免这两种不合法的现象，保证环境执法本身的合法性。目前，我国不仅有一般性的行政执法的责任规定，而且还有专门的环境执法责任的规定，为政府的环境执法责任的明确化、具体化提供了有效的依据。

4. 政府的环境纠纷化解责任

我国现在存在着大量的环境纠纷，既有群体性环境纠纷，也有个别性的环境纠纷；既有已经明确了的环境污染纠纷，也有因为担心未来环境污染的纠纷。这些纠纷已经威胁到了一些地区的

---

❶ 李军鹏：《责任政府与政府问责制》，人民出版社2009年版，第141页。

第八章　强化政府环境责任，促进环境治理——代结论

社会稳定，需要及时地对纠纷加以预防和解决。对纠纷的预防和解决的机制有许多，一般都认为司法是最重要的途径，而且我国已经出现了将所有的纠纷都交给司法来处理的趋势，其实这并不利于纠纷的及时解决。行政机关在环境纠纷的预防和解决中，具有非常明显的优势，但由于缺乏法律的明确性规定，行政机关预防和解决环境纠纷积极性不高。因此，需要强化其对预防和解决环境纠纷的责任，从而更好地预防和解决环境纠纷。

（三）保证政府环境责任的实施

明确了政府的环境责任，只是强化政府环境责任的基础，而要真正使政府履行环境职责，还需要保证政府的环境责任的实现，使"纸面上的法"成为"行动中的法"。要保证政府环境责任的实现，需要做到以下几个方面：

1. 责任实施的预期性

要确保政府履行其环境责任，就要使政府产生其环境责任必然会得到实施的预期，否则政府就会漠视这一责任，从而造成政府环境责任落空。在节能减排的实施前期，我国的一些地方政府并没有认真按照自己的责任目标来完成节能减排的任务，是因为他们认为这与以前的指标一样，仍然是一种预期性指标，而不是约束性目标，政府的首要职责还是发展经济。而通过中央政府的一再强调，特别是在后期中央对完成任务不理想的相关的省市负责人进行约谈时，地方政府才真正意识到必须完成节能减排的任务，于是各级地方政府和相关的企业迅速采取行动，最后基本上都完成了任务。这说明保证责任实施的预期性，是促进相关主体履行职责的重要方面。

2. 责任实施的必然性

政府环境责任的必然性体现在两个相互联系的方面，一是政府必须履行自身的环境责任；二是如果不履行自己的环境责任，

就要承担相应的不利后果。与责任实施的预期性相同，责任的必然性要求政府认真地履行其责任，避免责任的虚化和弱化，是保证环境治理效果的基本要求。

3. 责任的公开性

为了保证政府环境责任得到有效的实现，可以通过公开透明的程序来保证其效果。公开透明的作用，其一是保证了整个社会公众的知情权，其二也是通过公开透明的程序，对行政机关乃至上级问责机关履行相应的职责形成有效的压力的需要。通过在责任承担和责任追究上的公开透明，可以保证政府环境责任的有效性，促进政府履行其环境责任。

4. 责任的可救济性

在强调政府的环境责任时，也需要重视因政府环境责任而承担不利后果的一方的救济，因为"有权利就有救济"，是一项基本的法理，也适用于政府环境责任制度。严格地说，有权提出救济的主体包括相应的政府和相关的公务员，但我国政府的权利救济还是一个全新的问题，在此不多作探讨。而重视相关公务员的救济，则是非常重要的问题。任何一个人的权利受到损害，都应该获得相应救济权，当公务员因为政府环境责任的履行而受到不利处分时，他们的权利也应得到救济，这也符合现代法理的要求。

参考文献

专著

曹凤中．新观念、大趋势——全球环境保护的发展与启迪［M］．北京：中国环境科学出版社，1995．

蔡定剑．公众参与：风险社会的制度建设［M］．北京：法律出版社，2009．

蔡定剑，主编．公众参与：欧洲的制度和经验［M］．北京：法律出版社，2009．

蔡守秋．环境政策学［M］．北京：科学出版社，2009．

陈党．问责法律制度研究［M］．北京：知识产权出版社，2008．

陈毅．责任政府的建设——理性化构建与民主化善治［M］．北京：北京大学出版社，2012．

陈慈阳．环境法总论［M］．北京：中国政法大学出版社，2003．

陈德敏．环境法原理专论［M］．北京：法律出版社，2008．

陈国权．责任政府：从权力本位到责任本位［M］．杭州：浙江大学出版社，2009．

陈新民．宪法学导论［M］．台北：三民书局，1996．

邓海峰．排污权：一种基于私法语境下的解读［M］．北京：北京大学出版社，2008．

高家伟．欧洲环境法［M］．北京：工商出版社，2000．

参考文献

关保英．行政法的私法文化［M］．济南：山东人民出版社，2003．

胡代光．西方经济学说的演变［M］．北京：北京大学出版社，1998．

胡建淼．领导人行政责任问题研究［M］．杭州：浙江大学出版社，2005．

胡敏洁．福利权研究［M］．北京：法律出版社，2008．

黄金荣．司法保障人权的限度［M］．北京：社会科学文献出版社，2009．

季卫东．宪政新论［M］．北京：北京大学出版社，2002．

蒋劲松．政府责任新论［M］．北京：社会科学文献出版社，2005．

姜明安，主编．行政法与行政诉讼法［M］．北京：北京大学出版社，2007

李步云．人权法学［M］．北京：高等教育出版社，2005．

李军鹏．责任政府与政府问责制［M］．北京：人民出版社，2009．

李艳芳．公众参与环境影响评价制度［M］．北京：中国人民大学出版社，2002．

李波．公共执法与私人执法的经济比较［M］．北京：北京大学出版社，2008．

冷罗生．日本公害诉讼理论与案例评析［M］．北京：商务印书馆，2005

陆新元．环境监察［M］．北京：中国环境科学出版社，2008．

罗豪才．行政法学［M］．北京：中国政法大学出版社，1998．

吕忠梅，等．长江流域水资源保护立法研究［M］．武汉：武汉大学出版社，2006．

吕忠梅，主编．环境法原理［M］．上海：复旦大学出版社，2007．

马英娟．政府监管机构研究［M］．北京：北京大学出版社，2007．

齐晔，等．中国环境监管体制研究［M］．上海：上海三联书店，2008．

沈宗灵．法理学［M］．北京：高等教育出版社，1994．

谈火生．民主审议与政治合法性［M］．北京：法律出版社，2007．

汪劲．环境法律的理念与价值追求：环境立法目的论［M］．北京：法律出版社，1999．

汪劲．环境法学［M］．北京：北京大学出版社，2006．

汪劲．环境正义：丧钟为谁而鸣［M］．北京：北京大学出版社，2006．

汪劲．中外环境影响评价制度比较研究［M］．北京：北京大学出版社，2006．

汪劲．环保法治三十年，我们成功了吗？［M］．北京：北京大学出版社，2011．

王曦．美国环境法概论［M］．武汉：武汉大学出版社，1992．

王成栋．政府责任论［M］．北京：中国政法大学出版社，1999．

王名扬．美国行政法［M］．北京：中国法制出版社，1995．

王锡锌．行政程序法理念与制度研究［M］．北京：中国民主法制出版社，2007．

参考文献

汪习根. 权力的法治规约 [M]. 武汉：武汉大学出版社, 2009.

吴卫星. 环境权研究 [M]. 北京：法律出版社, 2007.

肖剑鸣. 比较环境法 [M]. 北京：中国检察出版社, 2002.

谢荣堂. 社会法治国基础问题与权利救济 [M]. 台北：元照出版公司, 2008.

杨解君. 行政责任问题研究 [M]. 北京：北京大学出版社, 2004.

杨伟东. 权力结构中的行政诉讼 [M]. 北京：北京大学出版社, 2008.

叶必丰. 行政法与行政诉讼法 [M]. 北京：中国人民大学, 2011.

叶俊荣. 环境政策与法律 [M]. 北京：中国政法大学出版社, 2003.

应松年. 行政法与行政诉讼法 [M]. 北京：法律出版社 2005.

张建伟. 政府环境责任论 [M]. 北京：中国环境科学出版社, 2008.

张树义. 行政法与行政诉讼法 [M]. 北京：高等教育出版社, 2007.

张贤明. 论政治责任 [M]. 长春：吉林大学出版社, 2000.

张文显. 法哲学范畴研究 [M]. 北京：中国政法大学出版社, 2001.

张文显, 主编. 马克思主义法理学 [M]. 北京：高等教育出版社, 2003.

朱光磊. 现代政府理论 [M]. 北京：高等教育出版社, 2006.

朱新力．司法审查的基准［M］．北京：法律出版社，2005．

周珂．环境与资源保护法［M］．北京：中国人民大学出版社，2007．

［德］乌尔里希·贝克．世界风险社会［M］．吴英姿，孙淑敏，译．南京：南京大学出版社，2004．

［德］乌尔里希·贝克．风险社会［M］．何博闻，译．北京：译林出版社，2003．

［德］黑塞．联邦德国宪法纲要［M］．李辉，译．北京：商务印书馆，2007．

［德］却伯．德国公法导论［M］．北京：北京大学出版社，2008．

［美］盖伊·彼得斯．政府未来的治理模式［M］．吴爱民，夏宏图，译．北京：中国人民大学出版社，2001．

［美］波斯纳．法律的经济分析［M］．蒋兆康，译．北京：中国大百科全书出版社，1997．

［美］弗兰克·费希尔．公共政策评估．吴爱明，等，译．北京：中国人民大学出版社，2003．

［美］科恩．论民主［M］．聂崇信，朱秀贤，译．北京：商务印书馆，1988．

［美］杰里/马肖．贪婪、混沌和治理［M］．宋功德，译．北京：商务印书馆，2009．

［美］伯纳德·施瓦茨．行政法［M］．徐炳，译．北京：群众出版社，1986．

［美］托马斯·思德纳．环境与自然资源管理的政策工具［M］．张蔚文，黄祖辉，译．上海：上海三联书店，上海人民出版社，2005．

［美］凯斯·R．孙斯坦．风险与理性——安全、法律及环

境[M].师帅,译.北京:中国政法大学出版社,2005.

[美]魏伊丝.公平地对待未来人类:国际法、共同遗产与世代间衡平[M].汪劲,等译.北京:法律出版社,2000.

美国国家环保局编.环境执法原理[M].王曦,等译.北京:民主与建设出版社,1999.

美国自然资源保护委员会.中国大气污染防治法修改:基于国际经验的建议[R].2009.

[日]阿部照哉等.宪法[M].(下),周宗宪,译.北京:中国政法大学出版社,2006.

[日]大须贺明.生存权论[M].林浩,译.北京:法律出版社,2001.

[日]黑川哲志.环境行政的法理与方法[M].肖军,译.北京:中国法制出版社,2008.

[日]桥本道夫.日本环保行政亲历记[M].冯叶,译.北京:中信出版社,2007.

[日]原田尚彦.环境法[M].于敏,译.北京:法律出版社,1999.

[英]帕特莎.波尼,埃伦.波义夫.国际法与环境[M].那力,等,译.北京:高等教育出版社,2007.

[英]卡罗尔.哈洛.国家责任:以侵权法为中心展开[M].涂永前,马佳昌,译.北京:北京大学出版社,2009年.

[英]马丁·洛克林.公法与政治理论[M].郑戈,译.北京:商务印书馆,2002.

[英]亚当·斯密.国民财富的性质和原因的研究[M].(下卷),郭大力,王亚南,译.北京:商务印书馆,1974.

[意]贝卡利亚.论犯罪与刑罚[M].黄风,译.北京:中国大百科全书出版社,1993.

［新］黎莲卿主编．亚太地区第二代环境法展望［M］．邵方，曹明德，译．北京：法律出版社，2006．

经济合作发展组织编．环境绩效评估：中国［M］．北京：中国环境科学出版社，2007．

联合国人权事务高级专员办事处．国家人权机构手册：经济、社会、文化权利［R］．专业培训丛刊，第十二辑，2004．

论文

艾超．我国行政问责法制化思考［J］．政治与法律，2009（10）．

蔡守秋．论政府环境责任的缺陷与健全［J］．河北法学，2008（3）．

陈峰、杨俊．审议民主：一种"审议"传统宪政理念的民主观［J］．甘肃政法学院学报，2009（1）．

陈振明．非市场缺陷的政治经济学分析——公共选择和政策分析学者的政府失败论［J］．中国社会科学，1998（6）．

成志刚，唐俊辉．保持行政监督制度与权力格局的动态平衡——控制行政权的一条规律［J］．中国行政管理，2008（5）．

陈志玮．行政课责与地方治理能力的提升［J］．（台湾）政策研究学报，2004（4）．

崔卓兰，朱虹．从美国的环境执法看非强制行政［J］．行政法学研究，2004（2）．

杜承铭．论基本权利之国家义务：理论基础、结构形式与中国实践》［J］．法学评论，2011（2）．

冯锦彩．论中国环境执法制度的完善——以中美环境执法制度比较为视角［J］．环境保护，2009（3B）．

甘文．风险侵权的行政赔偿责任［A］．载罗豪才主编．行

政法论丛 [M]. 第13卷, 北京: 法律出版社, 2011.

高秦伟. 美国禁止授权原则的发展及其启示 [J]. 环球法律评论, 2010 (5).

高秦伟. 程序审抑或实体审——美国行政规则司法审查基准研究及其启示 [J]. 浙江学刊, 2009 (6).

巩固. 政府环境责任理论基础探析 [J]. 中国地质大学学报, 2008 (2).

宫文祥. 中国环境法制战略突破口的另向思考——一个学术对话的尝试 [J]. 上海交通大学学报, 2010 (3).

龚向和. 国家义务是公民权利的根本保障——国家与公民关系新视角 [J]. 法律科学, 2010 (4).

关保英. 论行政权的自我控制 [J]. 华东师范大学学报, 2003 (1).

郭润生, 张小平. 美国环境执法法中的强制执行及其启示 [J]. 环球法律评论, 1996 (4).

韩剑琴. 行政问责制——建立责任政府的新探索 [J]. 探索与争鸣, 2004 (8).

韩志明. 当前行政问责制研究述评 [J]. 云南行政学院学报, 2007 (2).

贺凯. 环境执法之几例 [J]. 世界环境, 2010 (2).

何燕. 析中国环境执法的现状与完善 [J]. 中国人口·资源与环境, 2010 (5).

胡静. 美国环境执法中的协商机制和自由裁量 [J]. 环境保护, 2007 (12B).

胡伟. 合法性问题研究: 政治学研究的新视角 [J]. 政治学研究, 1996 (1).

黄丞仪, 林子伦. 环境管制之风险评估、公民参与及行政判断——以近期行政法院相关判决为核心［R］.（中国台湾）"中央"研究院法律研究所，2010.

黄锡生，王江. 中国环境执法的障碍与破解［J］. 重庆大学学报，2009（1）.

黄学贤. 形式作为而实质不作为行政行为探讨——行政不作为的新视角［J］. 中国法学，2009（5）.

蒋京议. 国家干预环境问题的战略思考［J］. 国家行政学院学报，2008（2）.

蒋银华. 论国家义务的基本内涵［J］. 广州大学学报，2010（5）.

蒋银华. 论国家义务概念之确立与发展［J］. 河北法学，2012（6）.

金海. 20世纪70年代尼克松政府的环保政策［J］. 世界历史，2006（3）.

李丹. 新《水污染防治法》打破环境监察执法瓶颈［J］. 环境经济，2008（7）.

李鸣. 我国政府生态责任运行机制研究［J］. 学术论坛，2007（3）.

蓝文艺. 环境行政责任缺失纵深分析——为建立环境行政执法责任制所进行的环境行政责任缺失调研报告［J］. 环境科学与管理，2007（4）.

李建良. 永续发展与国家责任［J］. 台北大学法学论丛，2000（46）.

李建良. 论环境保护与人权保障之关系［J］. 东吴大学法律学报，2000（2）.

李孝猛. 责令改正的法律属性及其适用［J］. 法学，2005（2）.

参考文献

李艳芳. 促进型立法 [J]. 法学评论, 2005 (3).

李挚萍. 论政府环境法律责任——以政府对环境质量负责为基点 [J]. 中国地质大学学报, 2008 (2).

林卉. 怠于履行公共职能的国家赔偿责任 [J]. 法学研究, 2010 (3).

刘长秋. 论环境执法建设与环境法的信用 [J]. 中国人口·资源与环境, 2009 (3).

刘广登. 论政府的宪法义务 [J]. 江海学刊, 2004 (6).

刘天旭, 范风华. 象征性治理——对政府治理失灵的一个概括 [J]. 甘肃行政学院学报, 2009 (5).

刘祖云. "责任政府"及其实现途径——当代中国公共行政责任理论研究反思 [J]. 江苏社会科学, 2005 (1).

陆新元等. 中国环境行政执法能力建设现状调查与问题分析 [J]. 中国环境科学, 2006, 增刊。

吕忠梅. 环境法学研究的转身——以环境与健康法律问题调查为例 [J]. 中国地质大学学报, 2010 (4).

马怀德. 法治政府特征及建设途径 [J]. 国家行政学院学报, 2008 (2).

莫勇波. 政府执行力: 当前公共行政研究的新课题 [J]. 中山大学学报, 2005 (1).

莫于川. 行政职权的行政法解析与建构 [J]. 重庆社会科学, 2004 (1).

莫于川. 从行政集权走向行政民主——我国行政法的民主化趋势分析 [J]. 重庆邮电大学学报, 2005 (6).

那力. 论环境事务中的公众权利 [J]. 法制与社会发展, 2002 (2).

潘秀珍, 褚添有. 公共服务型政府: 源起、特征及意义

[J]．贺州学院学报，2007（2）．

钱水苗，沈玮．论强化政府环境责任［J］．环境污染与防治，2008（3）．

宋涛．西方现代行政问责体系及对我国行政问责建设的启示［J］．国家行政学院学报，2006（5）．

孙笑侠．司法权的本质是判断权——司法权与行政权的十大区别［J］．法学，1998（8）．

王华，陈栋．企业环境信息公开：理念、实践和挑战［J］．世界环境，2008（5）．

王曦．论美国《国家环境政策法》对完善我国环境法制的启示［J］．现代法学，2009（4）．

王曦．论新时期完善我国环境法制的战略突破口［J］．上海交通大学学报，2009（2）．

汪劲．从环境基本法的立法特征论我国《环境保护法》的修改定位［J］．中外法学，2004（4）．

汪劲．我国环保法律实施面临的问题：国家司法机关工作人员的认识［J］．中外法学，2007（6）．

汪劲，严厚福．构建我国环境立法中的按日连续处罚制——以《水污染防治法》的修改为例［J］．法学，2007（12）．

汪劲．环境法治30年，为何难治污染［J］．绿问，2010（2）．

王灿发．中国环境执法困境及破解［J］．世界环境，2010（2）．

王贵松．危险防止型行政不作为的赔偿责任承担［J］．学习与探索，2009（6）．

王惠娜．区域环境治理中的新政策工具［J］．学术研究，2012（1）．

参考文献

王树义,刘静. 美国自然资源损害赔偿制度探析[J]. 法学评论,2009（1）.

王宗爽等. 中外环境空气质量标准比较[J]. 环境科学研究,2010（3）.

吴嘉苓. SARS 的风险治理,超越技术模型[J]. 台湾社会学,2006（11）.

吴卫星. 环境权内容之辨析[J]. 法学评论,2005（2）.

吴卫星. 环境保护：当代国家的宪法任务[J]. 华东政法学院学报,2005（6）.

吴卫星. 环境权入宪之实证研究[J]. 法学评论,2008（2）.

吴志红. 行政公产视野下的政府环境法律责任初论[J]. 河海大学学报,2008（3）.

徐昕. 法律的私人执行[J]. 法学研究,2004（1）.

忻林. 布坎南的政府失败理论及其对我国政府改革的启示[J]. 政治学研究,2000（3）.

徐祥民. 环境权论——人权发展历史分期的视角[J]. 中国社会科学,2004（4）.

徐祥民,孟庆垒. 政府环境责任简论[J]. 学习论坛,2007（12）.

荀丽丽,包智明. 政府动员型环境政策及其地方实践——关于内蒙古 S 旗生态移民的社会学分析[J]. 中国社会科学,2007（5）.

闫国东等. 中国公众环境意识的变化趋势[J]. 中国人口·资源与环境,2010（10）.

杨小军. 怠于履行行政义务及其赔偿责任[J]. 中国法学,2003（6）.

杨小君. 行政不作为形式及其违法性 [J]. 重庆工学院学报, 2009 (1).

杨展里. 试论中国环境执政能力建设 [J]. 中国环境科学, 2006, 增刊.

应松年, 薛刚凌. 论行政权 [J]. 政法论坛, 2001 (4).

余光辉, 陈亮. 论我国环境执法机制的完善——从规制俘获的视角 [J]. 法律科学, 2010 (5).

袁立. 公民基本权利野视下国家义务的边界 [J]. 现代法学, 2011 (1).

袁曙宏, 赵永伟. 西方国家依法行政比较研究——兼论对我国依法行政的启示 [J]. 中国法学, 2000 (5).

臧传琴. 从"经济人"假设到"政府失灵" [J]. 江汉论坛, 2007 (2).

曾贤刚, 易龙生. 节能减排的关键在于提升地方政府执行力 [J]. 环境保护, 2008 (3B).

张晏. 环境质?标准制定之研究——以美国国家环境空气质?标准为中心 [R]. http://moodle.ncku.edu.tw/mod/resource/view.php?id=88274.

张洁, 张涛甫. 美国风险沟通研究：学术沿革、核心命题及其关键因素 [J]. 国际新闻界, 2009 (9).

张成福. 责任政府论 [J]. 中国人民大学学报, 2002 (2).

张建伟. 关于政府环境责任科学设定的若干思考 [J]. 中国人口·资源与环境, 2008 (1).

张式军. 环境立法目的的批判、解析与重构 [J]. 浙江学刊, 2011 (5).

张贤明. 政治责任与法律责任的比较分析 [J]. 政治学研究, 2010 (1).

张晓磊．我国行政政治问责的问题与对策［J］．中国行政管理，2010（1）．

张一粟．美国法上的宪法环境权评介［J］．财经政法资讯，2006（4）．

张玉林．社会科学领域的中国环境问题研究［J］．浙江学刊，2008（4）．

张忠华．降低环境规制俘获的对策研究［J］．学术交流，2010（2）．

赵惊涛．排污权及存在的正当性［J］．法制与社会发展，2009（1）．

周亚萍，安树青．生态质量与生态系统服务功能［J］．生态科学，2001（Z1）．

周亚越．行政问责制的内涵及其意义［J］．理论与改革，2004（4）．

周训芳．欧洲发达国家公民环境权的发展趋势［J］．比较法研究，2004（5）．

周佑勇．论依法行政的宪政基础［J］．政治与法律，2002（3）．

竺效．论环境行政许可听证利害关系人代表的选择机制［J］．法商研究，2005（5）5．

朱晓燕，王怀章．对运动式行政执法的反思［J］．青海社会科学，2005（1）．

朱新力．论行政不作为违法［J］．法学研究，1998（2）．

朱新力．行政不作为违法之国家赔偿责任［J］．浙江大学学报，2001（2）．

邓可祝．论有争议科技决策的风险沟通——以我国转基因水稻安全证书颁发为例［J］．华中农业大学学报，2012（2）．

邓可祝. 论强化具体行政行为在环境刑法中的作用 [J]. 环境科学与管理, 2010 (7).

邓可祝. 论风险决策中专家作用的局限及克服 [J]. 重庆工商大学学报, 2012 (2).

梅泠, 付黎旭. 日本环境法的新发展—《环境法的新展开》译评 [J]. 载韩德培主编. 环境资源法论丛 [M]. 第2卷, 北京: 法律出版社, 2002.

黄锦堂. 环境宪法 [A]. 载苏永钦主编. 部门宪法 [M]. 台北: 元照出版有限公司, 2006.

［印度］穆罕默德·泽伐·马赫弗兹·诺曼尼. 印度环境人权—审视法律规则和司法理念 [A]. 王曦, 谷德近译, 载王曦主编. 国际环境法与比较环境法评论 [M]. 第1卷, 北京: 法律出版社, 2002.

国合会专题政策报告. 中国环境与健康管理体系与政策框架 [R]. 2008.

［德］乌尔里希·贝克. 风险社会政治学 [J]. 刘宁宁等, 编译, 马克思主义与现实, 2005 (3).

［美］爱德华·L. 格莱泽, 安德烈·施莱弗. 监管型政府的崛起 [J]. 杨松译, 比较, 2002 (2).

［美］卡塔琳娜. 皮斯托, 许成钢. 不完备法律 [J]. (上), 汪辉敏译, 比较, 2002 (3).

［美］卡塔琳娜. 皮斯托, 许成钢. 不完备法律 [J]. (下), 汪辉敏译, 比较, 2002 (4).

［美］理查德. 皮尔斯. 立法性规则和解释性规则的区别 [J]. 宋华琳译, 公法研究, 2004 (1).

Mary A. Gade, Cynthia A. Faur. 美国环境管理体系中联邦与地方政府角色透视 [J]. 环境科学研究, 2006, 增刊.

Miranda Schreurs. 国际环境执政理论研究进展透视 [J]. 中国环境科学, 2006, 增刊.

[日] 杉原泰雄. 公共权力的担当者与政治责任——日本国宪法下的理论和现实 [J]. 周作彩译, 外国法译评, 1995 (1).

[日] 田中英夫, 竹内昭夫. 私人在法实现中的作用 [A]. 李薇译, 载梁慧星主编. 民商法论丛 [M]. 第10卷, 北京: 法律出版社, 1998.

[英] 大卫·边沁. 通住社会科学的合法性概念 [A]. 傅建奇译, 载高鸿钧主编. 清华法治论衡 [M]. 第2辑, 北京: 清华大学出版社, 2001.

学位论文

陈党. 行政问责法律制度研究 [D]. 苏州: 苏州大学, 2007.

简军波. 权力与合法性 [D]. 上海: 复旦大学, 2006.

李鸧. 环境国家下的规则制定 [D]. 济南: 山东大学, 2007.

李红利. 中国地方政府环境规制的难题及对策机制分析 [D]. 上海: 华东师范大学, 2008.

李瑞昌. 风险知识与公共决策——西方社会风险规制决策研究 [D]. 上海: 复旦大学, 2005.

李蔬君. 当代中国政府责任问题研究 [D]. 北京: 中共中央党校, 2009.

栾志红. 政法视野中的排污权交易制度研究 [D]. 北京: 中国人民大学, 2009.

司久贵. 行政权正当性导论 [D]. 武汉: 武汉大学, 2001.

田侠. 行政问责机制研究 [D]. 北京: 中共中央党

校，2009.

王小钢. 追寻中国环境法律发展之新理论—以反身法、审议民主和风险社会为理论视角 [D]. 长春：吉林大学，2008.

王周户. 马克思主义群众观视野下的中国公众参与制度建构 [D]. 西安：西北大学，2011.

熊鹰. 政府环境管制、公众参与对企业污染行为的影响分析 [D]. 南京：南京农业大学，2007.

赵菁奇. 美国环保协会研究 [D]. 合肥：中国科技大学，2009.

外文文献

Camas J. Hubenthal, American Trucking V. EPA: Unjustified Revival Of The Nondelegation Doctrine, 23. Environmental Law and Policy Journal17 (2000).

Cary Coglianese and Gary E. Marchant, Shifting Sands: The Limits of Science in Setting Risk Standards, 152. University of Pennsylvania Law Review1255 (2004).

Christian Langpap and Jay P. Shimshack, Private citizen suits and public enforcement: Substitutes or complements? 59. Journal of Environmental Economics and Management235 (2010).

Deborah Behles, Examining the Air We Breathe: EPA Should Evaluate Cumulative Impacts When It Promulgates National Ambient Air Quality Standards, 28 Pace Environmental Law Review. 200 (2010).

Jay B. Rempillo, SC Orders Executive Agencies to Clean-up Manila Bay, http://sc.judiciary.gov.ph/microsite/manilabay/news/12-18-08.php.

Jonathan H. Adler, Judicial Federalism and the Future of Federal Environmental Regulation, Case Research Paper Series in Legal Studies Working Paper 04-6, April 2004.

Jeffrey G. Miller & James A. Hopkins, The Standing of Citizens to Enforce against Violations of Environmental Statutes in the United States, Case Law Analysis, 12. Pace Law Faculty Publications370 (2000).

Jona Razzaque, Human Rights and the Environment: the national experience in South Asia and Africa, Documentation. OHCHR and UNEP, Geneva, 2002, http: //eprints. uwe. ac. uk/18403/.

J. Maria Glover, The Structural Role of Private Enforcement Mechanisms in Public Law, 53 William & Mary Law Review1137 (2012).

Matthew C. Stephenson, Public Regulation of Private Enforcement: The Case For Expanding The Role Of Administrative Agencies, 91. Virginia Law Review93 (2005).

Nikko Dizon, Corona, justices check on Manila Bay cleanup, http: //newsinfo. inquirer. net/breakingnews/metro/view/20110312- 324957/Corona-justices-check-on-Manila-Bay-cleanup.

Stephen B. Burbank, Private Enforcement of Statutory and Administrative Law in the United States (and Other Common Law Countries), http: //ssrn. com/abstract = 1781047.

Susan. F. Mandiberg, A Graduated Punishment Approach to Environmental crimes, 34. Columbia Journal of Environmental Law 447 (2009).

Wendy Naysnerski and Tom Tietenberg, Private Enforcement of Federal Environmental Law, 68. Land Economics28 (1992).

David Hodas, Enforcement of Environmental Law in a Triangular Federal System: Can Three Not Be a Crowd When Enforcement Authority is Shared by the United States, the States, and Their Citizens?, 54. Maryland Law Review1552 (1995).

Law Commission Of India, One Hundred Eighty Sixth Report On Proposal To Constitute Environment Courts, 2003.

CRS (Congressional Research Service) Report for Congress, EPA Regulations: Too Much, Too Little, or On Track, 2012.

Law Society of Ireland, Enforcement of Environmental Law: The case for reform, 2006.

CRS (Congressional Research Service) Report for Congress, Federal Pollution Control Laws: How Are They Enforced, 2010.

Asian Development Bank, Technical Assistance Report: Building Capacity for Environmental Prosecution, Adjudication, Dispute Resolution, Compliance, and Enforcement in Asia, December 2010.

后　记

近年来，中国的环境问题日益突出，2013年春天的一场雾霾，影响到了中国三分之一的国土和数亿人口。弥漫在中国中东部的重度雾霾，不仅严重影响了当地的交通运输业，更严重威胁到了人们的身体健康。而雾霾仅仅是中国环境问题爆发的一个缩影，由于在经济发展过程中积累了大量的环境欠账，中国的环境问题会越来越突出。人们已经再也不能忍受"开宝马车，喝污染水"的所谓现代化的生活，开始对经济发展与环境保护的关系进行深刻反思，也对政府在环境保护中的责任提出了更高的要求。

作为一名环境法学者，当然要关注中国的环境问题，正如艾青的诗所言"为什么我的眼里常含泪水？因为我对这土地爱得深沉"。当在佛教圣地普陀山看到观世音菩萨满目慈悲地俯视大地和芸芸众生时，我的心中充满了一种敬畏——对自然的敬畏，对生命的敬畏。

笔者近年一直关注中国的环境问题，关注中国的环境治理工作。"秀才人情纸半张"，作为一名普遍的知识分子，没有力量来为国家民族做出别的贡献，但愿意关注中国的环境问题，关注我国政府在环境保护中的作用，为中国环境治理鼓与呼。

本书正是这一关注的结果。古人认为，著书立说是一件非常神圣的事业，属于"三不朽"（立德、立功、立言）中的一项。依本人的学识，是没有资格将这本书面世的。但一方面是自己对本研究课题的兴趣，另一方面也是为了完成所谓的学术任务。在申请教育部人文社会科学研究一般项目之前，已经完成了一部分的内容，但"项目"申请成功后，本书的写作断断续续，直到今天完成了最后的任务，也算是完整地走完了一次学术之旅。

从事环境法学研究已经数年，虽然一直比较努力，但成绩并不令人满意。在今后，只有更加努力，"尽人事而听天命"，未来会怎样，只有努力前行，"但求行路，莫问前程"。

虽然成绩微薄，但也离不开许多人的帮助。首先是感谢安徽工业大学文法学院的领导，特别是徐德信教授、曹世华教授和张宏根教授在学术上的鼓励和帮助，同时，感谢安徽大学法学院程雁雷教授和强昌文教授的关心和支持；其次是感谢文法学院法学系诸位同仁在学术之路上的互助与互勉；最后但并不是不重要的是，感谢家人在学术之路上的支持和理解。

本书的出版，也受益于知识产权出版社的鼎力支持，特别是彭小华编辑的信任及张佳立编辑认真负责的工作。

本书成稿之时，本人正在武汉大学环境法研究所作访问学者，在这中国"环境法摇篮"里，我感受到了环境法的博大精深。感谢环境法研究所提供的良好环境，也感谢王树义教授和柯坚博士的教导和指点！